职业教育汽车类专业教学改革创新示范教材

现代汽车电子商务

朱升高　韩素芳　编著

机械工业出版社

本书基于现代职业能力培养与行业发展同步要求，编写有汽车电子商务发展与应用、汽车电子商务模式与运营规范、汽车电子商务硬件与软件应用、汽车电子商务网站建设、汽车电子商务支付系统、汽车业务网络运营、基于电商模式的汽车商品供应与物流管理、汽车电商业务跨界营销、汽车行业跨境电子商务、汽车行业大数据与区块链应用共十个教学情境，每一个知识点的编写体现了以能力培养为本位的教学思想，体现个人能力培养、职业能力培养、岗位能力培养的同步。

本书可作为高职高专院校汽车相关专业学生的教材，也可作为汽车电商企业、汽车传统企业、汽车相关管理部门以及机构从业人员的参考用书。

图书在版编目（CIP）数据

现代汽车电子商务/朱升高，韩素芳编著. —北京：机械工业出版社，2022.6

职业教育汽车类专业教学改革创新示范教材

ISBN 978-7-111-70580-2

Ⅰ.①现… Ⅱ.①朱… ②韩… Ⅲ.①汽车-电子商务-高等职业教育-教材 Ⅳ.①F766-39

中国版本图书馆 CIP 数据核字（2022）第 064532 号

机械工业出版社（北京市百万庄大街22号　邮政编码100037）
策划编辑：王　婕　　　　责任编辑：王　婕
责任校对：樊钟英　李　婷　责任印制：郜　敏
中煤（北京）印务有限公司印刷
2022年7月第1版第1次印刷
184mm×260mm・13.75 印张・339 千字
标准书号：ISBN 978-7-111-70580-2
定价：59.90元

电话服务　　　　　　　　　网络服务
客服电话：010-88361066　　机 工 官 网：www.cmpbook.com
　　　　　010-88379833　　机 工 官 博：weibo.com/cmp1952
　　　　　010-68326294　　金 书 网：www.golden-book.com
封底无防伪标均为盗版　　　机工教育服务网：www.cmpedu.com

Preface 丛书序

随着汽车行业的不断发展，汽车后市场技术与服务理念正在发生天翻地覆的变化，这就促使汽车后市场从业者需要不断地学习新的知识和技能，使自己的工作能力有更大提升，以适应变化中的职业要求。

为适应汽车后市场人才的需求，汽车院校掀起了教学改革的热潮，本套教材正是为了适应汽车后市场从业人员的知识体系和汽车院校教学内容体系更新的需求而编写。

在本套教材的编写中，编者秉承"来源于行业、服务于教育"的理念，特别注重紧贴汽车后市场工作岗位的实际工作内容深度，融合创新型方法的教学方法。

在知识体系方面，本套教材立足于真实的工作岗位职能要求，体现现代汽车后市场行业对从业人员的职业能力要求。所有知识内容从工作岗位与行业发展要求中不断提炼而成，紧贴职业能力的培养，教材内容结构新颖、实用，更新了知识结构，补充了很多汽车后市场必需的专业知识。我们相信本套教材里呈现的知识内容能够满足现代汽车后市场职业化人才能力培养的需要，有时代责任感的教材才有更长的市场生命周期。

将教学法与知识结构相结合是适应教学转变、课堂改变的有效途径之一。编者经过长年的教学积累与探索，不断总结优化教学方法，创新性地设计了"准备—互动化传授—实践—探讨—总结"五步教学法，并将之融入了本套教材的编写中，努力将本套教材打造成一套融合教和学为一体，引导学生主动学习的互动性教材，使教材回归到系统化、体系化知识载体的核心作用，避免了部分项目式教材分割知识体系，从而导致知识体系不完整的缺憾。让教材回归本质，再融入学法与教法的创新，是多年教学与多维度思考的结果。

本套教材紧贴当前职业教育创新型人才培养的需求，特别注重提升学生的思维能力、表达能力、创新能力与未来职业拓展能力，在内容编排上以学生为本，通过问题导入、实践训练、探讨验证、项目小结等环节的设置，将实践训练与学习测评结合到一起，把"以工作过程导向"转化成"以课堂学习过程为导向"，使教师能够引导学生学习知识、激发学生的思考、锻炼语言组织和表达沟通，提升交际、思考、表达以及解决问题的能力，打造一个有思维碰撞的互动性课堂。

本套教材内容通俗易懂，力求新颖、易于掌握操作与实用，吸收了新的理论方法和实例，紧密结合主流的汽车行业岗位应用，重点突出实践与应用环节，适合高职院校汽车营销与服务专业师生使用，对行业专业化人才的能力提升也有很强的辅助作用。

胡建军

Preface 前 言

《现代汽车电子商务》是根据教育部发布的《"十四五"职业教育国家规划教材建设实施方案》和《职业院校教材管理办法》,并结合大量职业标准而编写的,主要定向于高等职业院校汽车电子商务专业人才培养、专业课程的必修与选修教学,以及社会专业培训机构与行业专业人士阅读。

电子商务是网络技术应用的全新发展方向,电子商务技术的出现改变了生活,改变了经营方式。电子商务将传统的商务流程电子化、数字化,突破了时间和空间的限制,以电子流代替了实物流。在我国汽车市场的繁荣与电子商务技术发展的多重机遇下,电子商务给汽车行业带来了深刻的变革与影响。

现代电子商务的技术应用已经渗透到汽车行业的各个方面,从汽车的前端生产制造到后市场服务,都可以看到电子商务的应用。

本书的编写秉承"来源于行业、服务于教育"宗旨,从汽车电子商务的职业技能需求与现代电子商务的技术特征出发,遵循先进性、实用性、适用的教学理念,由浅入深,详细阐述了汽车电子商务的知识架构。教材内容主要包括汽车电子商务发展与应用、汽车电子商务模式与运营规范、汽车电子商务硬件与软件应用、汽车电子商务网站建设、汽车电子商务支付系统、汽车业务网络运营、基于电商模式的汽车商品供应与物流管理、汽车电商业务跨界营销、汽车行业跨境电子商务、汽车行业大数据与区块链应用共十个情境的学习内容,在书中特别增加了现代电子商务教学中普遍缺失的重要内容,例如ERP、CRM、Ai物流体系、智能商务、移动车载电子商务、电子商务的跨界营销、物联网、大数据、数字化转型与数字化重塑、区块链的应用等。

本书内容编写既考虑了学生知识学习和能力培养的应知应会,又扩充了许多紧贴时代发展需求的必知必会,用大量的知识更迭突出现代社会技术发展下的新知识体系与新能力的培养,体现了本书的新时代教育责任感。本书知识结构完整,每一个知识点的编写都体现了以能力培养为本位的教学思想,体现个人能力培养、职业能力培养、岗位能力培养的同步。

本书在编写的过程中,得到了行业内的朋友、同事与专家无私与热情的帮助和指点,在此深表感谢。限于个人职业经历,对电子商务课程体系的理解还存在不足,书中如有错误或遗漏,希望广大读者提出宝贵意见,以便我们进一步改正与完善。

编者

目 录

丛书序
前言
项目一　汽车电子商务发展与应用 ……… 1
　1.1　基础知识学习 ……………………… 1
　　1.1.1　电子商务发展 ………………… 1
　　1.1.2　汽车电子商务发展与优势 …… 8
　1.2　实践训练 …………………………… 13
　1.3　探讨验证 …………………………… 15
　1.4　项目小结 …………………………… 16
　项目练习 ………………………………… 16
项目二　汽车电子商务模式与运营
　　　　规范 ………………………………… 18
　2.1　基础知识学习 ……………………… 18
　　2.1.1　汽车电子商务模式 …………… 18
　　2.1.2　汽车电子商务交易流程与
　　　　　 运行管理 ………………………… 30
　　2.1.3　汽车电子商务运营风险防范 … 31
　　2.1.4　汽车电子商务网络经营规范 … 34
　2.2　实践训练 …………………………… 35
　2.3　探讨验证 …………………………… 37
　2.4　项目小结 …………………………… 38
　项目练习 ………………………………… 38
项目三　汽车电子商务硬件与软件
　　　　应用 ………………………………… 40
　3.1　基础知识学习 ……………………… 40
　　3.1.1　电子商务平台硬件组成 ……… 40
　　3.1.2　基于电子商务化的商业智能 … 45
　　3.1.3　汽车电子商务信息管理软件 … 49
　　3.1.4　CRM管理系统 ………………… 61
　3.2　实践训练 …………………………… 64
　3.3　探讨验证 …………………………… 65
　3.4　项目小结 …………………………… 66
　项目练习 ………………………………… 66
项目四　汽车电子商务网站建设 ………… 68
　4.1　基础知识学习 ……………………… 68
　　4.1.1　汽车电子商务网站种类 ……… 68
　　4.1.2　汽车电子商务网站建设 ……… 71
　　4.1.3　汽车电子商务网站运营管理 … 78
　4.2　实践训练 …………………………… 84
　4.3　探讨验证 …………………………… 87
　4.4　项目小结 …………………………… 88
　项目练习 ………………………………… 89
项目五　汽车电子商务支付系统 ………… 91
　5.1　基础知识学习 ……………………… 91
　　5.1.1　汽车电子商务支付类型 ……… 91
　　5.1.2　汽车电子商务支付接口接入 … 98
　5.2　实践训练 …………………………… 102
　5.3　探讨验证 …………………………… 107
　5.4　项目小结 …………………………… 108
　项目练习 ………………………………… 108
项目六　汽车业务网络运营 ……………… 110
　6.1　基础知识学习 ……………………… 110
　　6.1.1　汽车售后服务网络运营与
　　　　　 智能终端应用 …………………… 110
　　6.1.2　汽车互联网销售与智慧营销 … 115
　　6.1.3　二手车交易网络运营 ………… 122
　　6.1.4　汽车保险理赔网络运营 ……… 128
　　6.1.5　汽车配件电子商务网站的
　　　　　 运营管理 ………………………… 131
　6.2　实践训练 …………………………… 136
　6.3　探讨验证 …………………………… 138
　6.4　项目小结 …………………………… 139
　项目练习 ………………………………… 139

**项目七　基于电商模式的汽车商品
　　　　供应与物流管理** …………… 141
7.1　基础知识学习 ……………………… 141
　　7.1.1　汽车商品经营供货渠道 …… 141
　　7.1.2　汽车电子商务物流管理 …… 148
7.2　实践训练 …………………………… 156
7.3　探讨验证 …………………………… 159
7.4　项目小结 …………………………… 161
项目练习 ………………………………… 161

项目八　汽车电商业务跨界营销 …… 163
8.1　基础知识学习 ……………………… 163
　　8.1.1　汽车电商跨界营销的作用与
　　　　　要求 …………………………… 163
　　8.1.2　跨界合作的类型 …………… 166
　　8.1.3　跨界合作运营方法 ………… 168
8.2　实践训练 …………………………… 169
8.3　探讨验证 …………………………… 171
8.4　项目小结 …………………………… 171
项目练习 ………………………………… 172

项目九　汽车行业跨境电子商务 …… 174
9.1　基础知识学习 ……………………… 174
　　9.1.1　汽车行业跨境电子商务 …… 174
　　9.1.2　跨境电子商务风险识别 …… 179
9.2　项目小结 …………………………… 181

**项目十　汽车行业大数据与区块链
　　　　应用** ………………………… 183
10.1　基础知识学习 ……………………… 183
　　10.1.1　汽车行业大数据应用 …… 183
　　10.1.2　汽车行业数字化转型与
　　　　　　数字化重塑 ……………… 190
　　10.1.3　区块链技术在汽车行业的
　　　　　　应用 ……………………… 195
　　10.1.4　基于车联网场景下的移动
　　　　　　电子商务与服务 ………… 205
10.2　实践训练 ………………………… 209
10.3　探讨验证 ………………………… 211
10.4　项目小结 ………………………… 212
项目练习 ………………………………… 212

项目一 汽车电子商务发展与应用

学习目标

- 能够知道电子商务的定义与作用。
- 能够知道电子商务的发展状况。

1.1 基础知识学习

现代网络技术的发展给传统的商业贸易和商品交易带来了新的商业模式,电子商务技术的应用减少了交易环节,降低了成本,网络传播的便利性更有利于宣传,电子商务比手工操作更准确方便、快速,使得交易活动更加高效,特别是在汽车行业得到了广泛的应用。本课题的主要任务是掌握电子商务的作用和构成,了解电子商务的发展历史。

学生准备	学生在正式上课之前,应当做好如下准备: ● 在课前预习老师安排的教学内容,完成老师推送的学习准备。 ● 准备好本次学习范围内需要向老师提出的问题。

1.1.1 电子商务发展

 电子商务是什么时候出现的?走过了哪些历程?
为了解答此问题,让我们一起来学习以下内容。

互联网和电子商务的快速发展,不仅引领着一场新的消费革命,也对传统商业模式产生了强烈冲击。传统方式的商贸活动中所涉及的信息多是以手工方式处理,并且借助于纸张以文字为载体实现信息的交换,但是随着业务的发展,信息的处理也变得越来越复杂,这就需要一种更加简单灵活的方式来处理商业业务。计算机技术和通信技术的进一步发展和广泛应用,也为电子商务的发展提供了外部条件。

1. 电子商务的前世今生

电子商务的诞生最早可以追溯到 1835 年。经过美国画家莫尔斯三年的研究,第一台电报机问世了(图 1-1)。莫尔斯成功地用电流的"开关长度"取代了人类的书信邮递模式,通过文本传输实现了人类信息的传递,这就是著名的莫尔斯电码。电报机的发明揭开了电信时

图 1-1 莫尔斯电报机

代的序幕,开启了人类用电传递信息的历史。

20世纪20年代,美国人赫尔曼·霍勒瑞斯发明的"穿孔卡片计算机"开始应用于商业领域,以提高工作效率,在后来的20年中,电子数据交换(EDI)技术被应用于企业间订单、交货、付款等信息的传递,这是电子商务的最早形式。然而,电子商务技术的EDI形式复杂,对于大规模的商业应用来说成本太高,真正意义上的电子商务是在互联网(Internet)技术成熟以后。

到20世纪50年代末,美国首次用电子设备实现了"无纸化办公"。

1969年,美国发展了ARPAnet,被称为"互联网始祖"。

20世纪70年代,美国银行家协会提出了无纸化金融信息传递的行业标准,随后美国运输数据协调委员会发布了第一个EDI标准,正式开启了美国的信息电子交换时代。后来人们开始逐渐在网络上进行一些简单商务活动,诸如物品交换、商品订购等,EDI也逐渐得到了广泛的应用。

1989年,随着WWW超文本协议的诞生,互联网开始应用于商业领域。

美国是世界上最早发展电子商务的国家,也是电子商务发展最为成熟的国家。欧盟电子商务的发展起步晚于美国,但发展迅速,已成为全球电子商务产业的领先地区。

1994年,杰夫·贝佐斯敏锐地意识到互联网淘金时代即将到来,于是果断辞去工作,决定创办一家网络销售公司。贝佐斯做了一项市场调查,发现最受欢迎的五种产品是书籍、CD、录像带、计算机硬件和软件,其中,书籍排名第一。于是他选择图书作为电子商务的切入点,于1995年7月,成立亚马逊网上书店,2001年,亚马逊开始盈利,营业额逐年增加,一举发展成为全球最大的网络书店。他打开了通往电子商务世界的大门,使得传统的产品销售搭上了互联网快车。

1996年,IBM首次提出了电子商务的概念。

皮埃尔·奥米迪亚于1995年创立了eBay,并在30多个国家开展业务。eBay的运营模式是C2C,于2002年进入中国市场,2003年占据了中国C2C市场近80%的份额。但是,eBay照搬美国的经验,以收取服务费的方式经营,很快就被中国电子商务公司阿里巴巴的淘宝网压垮,无奈地退出中国市场。

中国的电子商务可以追溯到1997年。1997年7月,在美国宣布"全球电子商务政策框架"后,全球电子商务蓬勃发展。1999年,中国第一个电子商务平台"8848"诞生,成为全球第一个拥有数十个线上结算方式的线上交易平台。"8848"采用综合信息平台,成功运营了网上商城系统。

于1998年12月成立的阿里巴巴,在创立初期,致力于推广其电子商务理论,在国内外引起了很大反响。阿里巴巴在2003年与软银合作推出淘宝。从那以后,它在国内的知名度迅速飙升,自2004年2月以后,淘宝网以每月768%的速度增长。在推出一年后,淘宝网超过eBay实现排名第一。

20世纪90年代以来,我国的信息产业在政府的大力支持下也取得了长足的发展。2005年1月8日,我国第一个专门指导电子商务发展的政策性文件《国务院办公厅关于加快发展电子商务的若干意见》出台,针对国内电子商务存在的问题提出了六大措施:

1)改善政策法规环境,包括组织建设、法律法规、财税、投融资环境。
2)加快电子商务支撑体系建设,包括信用、认证、标准、支付、物流等与电子商务相适应的体系建设。

3）推进企业信息化，从推进企业、行业、中小企业和客户电子商务应用入手。
4）完善电子商务技术和服务体系。
5）加强宣传教育和培训。
6）加强国际交流与合作。

随着计算机技术、信息技术和网络技术的发展，电子商务技术在原有的基础上发生了迅速的变化。现代电子商务的内涵和外延不断丰富，出现了"互联网+""区块链"等新的领先模式，利用信息技术解决问题、创造商机、降低成本、满足个人需求的应用越来越广泛，它具有不可替代的方便、快捷、全球化、低成本等优点。

2. 电子商务定义

电子商务可以理解为企业利用现代计算机网络技术从事企业相关商贸活动的一种方式，是现代网络技术在企业运营中的一种新型应用。电子商务将商贸活动纳入互联网范围以内，彻底改变了企业现有的生产运营方式，从而达到充分利用有限的资源、缩短商业运行周期、提高效率、降低成本、提高服务质量的目的。可以说电子商务这种新型的商业模式为企业提供了一种全新的商业机会、市场需求和竞争规则，是全球经济与社会发展的强大驱动力。

电子商务（Electronic Commerce）是指基于互联网的计算机和通信网络、操作程序、实施和操作标准、业务流程以及一系列安全和认证法律制度的集合。电子商务是通过网络进行的生产、营销、销售和流通等各项活动的总称，不仅指基于互联网上的商务活动，而是指所有利用电子信息技术来解决问题、降低成本、增加价值和创造商机的商务活动总称。交易双方的商业活动和交易在互联网上进行，银行为客户和个人电子支付结算提供了一种新的商业模式来完成交易。银行卡支付最常见的安全机制有安全套接字层协议（SSL）和安全电子交易协议（SET）两种。

电子商务通过网络通信和信息处理的方式和手段，将买卖双方的商务信息、产品供应和销售信息、物流与配送信息、服务信息以及电子支付等各种带有经济价值的信息，以相互认同的交易标准来实现。

比较常见的电子商务模式通常分为六种：B2B、B2C、C2C、G2B、G2C、G2G，如图1-2所示。现代电子商务信息技术包括因特网、外联网、电子邮件、数据库、电子目录和移动电话等，使用的工具包括电报、电话、无线电、电视、传真、计算机、计算机网络、NII、GII等现代系统。

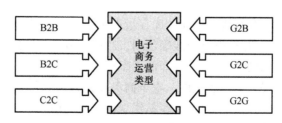

图1-2 电子商务模式

电子商务包括电子货币兑换、供应链管理、电子交易市场、网络营销、线上交易处理、电子数据交换、库存管理和自动数据收集系统。一个完整的商业交易过程包括了解商业状况、询价、报价、发送订单、交易前的接单、签单、收发货通知、提货凭证、付款和兑换流程等,还有其他的一些行为,如认证所涉及的行政流程,以及所涉及的资金流、物流和信息流等。电子商务的运作方式包括电子数据交换、电子支付方式、电子订货系统、电子邮件、传真、网络、电子公告系统、条形码、图像处理、智能卡等。

(1) 电子商务的特点

电子商务作为一种不断发展壮大的新型交易方式,与传统的交易方式有着很大的不同,主要表现在以下几个方面:

1) 时域性。电子商务活动的发展不受时间和空间的限制,可以在移动设备的帮助下,在任何时间、任何地点完成商务活动。

2) 全球性。电子商务技术跨越了国界,电子商务活动可以在全球范围内开展,全世界的人们都可以享受到电子商务带来的便利。

3) 富媒体性。电子商务使信息传播的形式和内容更加丰富,不仅限于传统的单页广告,商家可以实时向客户提供视频、音频等多媒体信息。

4) 交互性。电子商务使商家与消费者之间的沟通更加便捷,双方能够实时高效地进行沟通和互动,在提高消费者满意度的同时也增强了消费者对商家的黏性。

5) 个性化。电子商务技术能够充分满足消费者的个性化需求,并根据消费者的个人消费偏好和购买行为调整相关信息,从而提供与特定个性相匹配的市场信息。

6) 业务整合。电子商务整合了人流、物流和信息流,极大地提高了整个商务活动的开发和运营效率,促进了企业各种资源的整合。

7) 经济性和效率性。电子商务的发展融合了人流、物流和信息流,可以综合优化资源,降低能耗与费用,提高商业活动的盈利能力。

(2) 电子商务的影响

电子商务的出现改变了原有的商业模式和消费者的消费习惯,对传统的营销模式和生产方式产生了巨大的冲击,使企业面临着新的挑战和新的机遇。电子商务对企业的主要影响如下:

1) 拓宽销售渠道,增加销售机会,扩大销售收入。电子商务的发展使企业能够在原有销售渠道和市场的前提下,扩大市场范围,开拓新市场,挖掘新的潜在消费者。

2) 降低成本,增加收入。电子商务的实时交互功能,使企业与终端消费者之间的沟通更加便捷、划算。电子商务可以简化整个业务流程,减少企业各实体的业务投入,降低产品成本,提高整体收益。

3) 减少库存,改善库存结构。企业的库存量取决于对市场销售量和销售结构的判断以及订货周期的长短。如果没有对市场的准确预测,产销脱节必然导致库存增加和企业大量积压。电子商务使产销结合更加紧密,有效降低了库存率。

4) 优化服务质量,提高客户忠诚度。电子商务能让客户获得更加贴心的个性和全面的服务,方便了客户与企业之间的沟通,更容易建立良好的产销关系。

5) 加强企业内部管理,提高信息化程度。电子商务的发展要求企业内部有一个完整的信息系统,能够及时应对各种网上交易。

6) 树立企业形象,提高企业信誉。电子商务平台的建立,使企业信息能够实时展示给消费者，不断提升企业形象和知名度。

电子商务的出现取代了实体物流，减少了人力物力，降低了业务运营和使用成本，突破了时间和空间的限制，具有随时随地交易的便利性。电子商务的成熟和出现，改变了企业的生产、经营、管理理念，影响了整个社会的经济运行和结构，直接对线下实体店产生了巨大的冲击，带来了新的经济贸易模式。

随着电子商务的日益成熟，随着网络经济的发展，我国汽车行业发生了巨大的变化，汽车制造、销售行业、售后服务管理、二手车交易、保险理赔等模式和管理方法正不断适应新的发展环境。将电子商务这种新型的交易模式应用于传统汽车行业，可以给我国汽车行业带来新的市场需求，增加新的市场机遇，同时，也为各大汽车企业内部管理的升级优化带来了新思路、新方法。

3. 电子商务业务架构与经济活动要素

典型的电子商务系统有三种类型的网络：Internet、Intranet 和 Extranet。Internet 是电子商务的基础，是商务和商务信息传递的载体。Intranet 是企业内部进行业务活动的场所，Extranet 是企业与企业之间、企业与个人之间的业务活动链接。在电子商务中，个人客户主要使用浏览器访问互联网，为了获取购买商品的信息，还需要 Java 技术和产品等。

电子商务式市场营销业务关系基于传统的商务心理动机。首先在购买动机方面，就是在市场营销中对于购买商品是否有吸引力、购买欲，是消费者行为分析的重要理论基础，比如运用心理学中的动机理论、马斯洛需求层次理论、赫茨伯格双因素理论等；其次是通过沟通、教育、需求有关的心理功能来进行市场定位，借鉴消费者生活方式、个人性格、心理倾向等；第三是信息传递类对应渠道策略，运用心理学分析、环境行为等。近几年来，大数据越来越发流行，随着移动互联网时代的不断深入，消费者所有的消费行为都变成智能手机端的浏览、点击、复制、分享，这每一次行为都代表着消费者背后的消费行为与喜好，分析、提取这些数据也变得愈来愈重要，相应的大数据就应运而生。

电子商务系统是以电子商务为基础，保证实现网上交易的系统。网上交易信息沟通是通过数字信息渠道实现的，交易双方必须拥有相应的信息技术工具。为了保证交易双方的平等交换，则有必要提供相应的交货和付款结算方式。为了保证企业、组织和消费者能够使用数字通信渠道，保证交易的顺利交付和支付，需要有专门提供服务的中介机构（电子商务服务提供商）参与。电商网站组成的运作架构如图 1-3 所示。

基础电子商务系统包括五个方面：互联网信息系统、电子商务服务提供商、企业、组织和消费者、物流和支付结算。这五个方面是有机结合的，任何一个环节的缺失都可能影响网上交易的顺利进行。电子商务系统组成及运作架构见表 1-1。

电子商务交易过程涉及买方、卖方、第三方和技术四种不同实体，它们之间互相依赖、互相作用，电子商务带动了物流业的快速发展，促进物流配送服务的不断完善，而物流渠道、竞争力的进一步增强给电子商务的持续发展奠定了基础。如图 1-4 所示，电子商务的经济活动要素主要包括信息流、资金流、物流和业务流。信息流包括商品信息、技术支持信息、服务信息、企业信用信息等活动过程，以及询价单、报价单、付款通知单等商业贸易单证信息的传递过程。信息流始终贯穿于商品交易的全过程，控制着商品流通的全过程，记录着企业活动的全过程，是分析物流、引导资金流动、决策的重要依据。资金流是指资金的转移过程，包括支付、转移等。物流是指货物或服务的流动，具体指运输、仓储、配送、装

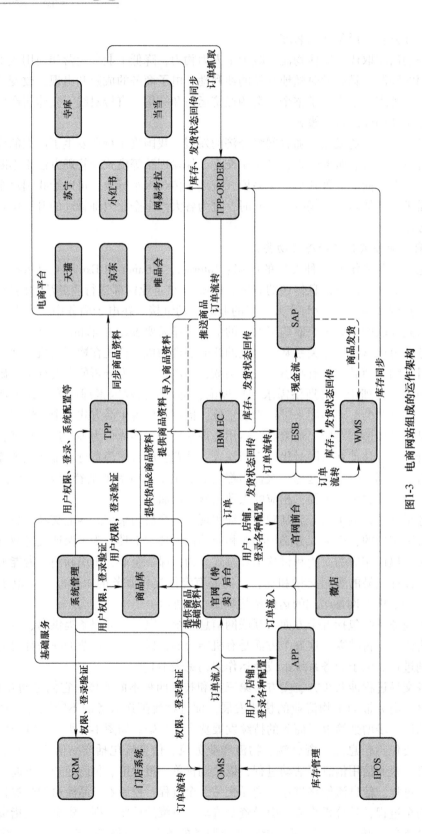

图1-3 电商网站组成的运作架构

卸、保管等各种活动。业务流是商品所有权通过商品流通活动的转移。业务流是物流、资金流、信息流的起点，即在信息流、资金流、物流的前提下，没有业务流，物流、资金流、信息流一般不可能发生；没有物流、资金流和信息流的匹配和支持，业务流就无法达到其目的。

表1-1 电子商务系统组成与运作架构

组 成	相 关 说 明
客户	客户是电子商务的起点和终点
商家	包括制造商、流通商、服务商等；商家建立内网、外网、ERP（企业资源计划），对人、财、物、产、供、销进行科学管理，发布产品和服务信息，接受订单，开展营销活动；还可借助电子报关、电子报税、电子支付系统和海关、税务局、银行等进行相关业务和业务处理
网上银行	网上银行实现了网上买卖双方结算等银行业务，为客户和商户在业务往来中提供全天候的网上支付和资金转移实时服务，它是一个重要的中介机构
认证中心	CA证书颁发机构是交易各方信任的中介组织，也是法律认可的权威机构，它的功能是签发和管理数字证书。电子证书包含个人信息、公钥和证书，包含发行单位序列号、有效期和电子签名的数字文件。参与网上交易的各方可以相互确认身份，确认交易文件的真实性
物流、配送中心	物流配送中心接受商家的送货要求，对产品进行包装和签收，进行物流配送跟踪和监控产品的流向，最终将产品交付给客户
网上商城	它是买卖双方进行电子交易的平台和接口
网上政府	政府参与电子商务应用主要涉及电子政务、电子税务、电子报关、电子招标、电子审批、政策咨询等领域，包括工商、税务、海关、经贸等商务活动的管理部门

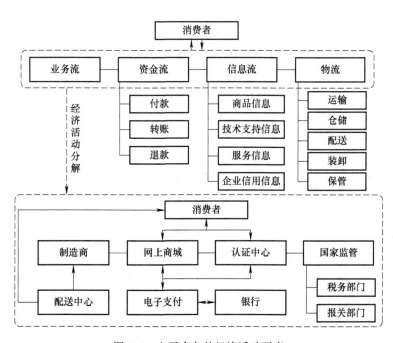

图1-4 电子商务的经济活动要素

在电子商务的应用中，物流、资金流、业务流和信息流的集成是电子商务应用的重点。网络环境下，虽然商业活动的秩序没有改变，但进行交易和联系的工具发生了变化，待处理信息的形式也发生了重要变化，即电子信息流与以前的纸质文件相比发生了变化，变成了当前普及使用的电子文档。由于电子工具和网络通信技术的应用，交易各方突破了时间和空间的限制，有利于促进物流、资金流和信息流的有机结合，加快流通速度，方便快捷的物流可以快速实现业务流程。

1.1.2 汽车电子商务发展与优势

什么是汽车电子商务？
为了解答此问题，让我们一起来学习以下内容。

1. 汽车电子商务发展

随着互联网的普及，中国客户数量成倍增长，网络购物已成为人们的消费习惯。最早的汽车企业电子商务应用于1997年应运而生，美国通用汽车公司引入了电子商务系统，并开始在互联网上出售汽车作为招牌。随后，世界各大汽车制造商开始寻求与电子商务软件供应商的合作，并实现了汽车互联网化，拥有汽车配件供应、车辆供应、广告、产品介绍、信息传递和制造商与客户之间的反馈等业务功能。通过互联网进行信息沟通的及时性、准确性，确保提供给汽车生产厂家的客户需求数据更加精准外，甚至可以做到按需生产，减少了库存压力，增加企业资金的灵活性，并能满足客户的个性化需求。

1999年，通用汽车成立了TradeX change电子商务中心，在互联网上发布产品目录信息，试图扩大与产品相关的产品供应商的范围。其主要目标是在稳定的供应渠道中自动完成系统采购流程，降低供应商的交易成本。

2000年底，其所有配件采购都是在TradeX change上进行的，所有配件供应商都被要求使用该系统，每年的采购金额高达870亿美元。通用汽车对在TradeX change平台上进行的交易收取1%的佣金。通用汽车在这一模式下每年可创造约150亿美元的利润。

通用汽车公司网络系统如图1-5所示。2000年2月，通用、福特和戴姆勒-克莱斯勒汽车公司利用其电子商务资源，共同建立了全球最大的汽车配件采购网络COVISINT-B2B电子商务中心。三大汽车企业已将旗下5万多家供应商集中在COVISINT网站上进行联网。COVISINT是一个典型的双向集成中心，它不仅是配件制造企业的整合，也是汽车制造企业的整合，同时服务于两者，解决了部分供不应求和供过于求的矛盾。

目前国外汽车厂商采用的B2B交易模式主要有正向集成目录中心和双向集成目录中心。正向集成目录中心是一种有利于购买者的目录中心模式，它是由一个强大的买方建立的，以便买方系统地采购制造材料；双向综合目录是一种相对中性的目录中心模式，一般由中立的第三方公司建立，网站上聚集了多个买家和卖家，交易双方处于多对多的关系中。

汽车电子商务应用一般可分为五个层次：企业线上推广、企业线上市场调研、企业与分销渠道网络联系模式、企业线上直销模式、供应链网络营销整合模式。

汽车电子商务通过网络优化供应链管理（图1-6），并将其应用到采购、生产和销售的各个环节，以提高效率，最大限度地降低成本，实现收入最大化。通过电子商务的应用，间接地提高了企业的产品知名度和社会效益。利用互联网和信息技术，将供应、生产、销售、物流、售后服务等全过程、全业务活动整合起来，提高效率，降低成本，扩大客户群。在实际应用案例中，以ERP系统为基础，构建了客户关系管理（CRM）、供应链管理（SCM）、知识管理（KM）等内部控制系统，与财务一体化，形成完整的企业内部信息化平台，实现公司供应、销售、库存、人力资源、财务等管理业务的信息化；通过EPS系统，公司与公司的所有者、经营者、合作伙伴相连接，实现分销商与客户不同角色的信息共享。

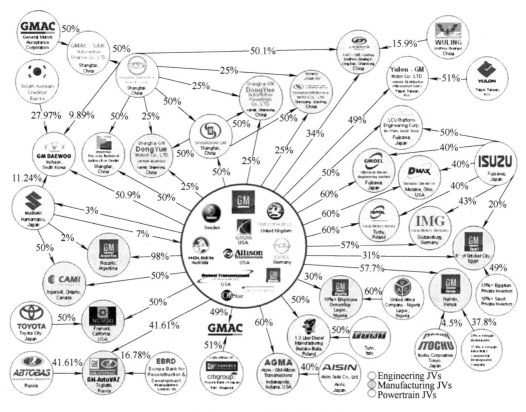

图1-5　通用汽车公司网络系统

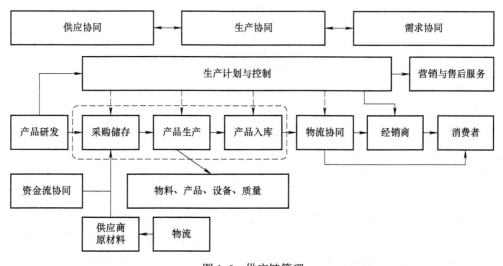

图1-6　供应链管理

近年来，汽车市场进入减速阶段，我国汽车产业进入了由渐变到突变、由量变到质变的转折点。汽车作为标准化产品，在互联网+时代经历了四大变化：一是从消费向体验的转变；二是产品形态向智能化方向发展；三是产业结构向循环利用方向发展；四是经营模式多样化发展。汽车电子商务是电子商务在汽车行业的应用，汽车是大宗消费品，通过互联网发布汽车产品信息，进行产品推广，线上销售产品，并提供售前和售后服务，是一个综合性的概念，具有一定的特殊性。

（1）传统汽车销售模式存在的问题

具体来说，传统的汽车销售模式存在以下几个问题：

1）在传统的汽车销售过程中，经销商与客户进行面对面的接触。大多数传统经销商都是私营企业。企业在经营过程中，必须寻求汽车厂商与终端客户之间的价差以获得经济效益。经销商在早期的汽车销售过程中投入了太多的人力物力，所以高额的利润可以维持他们每天的水、电、房租和员工管理费用。而如果这部分较高的利润能从购车中剔除将能更好地刺激客户的消费与购买欲，促进汽车销售，并能给客户提供更多的实惠。

2）对于汽车消费者来说，对汽车的早期了解已经不是经销商销售人员所能提供的。每一位购车者在去4S店看车前，都会通过网络、电视等各种媒体积极了解相关车型的差异，并进行多向比较。然而，跟计算机技术形成的网络相比，人类在许多方面表现得并不出色，例如，销售人员在介绍汽车时机械地背诵某款车型的参数，则远远不能满足客户的需求，汽车技术比较复杂，如果要求销售人员娴熟地掌握机械、电子、机械等方面的知识，并能展示给客户是比较困难的。

3）汽车销售市场竞争激烈，汽车销售人才流动性大，而新进入岗位的新人对品牌、技术、技巧的掌握度不够，很难向每一位来访的客户展示相关的精髓。

4）经销商把大部分精力放在汽车销售上，使得客户在后期使用过程中服务体验感差。因此，只有综合发展经营，更加注重改善和细化未来车辆的售后服务，才能做大做强并立于不败之地。

目前，在车辆销售和服务方面，传统的销售模式仍然是主流。建立汽车电子商务要充分利用店内销售和互联网销售的优势，实现线上线下相结合，把汽车销售和服务提升到一个新的高度。

汽车消费实现网上直销还有很多障碍，目前，与国外汽车的网站相比，我国的汽车网站还存在对经销商链接重视不够等问题，国外大部分汽车网站都可以通过汽车网站帮助客户轻松找到最贴近自身服务需求的产品和销售服务网点。

在我国，电子商务在汽车行业中的重要性正被越来越多的政府部门和汽车厂商所认识，无论是汽车制造商还是汽车经销商，都不同程度地开发了电子商务应用，一些企业已经取得了成功经验。目前，国内大部分汽车厂商都建立了独立的网站，这些网站在提升企业形象、为客户提供相关信息方面已经开始发挥了一定的作用。与国际主要汽车厂商相比，我国汽车企业电子商务的发展还有很大的提升空间。无论是企业ERP系统的实施，还是企业内部网的建设，都滞后于电子商务的发展要求，并且网络化管理能力有待提高。

近年来，汽车之家、比特汽车、太平洋汽车、汽车评论等专业汽车网站平台得到了客户的认可。然而，国内汽车企业在采购、生产、销售等环节的供应链管理中仍存在诸多问题，效率低下，汽车制造成本高，汽车企业与客户之间没有可靠的沟通，导致购车和售后出现问题，客户售后问题无法及时解决。

虽然信息技术在汽车电子商务中的应用与国外相比还存在差距，交易功能还需要不断完善，但随着信息技术的发展和网络管理水平的提高，未来所有问题都将迎刃而解，汽车网络销售、网上售后服务支持将有新的发展。为保持汽车电子商务的有序进行，可以根据行业和市场的规定，制定出统一的行业标准，整合资源，集中优势，推动多家企业建立合作关系，充分发挥各自领域的优势，实现双赢。传统商务与电子商务的区别见表1-2。

表1-2 传统商务与电子商务的区别

项目内容	传 统 商 务	电 子 商 务
交易对象	区域范围	全球范围
交易时间	在规定的营业时间	实时线上服务
营销推动	销售商单方努力	交易双方共同完成
购物方便度	受限于时间、地点和店主服务态度	按自己的方式购物
客户需求	商家很难随时掌握客户需求	能实时把客户的需求并及时应对
销售场地	需要实际销售空间（店铺、货架和仓库）	虚拟空间（提供商品图片、列表）
销售方式	通过各种关系买卖，方式多样	完全自由购买
流通环节	流通环节复杂，流通成本高	简化了流通环节，降低了流通成本

（2）汽车电子商务的作用

电子商务的高效运行能为企业提供大量动态、有效的企业管理信息，包括开发、生产、库存、物流、财务、成本等。从手段上看，汽车电子商务是通过互联网进行营销、销售和流通的活动。从上下游关系上看，汽车电子商务包括汽车配件的采购，以及整车及相关产品的销售。从内容上看，汽车电子商务包括汽车咨询服务、汽车网络营销、网上保险服务、网上售后服务、网上精品销售、网上配件销售、二手车拍卖、网上汽车俱乐部等一系列服务。汽车电子商务作为现代汽车服务业的一部分，具有传统商务无法比拟的优势，具体作用如下：

1）**价格透明**。汽车是高度标准化的产品，汽车产品的性能、外观和质量都是公开信息，但同一产品的价格信息在不同地区也不相同。通过汽车电子商务，消费者在网上预订时可以清楚地知道产品的价格，整个交易过程更透明。

2）**降低渠道成本和库存成本**。汽车电子商务可以让消费者直接面对汽车制造商，减少了中间环节，并且电子商务改变了从销售到订单的转售方式，大大减少了库存，节约了成本。

3）**扩大销售**。汽车实体店销售主要集中在整车上，汽车电子商务可以在网上展示和销售汽车产品及配件，帮助消费者充分了解产品性能和服务，吸引更多的潜在客户。

4）**个性化服务**。通过汽车电子商务，汽车厂商可以直接联系客户，并且可以为客户提供个性化的生产或服务。购车者可以通过网上预约实现个性化定制和服务。比如，消费者可以在网上选择自己喜欢的配置、汽车内饰、汽车精品等，还可以在网上预约保养、维修甚至保险服务。

2. 汽车电子商务交易优势

汽车电子商务交易对于汽车行业来说，技术服务和支持是非常重要的，特别是在产品功能日益同质化的今天，良好的技术服务和支持成为了企业成功的关键要素之一，也是企业维持核心竞争力的重要手段之一，其优势主要有以下几点。

1）汽车电子商务交易具有新的时空优势。传统的商业是商店式的销售，其特点是固定的销售地点和固定的销售时间。网络销售是通过以信息数据库为特征的网上商店进行的，因此它的销售空间随着网络系统的扩展而扩展，没有任何地理障碍，并且它的销售时间由客户线上决定。因此，与传统的销售模式相比，网络销售具有全新的时空优势，能够更广泛地满足客户的消费需求。

2）交易的虚拟化和透明化。电子商务是通过以因特网为代表的计算机网络进行的贸易，交易双方从贸易谈判、签订合同到付款等，都不需要面对面进行，而且都是通过计算机与互联网完成的，整个交易过程完全虚拟。而且，从买卖双方谈判、签约到付款、发货通知等整个交易过程都在网络上进行，顺畅、快速的信息传递可以保证各种信息的互联互通，防止伪造信息的流通。

3）充分展示产品和服务，扩大市场机会。网上销售可以利用互联网的多媒体功能，充分展示汽车产品的内部结构和服务的便利性，帮助客户充分了解产品和服务，从而吸引更多理性的客户。通过与潜在客户建立线上业务关系，公司还可以覆盖传统渠道难以覆盖的市场，增加市场机会。

4）及时了解客户需求。利用网络技术，企业不仅可以进行产品促销和网上交易，还可以随时进行网上市场需求调研。例如，客户在网上看车时，花在哪些地方的时间更多，某个地方看了多少次，他们最关心的是什么，获取了这些信息，汽车制造商或经销商在销售中就可以及时了解客户的真实需求，及早做好准备。

5）优化公司价值链。通过汽车电子商务，企业可以整合所有内部职能，使企业能够围绕客户中心运作，更好地协调与客户、供应商、销售商、合作伙伴、政府机构等的关系，有利于企业的一体化管理与有效整合企业的主要价值链（包括采购物流、制造、配送物流、营销服务等一系列价值活动），加速企业内外交流。

6）提高物流效率。汽车电子商务对汽车制造业物流的影响主要表现在以下几个方面：一是网上客户可以直接面对汽车厂商，获得个性化的服务；二是汽车电子商务提高了物流系统各个环节对市场变化的反应敏感性，可以降低库存、节约成本。三是由于网络时空"零距离"特征与现实世界反差较大，加大了企业交货速度的压力，迫使企业对物流系统中的港口和物流系统进行了大幅度调整，车站、仓库、配送中心、运输路线等设施的布局、结构和任务将增强库存控制能力，减少仓库总数，增加配送服务半径，提高物流效率。

7）改善客户服务。汽车电子商务作为一种全新的商业模式，使企业能够以更快、更便捷的方式为消费者提供高效、个性化的汽车营销服务。线上实时互动交流不受任何外部因素的干扰，更便于客户表达对产品和服务的意见。

8）降低交易成本。利用互联网进行广告和促销的实施成本较低，但销售额可以成倍增长。同时，汽车制造商也可以直接面对客户。由于实体店没有多余投资，可以直接将节省下来的成本优惠给客户，客户通过网络平台购车将获得更多实惠。

汽车电子商务应建立在企业全面信息化的基础上，它不仅是企业前台的业务电子化，更是包括后台在内的整个运营系统的全面信息化，以及企业整体业务流程的优化重组，现代的电子商务已经形成了一个虚拟的市场交易场所。

1.2 实践训练

	实训任务	对汽车电子商务市场进行调研并做出调研报告
	实训准备	实训计算机、网络、打印机、打印纸等
	训练目标	1. 通过实训能够掌握汽车电子商务市场调研，学会调研报告的编写 2. 通过集体协作增强团队意识，经过工作汇报能够提升学生的思维能力、语言组织能力、表述能力
	训练时间	45 分钟
	注意事项	每一位同学都应当积极发言，能够在讲台上清晰地表述出老师提出的问题

任务：对汽车电子商务市场进行调研并做出调研报告

 任务说明

实训组织与安排

教师活动	1. 按照小组的方式组织学生确定市场调查的内容，指导学生上网查找有价值的信息；指导各个小组归纳内容，分析结果 2. 回答学生提出的问题
学生活动	1. 能够在总结的过程中发挥团队的力量，总结实训结果并展示学习成果 2. 探讨并回答老师提出的问题

 任务准备

训练物品准备
请列举进行此项任务所需要准备的工作计划。

工作计划	

工作准备	

 任务操作

1. 通过小组的探讨与总结后,在下列表格中写出调查问卷的问题

1	
2	
3	
4	
5	
6	
7	
8	
9	
10	
11	
12	
13	
14	
15	

16	
17	
18	
19	
20	

2. 调研分析

1	
2	
3	
4	
5	

3. 执行要点

1	
2	
3	
4	
5	

1.3 探讨验证

教师活动	组织学生将网络市场调研的结果进行汇总，并形成报告；让学生在讲台上对小组成果进行展示；针对深层问题，引导学生对问题进行探讨
学生活动	在课堂上积极回答老师的问题，将小组完成的调研报告对大家进行讲解，并完成老师提出的问题探讨

问题探讨

1. 网络调研的实施与线下调研实施存在哪些方法？各有哪些优势与劣势？
2. 如何将调查的数据进行整理、分析？
3. 调研总结报告中需要呈现哪些内容？

1.4 项目小结

本课题的学习目标你已经达成了吗？请通过思考以下问题的答案进行结果检验。

序 号	问 题	自检结果
1	什么是电子商务？	
2	电子商务有哪几种模式？使用工具有哪些？	
3	电子商务的内容包括哪些？	
4	电子商务的基本组成要素有哪些？	
5	世界上最早的电子商务是在什么时候诞生的？美国的亚马逊是一家什么公司？	
6	中国的电子商务概念是由谁提出来的？阿里巴巴是哪一年成立？	
7	2005年发布的《国务院办公厅关于加快电子商务发展的若干意见》中提出了哪六大措施？	
8	汽车企业电子商务应用可分为哪几个层次？	
9	汽车电子商务的作用是什么？	
10	传统商务与电子商务的区别有哪些？	

项 目 练 习

单项选择题：

		现代电子商务信息技术主要有（　　）。
问题1	A	互联网、外联网、电子邮件、移动电话
	B	电子邮件、数据库、无线电和移动电话
	C	互联网、数据库、录像和移动电话等
	D	外联网、电子邮件、U盘、电子目录
		电子商务具有一定的（　　）等特点。
问题2	A	封闭性、全球性、低成本、高效率
	B	开放性、局域性、低成本、高效率
	C	开放性、全球性、低成本、高效率
	D	开放性、全球性、高成本、高效率

问题 3	电子商务的经济活动要素主要有（　　）四种方式。	
	A	信息流、生产流、物流和业务流
	B	信息流、资金流、物流和业务流
	C	统计流、资金流、物流和业务流
	D	信息流、资金流、业务流和生产流
问题 4	资金流是指（　　）。	
	A	资金的转移过程
	B	资金的冻结过程
	C	资金的流动过程
	D	以上都对
问题 5	电子商务是整个运作体系的（　　）。	
	A	全面数字化、整体经营流程的优化和重组
	B	全面信息化、整体经营流程的优化和重组
	C	全面透明化、整体经营流程的优化和重组
	D	以上都对

问答题：
最早的汽车电子商务是哪一年出现的？是如何进行的？

思考与讨论：
1. 电子商务的出现带来了哪些变化？

2. 汽车电子商务的作用是什么？

项目二　汽车电子商务模式与运营规范

学习目标

- 能够掌握汽车电子商务运营模式。
- 能够掌握汽车电子商务运营规范。
- 能够掌握经销商电子商务运营风险防范。

2.1　基础知识学习

本课题的重点是介绍汽车电子商务的运营模式与运营规范。电子商务是一种全新的经济运作模式和商业运营模式，是网络技术应用的全新发展方向。

学 生 准 备	学生在正式上课之前，应当做好如下准备：
	● 在课前预习老师安排的教学内容，完成老师推送的学习准备。
	● 准备好本次学习范围内需要向老师提出的问题。

2.1.1　汽车电子商务模式

我国的汽车电子商务模式有哪些？
为了解答此问题，让我们一起来学习以下内容。

Internet 改变了传统的经济形式，销售活动作为销售型企业的主要内容，网上电子销售模式实现了及时让消费者了解企业商品信息并购买商品，可以有效地解决时间、区域等难题，提高了信息传送效率，创建了方便、快捷、高效的购物环境。汽车企业通过对网上商城的建设，提高了企业的管理水平和市场竞争力。基于电子商务的营销模式，汽车行业需要结合其自身的特点，在电子商务平台的基础上完成传统营销和网络营销。

1. 汽车电子商务模式

电子商务是在互联网开放的网络环境下，买卖双方基于浏览器/服务器应用方式，在不见面的情况下进行各种贸易活动，实现客户的网上购物和商家的网上购物。它是针对网上交易和网上电子支付以及各种商务活动、交易活动、金融活动及相关综合服务活动的一种新型商业运作模式，包括电子货币兑换、供应链管理、电子交易市场、网络营销、线上交易处理、电子数据交换、库存管理和自动数据收集等环节。在这个过程中，所使用的信息技术包括因特网、外联网、电子邮件、数据库、电子目录和手机等。

汽车电子商务的交易阶段可分为交易前、交易中和交易后三种类型，详见表2-1。

表2-1　汽车电子商务的交易阶段分类

阶　　段	业　务　范　围
交易前	线上采购、新车发布和汽车信息发布咨询等
交易中	线上购买、定制和电子转账等
交易后	汽车售后服务

按照汽车电子商务活动的范围分类，可以将其分为本地电子商务、远程国内汽车电子商务、全球汽车电子商务三种模式，详见表2-2。

表2-2　汽车电子商务活动的范围分类

阶　　段	业　务　范　围
本地电子商务	本地电子商务是指利用同一领域或同一地区的网络系统进行汽车电子商务活动。本地汽车电子商务系统是远程国内汽车电子商务活动和全球汽车电子商务活动的基础系统，建立和完善地方汽车电子商务体系是实现全球汽车电子商务的前提
远程国内汽车电子商务	远程国内汽车电子商务是指在国内开展的线上汽车电子商务活动，由于其活动范围比本地汽车电子商务大，对软件和硬件的要求也比较高
全球汽车电子商务	全球汽车电子商务是指通过全球网络在全球范围内开展的汽车交易电子商务活动。全球汽车电子商务活动的商务内容复杂，信息交流频繁，涉及的内容广泛，这就要求全球汽车电子商务系统为商务活动提供准确、安全、可靠的保障

按汽车电子商务的交易对象分类，可以将其分为B2B、B2C、B2G、C2B、O2O、C2C、P2C、微分销和企业内部的电子商务等模式。

（1）B2B

B2B（Business to Business）是企业对企业之间网络商务活动和网络营销的一种互联网市场模式。汽车行业的供需公司和合作公司利用网络交换信息、传递票据、支付货款，使整个商务活动过程实现电子化；公司内网、公司的产品和服务通过B2B网站或移动客户端与客户建立联系，利用网络的快速响应为客户提供更加便捷、更好的服务，以此带动公司的业务发展。但是，并不是所有的B2B网站都是线上交易模式，尤其是B2B行业网站，更多的是基于交易的网络营销推广和品牌意识建设。

B2B电子商务是利用互联网作为工具、企业与企业之间展开的一系列商务活动，其功能已涵盖到企业商务体系包括信息流、物流、资金流的各个过程中。随着第三方B2B电子商务交易平台的逐步成熟，虚拟主机等技术不断完善，以及搜索引擎市场的发展，电子商务成本已大大降低，B2B电子商务不再是大企业的专利。中小企业应抓住时机实施电子商务，以适应市场变化，提高经济效益。

B2B经营模式目前有垂直模式、综合模式、自建模式、关联模式四种，详见表2-3。

B2B流程如下：

1）对于商业客户向经销商下单，他们必须首先发送"客户订单"，其中应包括产品名称和数量等一系列产品问题。

2）经销商收到"客户订单"后，根据"客户订单"的要求向供应商查询产品状态，并发出"订单查询"。

表 2-3 B2B 经营模式

经营模式	相 关 说 明
垂直模式	通常是面向汽车制造业或面向汽车商业的垂直。B2B 网站类似于线上商店,是直接在互联网上开设的虚拟商店,通过它可以大力推销产品和促进交易。垂直 B2B 可以分为上游和下游两个方向,汽车制造商或商业零售商可以与上游供应商形成供应关系,制造商和下游分销商可以形成销售关系。其成本相对较低,因为垂直 B2B 主要面向某一行业的从业者,客户来源较少且相对集中
综合模式	通常为中间贸易市场的 B2B 级别,B2B 模式的运行架构如图 2-1 所示。这是一种横向的 B2B 交易模式,它将不同行业的类似交易流程整合到一个地方,为企业的采购商和供应商提供交易机会。这种综合模式只提供了一个平台,把网上的卖家和买家聚集在一起,买家可以在网上找到卖家的相关信息和产品的相关信息。要在汽车行业实现电子商务,就需要对企业的所有信息进行有效的管理,在供应商、企业、经销商和客户之间建立一个顺畅的信息流,并将这些环节紧密联系起来,形成供应链
自建模式	通常表现为立足自身信息化程度,以自身产品供应链为中心,构建产业化电子商务平台,将整个产业链串联起来,供应链上下游企业通过这个平台实现信息共享、沟通、交易,但是,这种电子商务平台的产业链深度整合有待完善
关联模式	为了提高电子商务交易平台信息的广度和准确性,业界整合了综合 B2B 模式和垂直 B2B 模式,建立了跨行业的电子商务平台

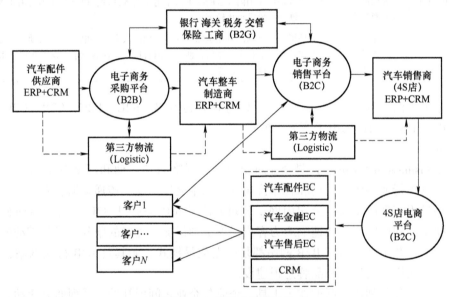

图 2-1 B2B 模式运行架构

3)供应商收到并审核"订单查询"后,将"订单查询"的回复返回给经销商。

4)当经销商确认供应商能够满足商业客户"客户订单"的要求时,经销商向承运人发出货物运输情况的"运输查询"。

5)承运方收到"运输查询"后,将运输查询的答复返回给经销商,如完成运输的能力、运输的日期、路线、方式等要求。

6)在确认运输没有问题后,经销商将立即对商业客户的"客户订单"给出满意的答复,同时向供应商发出"交货通知",并通知运输方运输。

7)商业客户向支付网关发送"支付通知"、银行结算单等。

8)支付网关向经销商发送"转账通知",表示交易成功。

9）运输公司收到"运输通知单"后开始装运。

（2）B2C

B2C（Business to Customer）的意思是"企业对客户"。B2C 是商业零售电子商务的一种模式，直接向客户销售产品和服务，典型的应用是线上购车，一般以网上零售业为基础。B2C 电子商务的业务流程如图 2-2 所示，企业通过互联网为客户提供线上商店，客户可以通过互联网线上购物和支付。由于这种模式为客户和企业节省了时间和空间，大大提高了交易效率。我国网络零售 B2C 产业日趋成熟，网络购物客户规模和交易量持续增长，电子商务平台开始向综合平台规模和垂直平台细分方向发展。

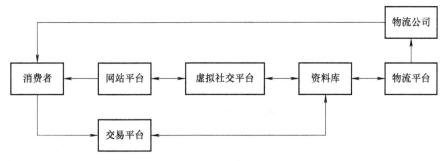

图 2-2　B2C 电子商务业务流程

B2C 电子商务的支付方式是款到发货、货到付款和网上支付相结合的方式，大多数企业选择物流外包来节省运营成本。随着客户消费习惯的改变和优秀公司示范效应的推广，网购客户数量持续增长。详见表 2-4，其基本需求包括客户管理需求、客户需求和经销商需求。

表 2-4　B2C 电子商务的基本需求

基本需求	说　明
客户管理需求	客户注册及客户信息管理
客户需求	提供电子目录，帮助客户搜索和找到他们需要的产品；比较相似的产品，帮助客户做出购买决定；评估产品，添加购物车，下订单，取消和修改订单；能够线上付款；检查订单的状态跟踪等
经销商需求	检查客户注册信息；处理客户订单；完成客户购买结算和处理客户付款；能够发布产品信息，能够发布和管理网上广告，并能在银行之间建立接口，进行电子拍卖；产品库存管理；与物流配送系统建立接口，可以跟踪产品销售情况，实现客户关系管理，提供售后服务

B2C 电子商务业务技术架构通常包括前端系统和后端系统，它们相互连接、相互支持，共同构成了电子商务系统的有机整体。其业务流程一般包括前端网购流程和后端订单处理流程。B2C 前台的功能模块主要包括会员注册、详细产品目录服务、产品信息查询、购物车、支付方式、个人信息保密措施、相关帮助等。其中产品目录、购物车和支付方式构成了 B2C 网站的三大支柱。一个好的产品目录可以帮助客户尽可能方便地找到想要的产品、购物车会跟踪所选产品直到付款、收银台是线上交易中非常重要的一部分，一般 B2C 网站都可以支持线上支付、线下支付等多种支付方式。

B2C 电子商务业务模型如图 2-3 所示。电子商务企业常见的盈利模式包括线上销售商品模式、线上销售数字内容模式、线上提供服务模式、广告费用模式、交易费用模式和混合盈利模式。不同类型的 B2C 电子商务企业有着不同的盈利模式。通常，B2C 电子商务企业主要通过以下几个方面获取利润：行业内产品销售、衍生产品销售、产品租赁、拍卖、销售平台、特许经营、会员资格、互联网服务、信息发布、广告、咨询服务等。

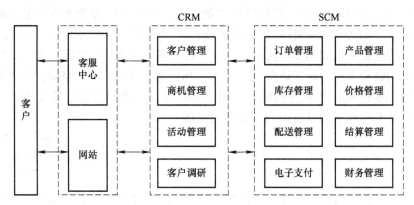

图 2-3　B2C 电子商务业务模型

汽车电子商务 B2C 模式的代表是阿里巴巴和京东，这两家公司把经典的 B2C 电子商务模式复制到汽车电子商务上。虽然每年的购物狂潮有各种各样的汽车销售，并报告了各种令人耳目一新的汽车电子商务记录，但真正的交易量不多，并且客户体验较差。因此，汽车厂商在天猫开设旗舰店不是为了销售，而是为了展示和推广品牌。

B2C 电子商务的支付方式是货到付款和网上支付相结合的方式。大多数企业选择物流外包来节省运营成本。随着客户消费习惯的改变和优秀公司示范效应的推广，网购客户数量持续增长。其基本需求包括客户管理需求、客户需求和经销商需求。

B2C 电子商务的类型可分为综合平台网站、垂直平台网站和汽车企业自建平台。

1）综合平台网站。综合平台 B2C 是一种常见的第三方购物平台网站，拥有庞大的购物群、稳定的网站平台、完善的支付体系、物流配送、诚信保障体系，促进了买卖双方的交易行为。典型的综合性电子商务交易平台是大型综合性网站，与传统购物中心一样，综合平台本身并不销售，而是提供完整的销售套餐。

2）垂直平台网站。这是一个直接面向客户的单一系统交易平台，这样的网站称为垂直式网站。在分销渠道中，制造商、批发商和零售商被视为一个单一的系统，它将某一产品的不同制造商、批发商和零售商的业务交易活动整合到一个网站上。

3）汽车企业自建平台。综合电商平台和垂直平台客流大，可以统计更多的客户接入数据，产生更多的销售线索。然而，在这个平台上运营的汽车公司很难获得有价值的信息，以帮助提高自己的销售和店内运营管理。如果建立自己的电子商务平台，这些线上客户访问数据就可以得到充分利用，然后嵌入到 CRM 工具中，可以实时掌握和跟踪客户，提高线上销售转化率和线下业务服务能力，突破后市场壁垒，提高客户体验和满意度。

对客户而言，在汽车电子商务平台中，提供客户注册、客户信息管理、电子目录等功能，帮助客户查找并引导客户找到所需产品，帮助客户进行同类产品对比，帮助客户做出购买决策；提供产品评价、购物车、下订单采购产品、取消、修改订单、线上付款、跟踪订单物流状态等功能。

商家方面，商家可以实时查看客户注册信息，处理客户订单，完成客户购买结算，处理客户付款，能够进行电子拍卖，能够发布产品信息，能够发布网络广告，商品库存管理，可以跟踪产品销售情况,可以与物流配送系统建立接口,与银行建立接口,实现客户关系管理、售后服务等,这种网上商城集成了 CRM 管理、采购管理、采购,销售和库存管理,会员管理,可以为企业提供端到端的电子商务咨询和平台建设。

前台功能模块包括产品展示、网站搜索、客户管理、线上订购、批量购买、招商引资、网站公告、帮助中心和友情链接等。

后端管理功能包括客户管理、订单管理、商品管理、销售管理、客户服务管理、采购管理、库存管理、出库管理、退货管理、财务管理、统计报表、权限管理、操作日志等。

B2C 电子商务包括两种方式:①商家建立自己的网站购物平台;②在网上商城申请"店铺"开店。卖家和买家之间的交易过程如图 2-4 所示。

图 2-4　B2C 电子商务交易流程

流程 1:确定购买商品的内容。购物网站的网络程序可以与客户线上互动,提供购物车、比较购物、商品检索、网上议价等服务。这些服务是传统商场无法比拟的,也是网购的优势,在熟悉的网站购物车/订单模式下,选择商品,确认规格,确认订单数量,确认发货要求,完成订单。

流程 2:确定商品配送的方式。有形商品的配送,即物流,客户在购物网站上敲定订单后,客户和商家需要立即知道需要多少物流成本,才能进入下一步交易支付送货费用。

流程 3:确定付款的方式。假设交货方式已经解决,物流成本已经确定,整个订单的总金额已经确定,交易双方需要在下一步确定付款方式。有三种付款方式可供选择:①直接交易,付款到交货;②直接交易,货到付款;③引入第三方监管模式。

流程 4:执行付款。网上商城引入了第三方虚拟账户平台,允许交易双方在第三方平台上进行收付。支付结算环节是整个电子商务过程中最安全的环节,现有的银行系统和增值服务提供商可以保证资金安全到达目的地账户。

流程 5:商品配送。只要是有形商品,最终都会通过物流交付给客户。通过引入第三方物流公司来负责物流,主要是全国性的快递公司。为了降低运输成本,小件物品可以用快递。中小型物流企业信息标准化水平较低,但大宗商品必须经过专用物流。每个公司在定价、数据格式和反馈机制方面都有自己的一套标准。

以上是 B2B 和 B2C 两种不同的模式,二者之间的差异详见表 2-5。

表 2-5　B2B 模式和 B2C 模式的比较

电商模式	B2B	B2C
供应链比较	主要面向上游供应链,涉及汽车配件的采购和向经销商分销汽车	B2C 主要面向下游供应链,它涉及从汽车制造或汽车经销商到最终用户的销售链
业务范围	包括采购、生产、销售、库存	主要是指汽车的终端销售,一种是通过汽车制造企业直接向终端用户销售;另一种是通过汽车经销商销售给终端用户

（续）

电商模式	B2B	B2C
成本控制	有更多的渠道来降低成本	只能降低销售成本
物流配送	批次少、批量大，可以节省20%~60%的物流和配送成本	批次大、批量小、周转快，物流和配送成本较高
信用评估	评估其信用评级，交易风险可以控制在最低限度	个人信用调查难度大，交易风险高

B2B 在降低成本、物流配送、安全和信用等方面的优势较为明显，使得汽车制造商更愿意选择 B2B 模式。

（3）B2G

B2G（Business to Government）是指企业与政府之间的电子商务，是企业与政府通过互联网进行电子通关、电子报税等交易活动的运作模式。B2G 包括电子采购服务，通过这些服务，商家可以了解代理商的采购需求和代理商对提案请求的响应。B2G 支持虚拟工作室，商家和代理商可以共享一个公共网站来协调承包项目的工作、协调线上会议、审查计划和管理开发。B2G 包括租赁线上应用软件和数据库设计，尤其是针对政府机构。

这种电子商务活动可以涵盖企业、公司和政府机构之间的各种事务。典型应用是政府机构进行产品和服务的线上招标和采购。这种运作模式的目的是降低投标成本。供应商可以直接从网上下载投标文件，并以电子数据的形式发回投标书。这样一来，更多的企业将有机会获得投标，但容易造成投标企业参与低价竞标，不利于后期交货的产品质量保证。

（4）C2B

C2B（Customer to Business）是指客户对企业的电子商务模式。真正的 C2B 应该先产生客户需求，然后再进行企业生产。即先由客户提出需求，再由生产企业根据需求组织生产。通常，客户根据自己的需要定制产品和价格，或者主动参与产品的设计、生产和定价。产品和价格反映客户的个性化需求，制造企业进行定制化生产。在 C2B 电子商务网的形式下，客户不必费劲寻找商家，而是通过 C2B 网站发布需求信息，商家就会报价和竞价。这种模式减少了广告费用与中间环节。

C2B 电子商务主要表现为：

1）省时。客户不必浪费时间到处跑来跑去买产品，只要在 C2B 网站上发布一条需求信息，很多商家就会竞价。

2）省力。不必费心和店里的商家讨价还价，只要你在 C2B 网站上发布需求并报出你能承受的价格，所有前来竞拍的商家都可以接受这个价格。

3）省钱。C2B 模型网站可以帮助客户找到很多有实力的商家，客户可以选择性价比高的商家进行交易。

（5）O2O

O2O（Online to Offline）的意思是线上线下模式，是指线上营销和网购带动线下运营和线下消费。将线下商机与互联网结合，使互联网成为线下交易的前台。这样，线下服务可以在线上招徕客户，客户可以使用线上过滤服务，交易可以在线上结算。O2O 营销模式的核心是线上预付费，并可以检查促销效果，跟踪每笔交易。O2O 通过打折、信息提供、服务预订等方式向客户推送线下店铺新闻，从而将客户转化为自己的线下客户。基本体验是客户在网上下载购车优惠券，然后带着优惠券到线下4S店完成购车。

O2O电子商务模式需要五个要素：独立的线上购物中心、国家级权威行业可信网站认证、线上广告营销推广、综合社交媒体与客户线上互动、线上线下一体化会员营销体系。与传统的客户在商家直接消费的模式不同，整个消费过程由线上和线下两部分组成。线上平台为客户提供消费指南、优惠信息、便捷服务（预订、线上支付、地图等）和共享平台，线下商家则专注于提供服务。在O2O模式中，客户的消费过程可以分为以下五个阶段：

1）引流。作为线下消费决策的切入点，线上平台可以聚集大量有消费需求的客户，也可以触发客户的线下消费需求。常见的O2O平台渠道入口包括：消费者点评网站、百度地图、高德地图等电子地图、微信、人人网等社交网站等。

2）转化。线上平台向提供详细信息、折扣（如团购、优惠券等）和便捷服务，方便客户搜索和比较门店，最终帮助客户选择线下商家，完成消费决策。

3）消费。客户利用线上获得的信息接受服务，线下商户完成消费。

4）反馈。客户将自己的消费体验反馈到线上平台，帮助其他客户做出消费决策。线上平台通过对客户反馈信息的梳理和分析，形成一个较为完整的本地门店信息数据库，吸引更多的客户使用线上平台。

5）留存。线上平台为客户与当地经销商建立沟通渠道，帮助当地经销商维护客户关系，使客户能够重复消费，成为经销商的回头客。

汽车是大型消费品，在确认购买车型后，客户需要到实体经销商处进行进一步体验，如试驾、试乘等，以便在最终交易完成前体验到真正的产品和服务。这一属性决定了汽车电子商务企业很难线上完成所有交易流程。通常的流程是：网上或电话咨询预约试驾；线上确认车型；提新车并付款；生成订单；收到验证码短信；买家使用短信验证码到4S店提车；最后进行线上确认和评估。

对于汽车行业来说，过去的商业模式和销售模式都是纯汽车销售。现在要考虑的是车辆整个生命周期的服务，不仅要卖车，还要考虑它的服务，还要考虑它未来能给其他潜在客户带来什么；除了卖车，他们还可能卖二手车，还有配件、维修、保修等服务。因此，企业可以通过电子商务更好地实现支持汽车生命周期的全产业链管理，提供更高附加值的产品和服务。

(6) C2C

C2C（Consumer to Consumer）是个人对个人之间的电子商务。例如，一个客户有一辆车，然后通过互联网将其卖给另一个客户，这种类型的交易称为C2C电子商务，典型的国内商业平台如淘宝网。C2C是一种客户对客户的交易模式，类似于现实中的跳蚤市场，其组成要素如图2-5所示，除了买家和卖家外，还包括电子交易平台提供商。这个提供商与现实生活中的跳蚤市场场地提供商和管理员类似。

在C2C模型中，电子交易平台提供商是至关重要的角色，它直接影响着该商业模式的前提和基础。单从C2C模式来看，只要买卖双方都能进行交易，就有盈利的可能，而且该模式可以继续存在和发展。但前提条件是保证电子交易平台供应商实现盈利，否则，这种模式将失去生存和发展的基础。因此，C2C模式应该更加注重电子交易平台供应商的盈利模式和能力。

然而，与B2C模式比较，C2C购物往往存在信誉、质量、售后服务等问题，在一定程度上削减了客户的购物欲望。B2C 网上商城节省了更多的中间环节,真正做到了质优价廉,以及售后保障,迎合了客户的网购需求,消除了后顾之忧。随着网络购物的发展和成熟,B2C 正逐渐被各大公司所重视。

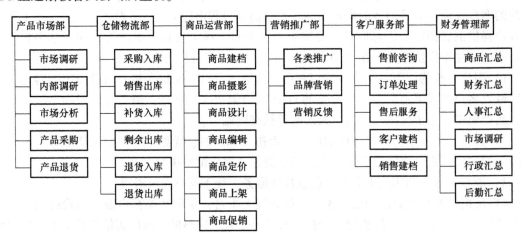

图 2-5 C2C 网站结构

(7) P2C

P2C（Production to Consumer）是指货物与客户之间的交易,客户产品直接从生产企业交付给客户,中间没有任何交易环节。它是继 B2B、B2C、C2C 之后的又一新型电子商务概念,类似于 P2I 产业链金融。

(8) 微分销模式

微商是一个以微信或微店系统为依托、以个人微信客户或小商户为基础,由品牌建立的多层次金字塔型微分销体系。"微发行"是基于瞬间传播的"微商城+微发行"的微信发行社交电子商务平台。很多 4S 店的店主选择在微分销平台上经营自己的汽车业务,借助"360 店微分销系统"打造自己的配送商城。通过微信公众号建立"微商城+微配送"的多层次综合微信配送体系,充分调动线下零售人员参与配送,建立"商户微商城+员工微商铺+粉丝微店"的多层次配送模式。

同时,"微发行"系统在后台具有强大的营销功能,商家可以根据相应的活动选择后台的互动小游戏,增加客户与商家之间的互动,同时增强客户的信任度。

微商分销是基于微信公众平台的三级分销商城,微企业分销是一级和二级佣金分享模式。二、三次分配的本质不变,仍然是裂变型分布,采用微分销系统佣金分配机制、蜂窝推送、强关系吸引流量、客户微博,客户和微分销商的身份瞬间改变。这种方法类似于病毒式营销,销售模式如图 2-6 所示。

(9) 企业内部的电子商务

企业内部的电子商务是指企业内部网的业务应用程序通过企业内部网来处理和交换业务信息,通过防火墙,企业将自己的内部网与因特网隔离开来。Intranet 可用于自动处理业务操作和工作流程,增强对重要系统和关键数据的访问,共享经验,与共同解决客户问题并保持组织间的联系。通过企业内部的电子商务,可以提高企业经营活动的灵活性,更快地对市场情况做出反应,能够更灵敏地应对市场环境的变化,为客户提供更加全面、优质、高效的服务。

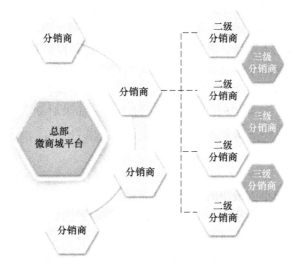

图 2-6 微商分销

以上介绍了电子商务常见的几种模式,在不同模式的电子商务发展中出现的共性问题如下:

1)物流和运输问题。客户在网上下单后,商家需要送货,一般商品的物流就可以送货上门了。然而,对于汽车来说,与普通的网上交易产品不同,它的体积和重量都让物流成为一个巨大的问题。它需要一个完整的物流体系作为支撑,物流成本也会相对较高。如果客户在汽车运输过程中取消订单或退货,会造成更多的物流资源浪费。

2)跟进购车问题。买车需要办理保险、牌照等一系列手续。同时,汽车在使用过程中的保养需要一套完整的线下售后服务体系。

3)汽车高单价与支付信用安全。对于大多数个人客户来说,买车是一笔不小的开支,总价大多在10万到100万之间。直接在网上支付一大笔费用让很多人感到不安,往往只能通过押金或预付款以意向金的形式获取客户信息,需要提高网上支付的安全性。因此,商家的信誉非常重要。对于更多的客户来说,他们仍然会想到实体店去查看感兴趣的汽车。

4)汽车制造商和经销商之间的利益冲突。对于一个汽车制造商来说,经销商往往少则几十家,多则几百家、几千家。一旦汽车制造商在网上销售,就会引起汽车经销商的不满。网上售车降低了成本和价格,这对汽车经销商的利益是不利的。

2. 汽车电子商务常用推广方法

随着大型电商平台的兴起,越来越多的行业开始建设自己的线上平台,人们开始更多地重视产品的视觉设计和人机交互的客户体验。同样,汽车电商平台的建设也包括了界面与图标的设计与应用,以求达到人机的完美结合。汽车电子商务营销常用平台的推广方法主要有以下几类。

(1)自身网络站点建设

自身网络站点建设的目的是通过建立自己的官方网站,以视频、声音、图片、文字等形式向网站访问者介绍公司及其产品。比如在网站页面上设置了360°全方位3D全景浏览功能,无论是从车外还是从车内,客户都可以在页面上自由选择,并希望获得汽车产品所有的展示。

此外，客户还可以通过网站了解车辆配置价格、产品亮点、品牌故事、新闻活动、特约经销商等，并可以线上预约试运行、下载图片和视频、提问。当客户找到感兴趣的产品，或制造商查找经销商发布的采购目录时，线上谈判功能可以帮助经销商和供应商实时沟通，所有谈判记录都存储在数据库中供查询。一家公司的官方网站推广能否吸引大量客户流量是成功的关键。因此，一个高效率的网站应要求页面打开速度更快，毕竟网速决定了一切。国外研究表明，客户打开主页的等待时间一般不超过3秒。如果时间太长，客户会失去耐心离开。网站必须是动态的，信息量要大，要经常更新，互动性更好，只有注重与客户的沟通才能留住客户。

（2）搜索引擎营销

搜索是查找信息最简单、最快的方式，甚至是一种依赖和习惯。在中国，"有问题问百度"已经成为一种习惯。搜索引擎作为未来最具发展前景的网络媒体，在企业中也扮演着重要的角色。目前，中国汽车企业通常在新产品上市前后和某一产品进行大规模促销活动时，在百度搜索引擎上购买热门关键词，以增加官方网站或促销信息页面的人气，使点击达到广告效果。这也是企业在网站开通时注册免费搜索引擎、优化官方网站内容为搜索引擎服务的有效途径。

（3）综合门户推广

综合门户网站是目前中国互联网上最大的广告媒体，综合门户网站首页可以发布汽车产品的视频或图片广告，汽车频道为客户提供最详细的购车信息、最便捷的购车渠道。通过新闻、车型、导购、用车、问答、社区等模块，客户可以查询到指定车型所有经销商的信息、最新的车市活动等，并可以在网上提交购车意向，计算购车金额。门户社区的建设不仅可以增加网站知名度，积累目标受众，使营销活动更加精准，而且可以产生原创力量，丰富内容。汽车企业还可以与综合性门户网站合作，推广汽车产品的网络公关活动，将产品、公关、线下评选、网络投票等结合起来，打造新闻热点，扩大传播影响力。

（4）专业汽车站点推广

垂直专业汽车网站是一种以线上汽车业务为核心，提供购车信息和服务的汽车网络营销平台。如图2-7所示，垂直网站专注线上汽车业务，专业性强。专业汽车网站的品牌区往往具有汽车企业品牌塑造和形象塑造的功能，有时可以找到汽车公司自己的官方网站上没有的信息材料。此外，一些地方专业汽车网站也成为当地汽车经销商发布促销信息、与网友沟通的平台。

（5）博客以及微博（SNS社区）的应用和播客营销

博客营销是基于个人知识资源的网络信息传播形式，博客营销的基本作用是掌握、学习和有效运用某一领域的知识，通过知识的传播达到营销信息传播的目的。

博客具有巨大的商业价值潜力，随着博客的快速发展，各种盈利模式也应运而生，如博客门户模式、博客服务托管收费模式、增值服务模式等。播客营销是将博客营销中用来传达信息的文字和图片转化为视频和声音。播客的魅力主要体现在品牌体验的商业价值上，通过与品牌的深入沟通，让客户体验到品牌的核心价值。

（6）移动网络营销

移动网络营销是以手机为基础，以手机为视听终端，以互联网为平台进行个性化信息传播，以传播对象为重点，以目标为传播效果，以互动为传播应用的营销模式。随着智能手机的发展，手机应用已经成为品牌广告主交流的新渠道。移动无线互联网的商业价值是无限的。由于手机比其他媒体更具个性化、更直接、更吸引眼球，因此基于手机的营销平台拥有更鲜明的客户群、更活跃的客户，并提供更准确的业绩评价。

图 2-7　垂直网站广告媒体推广

如图 2-8 所示，在移动网络营销中，一部手机只代表一个受众，移动设备是精准营销的前提。移动终端天生就是便携的，实用有趣的手机应用服务让人们有效地利用了大量零碎的时间，吸引了越来越多的手机客户参与其中。平台的开放也让手机客户有了更多的个性化选择，这也很快形成了品牌黏性。通过客户行为分析和数据挖掘，广告商和客户可以实现一对一的沟通。移动设备具有其他广告运营商所不具备的交互性，客户可以通过移动广告观看视频、打电话、发送短信、浏览网页、下载程序。移动设备的屏幕相对较小，这一特点决定了受众更容易关注广告信息，反而获得了更好的营销效果。

汽车现在是主要的旅行工具，在移动互联网时代，许多移动应用服务于车主，解决车主对车辆燃油、道路、停车、违章等问题的担忧。有了手机网络，违规查询、油耗等可以在 APP 中查询，让车主快速了解。

图 2-8　移动网络营销

许多汽车 4S 店都通过开发汽车应用软件来应对日益发展的移动互联网。在客户多方面体验之后，实际应用效果会变得很明显。通过手机移动客户端，客户只需登录 APP 即可及时了解 4S 店动态、新车信息、二手车信息，通过 4S 店随时与客户服务人员进行线上和预约服务。移动网络营销可以为 4S 店提供全面的营销策略服务，帮助企业实现品牌形象传播、产品营销推广、客户关系维护、销售转化，从而提高产品销量，在促进汽车产业发展、满足客户需求方面发挥了重要作用。

2.1.2 汽车电子商务交易流程与运行管理

 汽车电子商务运营中通常会存在哪些问题？
为了解答此问题，让我们一起来学习以下内容。

1. 汽车电子商务交易流程

如图 2-9 所示，汽车电子商务交易流程是通过互联网利用数字信息完成购物交易的过程，网上购物在很多方面都不同于传统的购物方式，包括选择商品、主体身份、付款、验货等。

图 2-9 汽车电子商务交易流程

汽车电子商务交易流程详细解释如下：

1) 交易前准备。在确定目标产品的前提下，客户进行不同的车辆调查和市场分析，制定采购价格，制定采购计划，反复进行市场询价，最终确定并批准采购计划。对销售者来说，要根据自己想销售的产品做广告，根据市场调研和市场分析的结果，制定相应的销售策略和销售方法。

2) 交易谈判与合同签订。交易双方可以利用现代电子通信设备和通信方式，协商交易细节，确定交易双方在交易中的权利和义务，以及类型、数量、价格、交货地点、交货日期、交易方式和合同条款等。对于违约行为和运输方式索赔等，均在电子交易合同中有充分的约定。交易合同以书面或电子文件形式签订。

3) 办理交易前手续。买卖双方从签订合同到合同开始执行，经过各种程序的过程，也是双方交易前准备交易的过程。电子商务交易涉及很多方面，买方和卖方需要使用电子数据交换来交换各种电子票据和电子文件，直到各种手续完成，卖方可以将货物交给买方。

4) 交易合同的履行与索赔。买卖双方办妥所有手续后，卖方必须准备和整理货物，同时进行报关（车辆或配件的出口销售）、保险、取证、赊销等工作，然后将货物交给运输公司进行包装、装运和交货。买家和卖家可以通过汽车电子商务服务器追踪发出的商品物流信息，银行和金融机构也按合同约定办理双方的收付款和结算，并出具相应的银行收据。当买家收到购买的物品时，整个交易过程结束。索赔是指交易双方在交易过程中发生违约时需要做的工作，受害方应当向违约方提出索赔。

2. 汽车电子商务运营问题

汽车电子商务运营存在如下问题：

1) 在网络平台上展示的车辆在拍摄后经过重新处理和美化，然后放到网站上供大家浏览和选择。它与实车的体验是不可比拟的，也不具备完全的真实性，而且车辆的实际质量、配置的好坏也很难判断，汽车电子商务交易流程操作与服务体系亟待规范。

2) 与传统汽车销售相比，汽车电子商务是一个新兴事物，具有吸引客户的优势。对于大宗商品，客户很少决定在网上下单。然而，随着电子商务的成熟和消费观念的变化，网上交易的潜力巨大，很多汽车企业对其重视不够。他们只是利用自建的网络平台作为宣传工具，专注于传统的汽车销售。不同的定位会产生不同的效果和结果，只有线上线下有效结合，才能更好地提高车辆销售和服务水平。

3) 汽车电子商务朝着更加专业化的方向发展，不能忽视消费者的消费观念和消费习惯。应考虑不同的客户，购买方式应多样化，以满足公众的需求。

4) 在互联网时代，网络购物的诚信问题非常重要，网络安全问题涉及客户隐私、资产安全等重要利益。汽车电子商务不同于传统的交易模式，涉及汽车配件、装饰、配套产品等一系列环节，对于网站平台上交易的可靠性和安全性至关重要。

汽车电子商务运营应该做充分的客户调查，如果不与客户沟通，我们不知道这个活动是否值得做、如何做，也不确定方向，所以要谋划制定一个思路清晰、执行力强且非常详细的实施方案。同时，在执行的过程中应重视团队建设和工作配合，利用好各自的资源和优势。

2.1.3 汽车电子商务运营风险防范

电子商务常见的网络风险有哪些？如何防范？
为了解答此问题，让我们一起来学习以下内容。

电子商务的应用改变了人们的工作和生活方式，带来了无限商机的同时也存在巨大而复杂的网络安全风险。例如，黑客攻击、病毒入侵等，常见的网络入侵风险主要包括木马、拒绝服务攻击、邮件炸弹、SYN 洪泛攻击、过载攻击、入侵、信息窃取、病毒等。如果企业内部对安全问题存在盲目性和缺乏安全意识，导致对电子商务运营和安全风险管理重视不够，就必然会遇到各种风险。

防火墙的作用是保护网络的安全运行，阻止网络病毒与黑客的攻击。典型的防火墙主要由数据包过滤路由器、应用程序网关（或代理服务器）和堡垒主机组成。数据包过滤路由器也称为屏蔽路由器，可以决定接收到的每个数据包选择，逐个检查每一个数据包，以及它是否符合特定的数据包过滤规则。在应用网关上安装了一个特殊用途的应用程序，称为代理服务或代理服务器程序，可以防止各种服务直接通过防火墙转发。这些应用程序数据的转发取决于代理服务器的配置，代理服务器可以配置为只支持某个应用程序的特定功能而拒绝所有其他功能，也可以配置为支持所有功能，如同时支持 WWW、FTP、Telnet、SMTP 和 DNS。堡垒主机是内部网络上唯一可以连接到 Internet 上的主机系统，它将内部网络的主机系统从外部屏蔽，因此任何外部系统在尝试访问内部系统或服务时都必须连接到堡垒主机上。

网络运行的环境非常复杂，一般来说，电子商务一般存在以下安全风险：

1) 商业信息很容易被劫持和窃取。网络攻击者通过互联网、公用电话网、布线、电磁波辐射等方式安装拦截设备，或者在数据包通过网关、路由器时拦截数据，获取传输的机密信息，或者通过信息流、通信频率分析长度等参数，计算银行账号、密码、公司或客户的商业秘密。

2) 篡改信息。网络攻击者依靠各种技术手段，对传输的信息进行篡改、删除或插入破坏性信息，并发送到目的地，从而达到破坏信息完整性的目的。

3）拒绝服务。拒绝服务的主要原因来自黑客和病毒攻击以及计算机硬件损坏，业务系统在一定时间内会瘫痪或运行异常。例如 DoS 拒绝服务攻击，攻击者阻止对信息、服务或其他资源的合法访问，最常见的例子是通过某种手段故意占用大量网络资源，使系统没有剩余资源为其他客户提供服务，甚至劫持域名，利用域名重定向自动将链接连接到非法网站，散布虚假信息，并扰乱正常的信息渠道。其主要手段包括：虚假网站、店铺、向客户发送电子邮件、接收订单，或者直接因为网页无法响应而伪造大量客户、发送电子邮件、耗尽业务资源等，致使合法客户无法正常访问网络资源。

4）系统资源被盗。由于存在漏洞，在电子交易信息在网络传输过程中可能被他人盗窃、非法修改、删除或重放，从而使信息失去真实性和完整性。

5）伪造信息。网络攻击者利用非法手段窃取合法客户的身份信息，冒充合法客户的身份与他人进行交易，进行信息诈骗和信息销毁，获取非法利益。其主要表现为：冒充他人身份、冒充他人消费、冒充主机欺骗合法主机和合法客户等，还包括假冒客户进行非法交易、伪造电子邮件等。电子商务也存在网店准入控制不严、产品信息审核不畅、销售行为管理混乱、信用评价存在缺陷等诸多问题。

6）特洛伊木马和病毒。病毒是指由编译器插入计算机程序中，破坏计算机功能或破坏数据，影响计算机使用，并能自我复制的一组计算机指令或程序代码。与医学上的"病毒"不同，计算机病毒不是自然发生的，它是一组指令集或程序代码，由某些人利用计算机软硬件固有的漏洞编译而成。它可以通过某种方式潜伏在计算机的存储介质（或程序）中，当满足一定条件时，病毒就会被激活，通过修改程序，感染其他程序并破坏计算机资源。病毒主要是利用计算机操作系统的弱点来传播的，提高系统的安全性是防病毒的重要手段，但强调系统的高安全性会使系统大部分时间被用于病毒检测，使系统和网站失去可用性、实用性和易用性。此外，有必要对信息保密。由于网络安全没有绝对的安全性，所以在运行中要注意维护，做好网络防御。

7）交易欺诈与拒绝。它是指以非法占有为目的，通过网络信息系统伪造事实或者隐瞒真相，骗取巨额财产的行为。即买方下单后不承认订单，卖方因价差不承认原交易。其主要手段有：活动天窗、木马、数据欺诈、蠕虫、逻辑炸弹、冒名顶替者、入侵、仪器扫描、密码破解、截获信息等。此外，交易双方还可能存在道德风险。一些客户可能会恶意拒绝他们发送的信息，以逃避责任。例如：发布者事后否认已发送某条信息或内容；接收者事后否认收到某条信息或内容；客户下单后不承认；经销商销售的商品质量差，但不承认原来的交易。

以上介绍了网络中经常出现的安全问题，针对这些问题，需要建立起有效的安全风险管理规则与防范机制。我国电子商务立法的适用范围包括了电子合同的效力、电子支付与财务管理、税收与保险、网络管理与信息安全保护、电子证据与电子签名的合法识别等。针对电子商务面临的各种安全风险，政府制定强制措施和审查机制、市场准入规则、知识产权保护、客户合法权益保护、国际司法管辖和国际援助等，应采取措施维护电子商务系统的安全，监测新的威胁和漏洞。一般来说，安全风险管理规则的制定过程分为三个阶段：评估阶段、开发实施阶段、运营阶段。

对于电子商务网络经营的安全风险管理办法，通常包括四个方面：风险识别、风险分析、风险控制和风险监控。在汽车电子商务领域，如图 2-10 所示，发生的风险类型包括产品识别风险、质量控制风险、网上支付风险、产权转移风险、信息传递风险等。

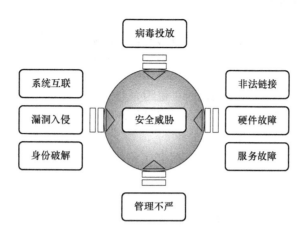

图 2-10　汽车电子商务网站的安全风险

风险识别方法见表 2-6，主要包括信息识别、企业信用记录查询、论坛搜索、诚信指数及评价理解、搜索引擎搜索、商业网站查询、手机归属地判断、专业测试等方法，运用科学的管理方法可以用最低的成本和代价实现最大程度的安全保障。

表 2-6　识别风险的方法

识别方法	说　　明
辨别信息	先通过搜索网络，看是否能找到车主的体验，如果没有，造假的可能性就很大；其次，看联系方式是否只有手机号码，能不能马上联系上，同时分析他的信息表达方式，看是否有人故意修改；最后，确认客户是否有实名认证
查询企业信用记录	在全国企业信用信息查询系统中，通过录入企业名称、统一社会信用代码或注册号、营业执照信息、股东出资信息等基本信息，还必须查询行政许可信息、行政处罚信息，以及业务异常清单上的信息，包括严重违法违规公司名单（黑名单）信息
搜索论坛	可以在论坛中输入对方公司的名称进行搜索，如果发现一家网络公司发布了帖子，点击它就可以看到，网上公司描述的情况与我们遇到的情况完全相同，基本上可以断定这家公司是个骗子
了解诚信指数及评价	如果对方是诚信会员，则更方便区分。因为诚信会员已经通过第三方认证，我们可以查看该会员的诚信档案，里面会有客户点评，综合判断公司生产经营是否诚信
搜索引擎搜索	可以在搜索引擎中输入对方公司的名称、地址、联系人、电话、传真等信息，找到相关信息，帮助我们做出综合判断
查询工商网站	很多商家在日常经营中都有自己的核实方法，比如索要营业执照和身份证复印件，了解自己的工商登记信息；可以从国家市场监督管理总局的网站上找到当地商业红盾网的链接，在红盾网，可以找到对方公司的代码、法定代表人、地址和联系方式，帮助了解对方公司的真实注册情况
判断手机归属地	搜索引擎、商业网站、手机号码归属查询，这三种方法都是互联网上比较实用的验证工具
测试专业性	许多骗子使用格式化的传真或购买信来分发购买信息，因为他们没有真正的购买意图，他们通常对他们想要购买的产品知之甚少。在与客户沟通的过程中，我们可以利用我们对自己产品的了解，设置一些问题，测试对方是否了解自己想要购买的产品，进而判断对方是否真的想购买

2.1.4 汽车电子商务网络经营规范

汽车电子商务网络经营规范有哪些？如何来合法经营？
为了解答此问题，让我们一起来学习以下内容。

互联网为社会提供了各种便利的同时，也为企业的商务经营与企业管理提供各种便捷以及发挥空间，但是在互联网的运行环境中，网络的环境也不是法外之地。从事汽车电子商务的活动与经营，需要注意如下事项：

1）首要一点就是应遵守国家法规。根据《网络商品交易及有关服务行为管理暂行办法》规定，网络商品经营者和网络服务经营者在中华人民共和国境内从事网络商品交易及有关服务行为，应当遵守中华人民共和国法律、法规的规定。在该条例中所指的网络服务经营者是指通过网络提供有关经营性服务的法人、其他经济组织或者自然人，以及提供网络交易平台服务的网站经营者，在网络商品交易及有关服务行为中不得损害国家利益和公众利益，不得损害消费者的合法权益。为网络商品交易及有关服务行为提供网络接入、服务器托管、虚拟空间租用等服务的网络服务经营者，应当要求申请者提供经营资格和个人真实身份信息，签订网络服务合同，依法记录其上网信息。

2）对于消费者合法权益的保护，应当遵守《消费者权益保护法》和《产品质量法》等法律、法规、规章的规定，不得损害消费者合法权益。网络商品经营者和网络服务经营者向消费者提供商品或者服务，应当事先向消费者说明商品或者服务的名称、种类、数量、质量、价格、运费、配送方式、支付形式、退换货方式等主要信息，采取安全保障措施确保交易安全可靠，并按照承诺提供商品或者服务。另外，在汽车电子商务的网络经营中，网络商品经营者和网络服务经营者不得利用网络技术手段或者载体等方式，实施损害其他经营者的商业信誉、商品声誉以及侵犯权利人商业秘密等不正当竞争行为。

3）对于电子商务的交易，应当提供电子格式合同条款的，符合法律、法规、规章的规定，按照公平原则确定交易双方的权利与义务，并采用合理和显著的方式提请消费者注意与消费者权益有重大关系的条款，并按照消费者的要求对该条款予以说明。网络商品经营者和网络服务经营者不得以电子格式合同条款等方式做出对消费者不公平、不合理的规定，或者减轻、免除经营者义务、责任或者排除、限制消费者主要权利的规定。

4）对于汽车电子商务中关于商品或者服务侵权的问题，国家出台的《网络商品交易及有关服务行为管理暂行办法》中明确规定，应当遵守《商标法》《反不正当竞争法》《企业名称登记管理规定》等法律、法规、规章的规定，不得侵犯他人的注册商标专用权、企业名称权等权利。应当采取必要手段保护注册商标专用权、企业名称权等权利，对权利人有证据证明网络交易平台内的经营者实施侵犯其注册商标专用权、企业名称权等权利的行为或者实施损害其合法权益的不正当竞争行为的，应当依照《侵权责任法》采取必要措施。

5）对于消费者与客户的个人信息与隐私保护。从事电子商务工作中避免不了采集客户的个人信息的问题，但是经营企业者在经营的过程中，对收集的消费者信息，负有安全保管、合理使用、限期持有和妥善销毁义务；不得收集与提供商品和服务无关的信息，不得不正当使用，不得公开、出租、出售。提供网络交易平台服务的经营者应当采取必要措施保护涉及经营者商业秘密或者消费者个人信息的数据资料信息的安全；非经交易当事人同意，不得向任何第三方披露、转让、出租或者出售交易当事人名单、交易记录等涉及经营者商业秘密或者消费者个人信息的数据。

6) 对于在交易平台上发布的商品和服务交易信息，要注意敏感词汇的应用，有些词汇是国家严格管控的，特别是与政治相关的敏感内容。对于产品，有些形容性的词汇除了会违反国家出台的广告法，也会遭到专业维权公司利用维权之名提出不正当的起诉来获取不正当高额收入，这类公司处理手段通常比较专业，所以需要特别小心。国家相关部门在《网络商品交易及有关服务行为管理暂行办法》中明确规定，发布的信息应当真实准确，不得做虚假宣传和虚假表示。提供网络交易平台服务的经营者应当积极协助市场监督管理部门查处网上违法经营行为，提供在其网络交易平台内进行违法经营的经营者的登记信息、交易数据备份等资料，不得隐瞒真实情况，不得拒绝或者阻挠行政执法检查；应当审查、记录、保存在其平台上发布的网络商品交易及有关服务信息内容及其发布时间。经营者营业执照或者个人真实身份信息记录保存时间从经营者在网络交易平台的登记注销之日起不少于两年，交易记录等其他信息记录备份保存时间从交易完成之日起不少于两年。另外，还应当采取数据备份、故障恢复等技术手段确保网络交易数据和资料的完整性和安全性，并应当保证原始数据的真实性。

7) 对于汽车电子商务交易、经营类平台的监督与管理，网络交易平台服务的经营者应当对通过网络交易平台提供商品或者服务的经营者，及其发布的商品和服务信息建立检查监控制度，发现有违反市场监督管理法律、法规、规章的行为的，应当向所在地市场监督管理部门报告，并及时采取措施制止，必要时可以停止对其提供网络交易平台服务。市场监督管理部门发现网络交易平台内有违反市场监督管理法律、法规、规章的行为，依法要求提供网络交易平台服务的经营者采取措施制止的，提供网络交易平台服务的经营者应当予以配合。

8) 对于违反了国家相关管理规定的，如果情节严重，国家对需要采取措施制止违法网站继续从事违法活动的，市场监督管理部门将依照有关规定，提请网站许可地通信管理部门依法责令暂时屏蔽或者停止该违法网站接入服务。市场监督管理部门对网站违法行为作出行政处罚后，需要关闭该违法网站的，将依照有关规定，提请网站许可地通信管理部门依法关闭该违法网站。

2.2 实践训练

	实训任务	对汽车电子商务运营模式进行分析与评估
	实训准备	实训计算机、网络、打印机、打印纸等
	训练目标	1. 通过实训能够掌握几家电子商务平台的特征与设计风格 2. 通过集体协作增强团队意识，经过工作汇报能够提升学生的思维能力、语言组织能力、表述能力

	训练时间	45 分钟
	注意事项	每一位同学都应当积极发言,能够在讲台上清晰地表述出老师提出的问题

任务:对汽车电子商务运营模式进行分析与评估

 任务说明

通过上网调研,对各个不同的平台(天猫汽车商城、京东、苏宁等)做出分析,说出平台的优点?在平台展示页面的功能结构上各有哪些特色?

实训组织与安排

教师活动	指导学生在网络中查找相关信息,完成任务中要求填写的内容
学生活动	按照任务中的要求填写出需要完成的内容

参考:电子商务运营指标如图 2-11 所示。

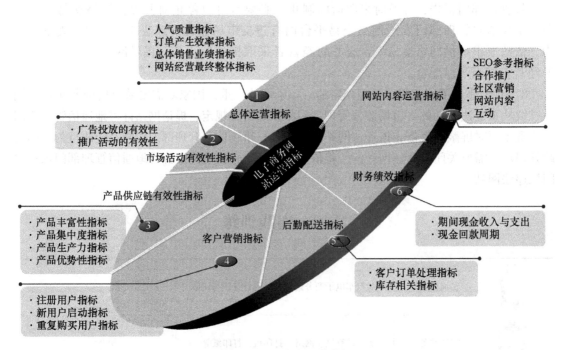

图 2-11　电子商务运营指标

任务操作

	研究平台名称：		类型：	
平台1	功能1			
	功能2			
	功能3			
	功能4			
	功能5			
	功能6			
	功能7			
	功能8			
	功能9			
	功能10			
	研究平台名称：		类型：	
平台2	功能1			
	功能2			
	功能3			
	功能4			
	功能5			
	功能6			
	功能7			
	功能8			
	功能9			
	功能10			
各自优点				
特色功能				

2.3 探讨验证

教师活动	组织学生将鉴定结果进行点评，让学生在讲台上对小组成果进行展示；引导学生进行问题探讨
学生活动	将小组完成的鉴定报告对大家进行讲解，并完成老师提出的问题探讨

问题探讨

1. 汽车生产厂家的电子商务模式与天猫的汽车网上商城的电子商务模式存在哪些异同？
2. 宝马公司与奔驰公司的电子商务平台有哪些特色的服务功能？

2.4 项目小结

本课题的学习目标你已经达成了吗？请通过思考以下问题的答案进行结果检验。

序号	问题	自检结果
1	汽车电子商务模式按汽车电子商务的交易阶段分类可以分为哪几种？	
2	什么是本地电子商务？什么是远程国内汽车电子商务？什么是全球电子商务？	
3	什么是B2B？B2B经营模式有多少种？	
4	什么是B2C？B2C电子商务有哪几种类型？	
5	电子商务企业常见的盈利模式有哪些？	
6	B2C电子商务企业主要通过哪几个方面获得盈利？	
7	什么是C2C？C2C模式有哪些优点和缺点？	
8	汽车电子商务运营存在哪些问题？	
9	什么是汽车电子商务交易流程？	
10	汽车电子商务常见的网络风险有哪些？风险识别的方法有哪些？	

项 目 练 习

单项选择题：

		电子商务包括（ ）。
问题1	A	电子货币交换、供应链管理、电子交易市场、网络营销等
	B	电子货币交换、供应链管理、电子交易市场、线下营销等
	C	电子货币交换、供应链管理、闭店促销、网络营销等
	D	以上都对
		按照汽车电子商务活动的范围分类可以分为（ ）。
问题2	A	本地电子商务模式、远程国内汽车电子商务模式、全球电子商务模式
	B	本地电子商务模式、线下零售商务模式、全球电子商务模式
	C	本地电子商务模式、远程国内汽车电子商务模式、店内电子商务模式
	D	以上都对

问题 3	B2B 经营模式目前有（　　）四种。	
	A	垂直模式、单点模式、自建模式、关联模式
	B	垂直模式、综合模式、自建模式、关联模式
	C	垂直模式、综合模式、众筹模式、关联模式
	D	以上都对
问题 4	企业管理信息系统可划分为（　　）四种信息系统。	
	A	操作层、知识层、管理层、战略层
	B	存储层、知识层、管理层、战略层
	C	操作层、知识层、单位层、战略层
	D	以上都对
问题 5	网络攻击者可以依靠各种技术方法和手段对传输的信息进行（　　）。	
	A	代码修复
	B	增强防护能力的操作
	C	中途的篡改、删除或插入，并发往目的地，从而达到破坏信息完整性的目的
	D	以上都对

问答题：

B2B、B2C、C2C、O2O 各有哪些优缺点？

思考与讨论：

1. 汽车电子商务交易相比传统交易具有优势？

2. 汽车电子商务交易安全风险管理规则有哪些？

项目三　汽车电子商务硬件与软件应用

学习目标

- 能够掌握电子商务平台系统的结构与硬件组成。
- 能够掌握 ERP 汽车电子商务软件的作用与应用。
- 能够掌握 CRM 管理系统的作用与 CRM 管理的方法。

3.1　基础知识学习

越来越多的汽车制造企业逐渐意识到发展电子商务的重要性，无论是汽车制造企业还是销售商都在不同程度地对电子商务的应用进行研究。本课题的重点是学习电子商务平台系统的组成和 ERP 电子商务软件的应用。

学 生 准 备	学生在正式上课之前，应当做好如下准备： ● 在课前预习老师安排的教学内容，完成老师推送的学习准备。 ● 准备好本次学习范围内需要向老师提出的问题。

3.1.1　电子商务平台硬件组成

 电子商务平台网络硬件系统主要有哪些？
为了解答此问题，让我们一起来学习以下内容。

电子商务是以计算机网络为基础，以电子方式为手段，以商务活动为主体，在法律许可范围内进行的商务活动的过程，其核心是商业，电子是手段。电子商务平台是为企业或个人提供网上交易洽谈的平台，通过电子商务平台的建设，可以建立一个网上业务支持的系统，规范网上业务的开展，提供完善的网络资源、安全保障、安全的网上支付和有效的管理机制，有效地实现资源共享，实现真正的电子商务。

1. 网络硬件系统的构成

电子商务平台运行的网络硬件系统是指构成计算机网络的硬件设备，包括各种计算机、终端和通信设备。从网络硬件构成的角度来看，局域网通常由服务器、客户端、网卡、中继器、集线器和传输线等基本组件组成。如果扩展到广域网，则也可以使用诸如网桥、交换机和路由器之类的硬件设备。

（1）服务器

服务器也称为伺服器，其安全性和稳定性要求与个人计算机相似，但在安全性方面要求较高。服务器分为三种类型：文件服务器、应用服务器和数据服务器。

如图 3-1 所示，服务器是网络环境下的高性能计算机，是网站的灵魂。如果没有服务器，客户就不能打开一个网站。在实际使用中，一台服务器也能满足使用要求，但成本太高。因此可以通过软件在同一个物理服务器上设置多个虚拟服务器，每个虚拟服务器可以提供服务器的所有功能，从而降低成本。为了适应企业网络的增长和变化，服务器必须具有一定的可扩展性，因为服务器要面向整个网络的客户，在一些特殊的应用领域，即使没有客户使用，一些服务器也必须不间断地工作，这就是服务器必须具有极高稳定性的根本原因。

（2）网卡

网卡又称网络适配器，如图 3-2 所示，将其插入服务器或工作站的扩展插槽，服务器和工作站就会通过各自的网卡将线缆或双绞线连接在一起。

图 3-1　服务器

图 3-2　网卡

网卡在计算机和连接线之间起着数据转换和缓冲的作用，是在数据链路层工作的网络组件，是局域网中计算机与传输介质之间的接口，不仅可以实现与局域网传输介质的物理连接和电信号匹配，还包括帧的发送和接收、帧的封装和解包、媒体访问控制、数据编解码和数据缓存等功能。

（3）中继器

中继器如图 3-3 所示，通常用于两个网络节点之间物理信号的双向转发。它属于网络物理层互联设备，主要用于连接同一类型网络的两个或多个网段。中继器的功能是对信号进行整形，防止线路阻抗对信号的衰减和失真，增加信息传输

图 3-3　中继器

距离，完成物理层的功能，负责在两个节点的物理层上传输信息，并完成信号复制、调整和放大等功能，以延长网络的长度。由于损耗，线路上传输的信号功率会逐渐衰减，当衰减到一定程度时，会造成信号失真，从而导致接收误差。中继器就是为了解决这个问题而设计的，该装置完成了物理线路的连接，对衰减后的信号进行放大，并与原始数据保持一致。

（4）集线器

集线器如图 3-4 所示，类似于中继器，也是网络物理层互联设备，可以说是多端口中继

器。每个端口都可以连接到一个节点。它作为网络传输媒介之间的中心节点，克服了单一媒介通道的缺点。以集线器为中心的优点是，当网络系统中某条线路或某个节点发生故障时，不会影响网络上其他节点的正常运行。

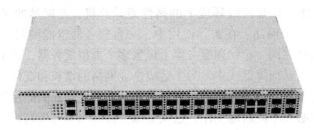

图 3-4 集线器

（5）传输介质

传输介质主要包括同轴电缆、双绞线、光纤等。

（6）网桥连接器

网桥连接器如图 3-5 所示，也被称为网桥，类似于中继器，它在数据链路层连接两个网络。网络之间的通信由网桥传输，网络内部的通信由网桥隔离。网桥主要是检查帧的源地址和目标地址，如果目的地址和源地址不在同一网段上，则帧被转发到另一个网段；如果两个地址在同一网段上，则不转发。因此网桥可以起到过滤帧的作用。在网络因负载过重而降级时，网桥可以用来将其分成两个网段，并将网段之间的通信量保持在最小。

图 3-5 网桥连接器

（7）交换机

交换机如图 3-6 所示，是数据链路层互联设备和多端口网桥。传统的集线器是将从一个端口传输到所有其他端口的信号放大，交换机可以通过检查数据包中的目标物理地址来选择目标端口。交换机为通信双方提供了一条专用线路，可以在很大程度上减少冲突的发生。

图 3-6 交换机

一般来说，交换机有两种类型：广域网交换机和局域网交换机。广域网交换机主要用于电信领域提供一个基本的通信平台。局域网交换机在局域网中用于连接终端设备，如个人计算机和网络打印机。从传输介质和传输速度来看，局域网交换机可分为以太网交换机、快速以太网交换机、千兆以太网交换机、FDDI 交换机、ATM 交换机和令牌环交换机。这些交换机适用于以太网、快速以太网、FDDI、ATM 和令牌环网等环境。

根据目前复杂的网络结构，网络交换机分为接入层交换机、聚合层交换机和核心层交换机。其中核心交换机均采用机箱式模块化设计，接入层基本上是固定端口交换机，聚合层可以提供多个端口。接入层和聚合层交换机共同构成一个完整的中小型 LAN 解决方案。

（8）路由器

路由器如图 3-7 所示，是用于连接多个逻辑上分离的网络层互联设备，在网络层实现多个网络之间互联。路由器有自己的操作系统，运行各种网络层协议来实现网络层功能，是两个或多个网络间数据传输的最佳路径选择。路由器和网桥的主要区别是：网桥独立于高级协议，连接多个物理子网，为客户提供一个庞大的逻辑网络；而路由器是逻辑子网的节点之一，为逻辑子网之间的数据传输提供了最佳路径，路由器要求节点在网络层以上的所有层使用相同或兼容的协议。

图 3-7　路由器

路由器的主要功能是路由和数据交换。当数据包到达路由器时，路由器根据数据包的目的逻辑地址查找路由表。如果有到目的地网络的路径，路由器将数据包转发到相应的端口；如果目标网络不存在，则丢弃数据包。不同类型的网络互联和多子网互联应由路由器完成，当数据通过路由器在网络间转发时，要求网络层和上述层具有相同的协议、物理层和数据链路传输介质。

2. 电子商务平台系统

电子商务网络平台包括商品管理模块、订单模块、会员模块、数据分析模块、营销模块、库存管理模块、系统管理模块等。

电子商务网络平台如图 3-8 所示。系统的层次化、模块的组件化，使电子商务平台应用很灵活，能够自由响应业务需求的变化，具有功能扩展的空间。对于平台中的所有应用，都有各种配置信息、业务数据、系统运行状态等信息。

作为网络的一个重要应用，数据库是网站存储网站动态数据的空间，网站数据存储在一个专门的数据库中。网站数据可以通过网站后台直接发布到网站数据库中，网站可以根据数据库中相应部分内容的调整进行更改，使网站内容更加灵活，更新维护更加方便。

数据库底层接口用于快速查询，并保证数据的完整性和可靠性，可以使用 Netketong 平台的所有功能，如流量排名、降价排名、销售排名、流量统计等。

为了实现企业与企业、企业与客户之间的连接，企业的 Intranet 必须连接到 Internet 上，但是这种连接会带来安全问题。因此，当内网连接到 Internet 时，必须使用防火墙。

为了提高安全性，公司通常在防火墙外设置独立的 Web 服务器和邮件服务器，以便外部访问。同时，防火墙和企业内部网之间有一个代理服务器。个人计算机访问 Internet 时，首先访问代理服务器，然后通过代理服务器访问 Internet；如果访问的信息存储在代理服务器中,则代理服务器会将访问的信息直接发送给个人计算机。

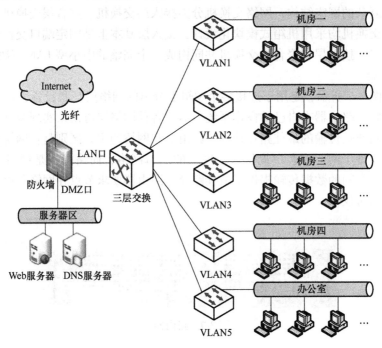

图 3-8 电子商务网络平台

电子商务的总体技术架构分为网络层、传输层、服务层、应用层,两大支柱是安全协议和技术标准、公共政策和法律规范。

(1) 网络层

网络层(网络平台)是电子商务的硬件基础设施,是信息传输系统,包括电信网(telecom)、有线电视网(cable TV)、无线通信网(wireless)和互联网(Internet)。因特网上的主要硬件包括:基于计算机的电话设备、集线器、数字交换机、路由器、调制解调器、机顶盒和有线调制解调器。互联网服务提供商(IAP)和内容服务提供商(ICP)运营计算机网络服务,它们统称为网络服务提供商(ISP)。IAP 只为客户提供拨号接入服务;ICP 可以为客户提供全方位的服务,包括专线、拨号接入、各种信息服务和培训。

(2) 传输层

传输层(信息发布平台)的任务是根据通信子网的特点,充分利用网络资源,提供建立、维护和取消两端系统间传输连接的功能。传输层网络层为信息传输提供线路,在网上传输的最复杂的信息是多媒体信息(文本、声音、图像)。最常用的信息发布应用是 WWW,它使用 HTML 或 JAVA 在 Web 服务器上发布多媒体内容,然后通过一些传输协议将发布的信息传送给接收者。传输层需要向会话层提供通信服务的可靠性,以避免错误、丢失、延迟时间混乱、重复和消息混乱。

(3) 服务层

服务层(电子商务平台)是客户界面或 Web 客户端与数据库之间的逻辑层。该层实现标准的线上商务活动服务,以方便交易,如建立标准的产品目录/价目表、开发电子支付工具、确保商业信息安全传输的方法、验证买卖双方合法性的方法。

(4)应用层

应用层是开放系统的最高层,直接为应用进程提供服务。它的作用是完成业务处理所需的一系列服务,同时实现多个系统应用进程之间的通信。应用程序是指人们用于网络通信的软件程序,一些终端客户应用程序是网络感知程序,也就是说,这些程序实现应用层协议可以直接与协议栈的较低层通信。常见的类型有电子邮件客户端程序和 Web 浏览器。应用层需要的标准最多,但也是最不成熟的层。文件传输和远程文件访问是任何计算机网络中最常用的两个应用程序。在物联网中,应用层位于物联网结构的顶层,其功能是通过云计算平台处理信息。应用层和最底层的感知层是物联网的显著特征和核心,应用层可以对感知层采集的数据进行计算、处理和挖掘,实现对物理层的实时控制、精确管理和科学决策。

3.1.2 基于电子商务化的商业智能

什么是商业智能?
为了解答此问题,让我们一起来学习以下内容。

随着互联网的普及和网络信息技术应用,企业生产经营活动的范围扩大,使企业与供应商、销售商和客户之间的联系日益紧密。不同的公司也可以通过计算机网络以不同的方式进行交流和合作,在全球经济一体化和制造业信息化的推动下,企业之间如何利用信息化使制造企业与行业内其他优秀的上下游企业联合起来,建立与经济利益联盟密切相关的业务关系战略,从而利用信息化适应社会化的批量生产,实现企业间优势互补,已成为制造业发展的关键问题。具体来说,基于产业链协同平台的商业智能包括以下几个方面:

1)利用数据库技术实现相关数据的集成。主要包括按照特定的查询分析主题组织数据,然后从产业链协同平台的各个业务系统中提取清洗后的相关数据并存储在数据库中。

2)帮助决策者多角度地查看和分析制造企业的历史业务数据,使企业决策者能够更好地理解这些信息。

3)利用数据挖掘技术实现客户细分需求。

4)利用图形化报表工具和技术,实现系统中特定信息的定制功能。这些查询功能可以帮助集团决策者组织和分析公司业务活动的一些具体信息,更好地了解公司的销售和客户服务情况。

商业智能体系结构是指通过识别和理解系统中的数据流和企业中的数据应用过程,来构建商业智能系统应用的主要框架。商业智能的基本架构主要分为四个部分:数据集成层、数据存储层、商业智能应用层和决策应用层。

数据集成层是将汽车制造企业生产、销售、客户相关业务数据库相关的产业链协同平台的原始数据清洗、提取、转换、加载到数据库的过程,并设置合适的提取周期和数据转换规则,将集成和验证的数据加载到数据库中,为系统提供原始数据基础。目前,数据采集层主要通过 ETL(数据仓库技术)工具软件和基于 ETL 的数据交换来实现。

数据存储层除了对采集到的数据进行集中存储外,通常还包括建立缓存数据库、数据库备份、日志管理、建立多个目标数据集市等功能,实现对数据采集的全面组织和管理。数据库根据主题组织数据,同时组织和存储元数据,包括数据库的数据字典、记录定义系统、数据加载频率、数据转换规则和业务规则等信息。

商业智能应用层用于分析和处理数据库中的数据。该层通过建立客户细分、销售分析等模型，构建用于OLAP（联机分析处理）处理的多维数据集，封装数据挖掘中的应用，提供全面的定制查询和报表服务，支持客户多角度、多层次的查询分析。其中OLAP和数据挖掘是两种不同的技术，OLAP侧重于实现与客户的交互，快速响应全面的查询，并提供多维数据视图。它本质上是一个使用不同维度对事实表进行演绎推理的过程。数据挖掘的重点是自动发现或预测隐藏在数据中的模式和规则等有用信息，本质上是一个归纳的过程。

决策应用层为最终客户提供了一个访问系统的接口，使其能够通过Web浏览器查询和分析数据分析层形成的业务运营和决策所需的科学、及时、准确的业务信息和知识。该层从系统中获取信息后，将其应用于组织决策的制定和实施，为客户提供更详细的营销服务，并将应用结果记录回系统，从而丰富和调整系统的模型和数据。

商业智能是通过应用基于事实的支持系统来辅助商业决策，提供了使企业能够快速分析数据的技术和方法，包括收集、管理和分析数据，将这些数据转化为有用的信息，然后分发到企业的各个部分，辅助企业决策。通过技术收集、管理和分析结构化和非结构化的业务数据和信息，创建和积累业务知识和见解，提高业务决策水平，采取有效的业务行动，改进各种业务流程，全面提高业务绩效，增强综合竞争力的智慧和能力。从数据分析的角度来看，商业智能就是解决商业活动中遇到的各种问题，利用各种信息系统进行高质量和有价值的信息收集、分析和处理。其基本功能包括个性化信息分析、预测和辅助决策。从应用角度看，商业智能可以使业务经理和决策者能够从更清晰的角度查看业务数据，提高业务效率，增加利润，并建立良好的客户关系，使公司能够在最短的时间内发现商机和抓住商机。

商业智能还可以帮助客户对业务数据进行线上分析处理和数据分析，帮助解决业务问题、预测发展趋势、辅助决策、客户分类、挖掘潜在客户等。通过商业智能，可以解决客户在不同地区的分布，可以从不同角度对客户进行分类，可以将客户与订单联系起来，了解客户的变化趋势。商业智能未来的应用与行业信息化的基础地位密切相关，随着企业信息化水平的提高，商业智能产品将与ERP和CRM相结合。目前，许多ERP厂商将商业智能嵌入到相应的ERP系统中，帮助他们提高服务水平，留住现有客户，满足层出不穷的新需求以应对日益激烈的国际竞争。

随着客户需求在企业中的作用越来越重要，如何准确、科学地把握客户需求越来越重要。商业智能在制造业中的应用主要包括在市场营销中采取更积极主动的行动来吸引客户、需求预测、及时订购和补货、实时了解供应商和经销商、优化调度、分销和运输流程等。掌握客户关系管理的本质，帮助营销管理者根据实际情况做出以客户为中心的决策，获得真正的竞争优势，增加收入。

汽车产业链以汽车制造业为支撑，涉及原材料产业、配件产业、物流运输、维修服务等多个行业，带动了多个相关产业的发展，它是从汽车制造商的原材料和配件供应等上游企业向最终消费者的销售和服务等下游企业的转移路径。

现代企业信息化建设的目的不仅是管理企业内部资源，而且要建立起统一的平台，把客户、供应商、代理经销商等合作伙伴进入企业信息管理系统，实现高效的信息共享和一系列业务环节。通过整合各合作伙伴的竞争优势，我们可以共同创造并获得最大的商业价值，提高盈利能力。汽车产业链平台的建立，实现了以产业链龙头企业为核心的汽车产业社会化技术合作体系，实现了制造商与其经销商、服务商的网络化协作，促进了汽车工业的信息化发展。

在汽车产业链协同平台中，制造企业利用网络技术，通过平台提供的应用服务功能，可实现与业务伙伴的信息交互，与汽车产业链其他产业层面的众多供应商、经销商、服务商进行协同，供应、销售，与多家汽车制造商合作，他们之间的关系是多对多的。对于一个特定的汽车制造企业来说，它可以同时与汽车产业链上其他产业层次的供应商、销售商、服务商建立一种一对多的合作关系。

汽车制造企业通过该平台可以与供应商群体和销售渠道建立紧密的联系，使产业链上下游企业之间的了解和沟通更加便捷。产业链协同平台在统一的层级中对企业的所有数据和信息进行集成管理，成为一个开放、集中的业务管理中心和数据托管中心，适合区域内众多汽车制造企业的应用。通过该平台，汽车制造企业可以将采购、生产、销售、售后服务的整个环节融为一体，实现方便快捷的数据处理和传输，实现数据的完整性、一致性和安全性，真正实现资源共享，优化库存结构，拓展销售渠道。经销商可以在产业链协同平台上进行相关业务操作，链接上下游企业基本信息、产品订单信息、产品销售、客户信息、托管库存信息等数据，然后及时与制造企业进行信息沟通。

基于 ASP（动态服务器页面）的汽车产业链协同平台包括汽车产业链协同平台、汽车制造企业协同销售管理系统、经销商管理系统、协同售后服务管理系统、协同采购管理系统，以及面向服务供应商的车辆维修服务系统，以及面向供应商的供应管理系统。这些系统可以根据车辆制造企业的需要进行定制。产业链协同以平台为核心进行协同工作，即所有需要交互的数据通过平台进行交互，然后与企业内部系统集成，实现跨企业应用集成。

为了实现产品或服务向客户群体的差异化营销，企业需要收集和存储客户基本信息，在与客户的交易过程中建立客户信息和交易信息数据库，并运用先进的数据挖掘技术和统计方法、分析方法对客户数据进行全面深入的分析和挖掘，根据战略目标对客户进行细分，确定目标客户。通过建立数据库，利用数据挖掘等技术手段对大量的客户信息进行分析，可以使企业更好地了解客户的消费模式，对客户进行分类，从而针对客户的实际需求制定相应营销策略，开发相应的产品或服务，更好地满足客户需求。

如果一个企业有效地应用商业智能，它可以大大减少收集和分析数据的时间，并专注于决策和执行。商业智能在帮助企业制定合适的市场运营策略、改善客户管理、分析运营成本和收益、提高风险管理能力、提高市场反应能力等方面具有良好的市场潜力和应用价值。对于汽车产业链合作的主体企业来说，其主要销售渠道是通过全国各地经销商获得客户订单并按订单生产。

通过产业链协同平台中的销售管理系统，企业可以及时了解销售过程中各个环节的准确情况和数据信息，保证经销商与制造企业销售部门之间信息的畅通和透明，缩短产品供应循环。一方面，它使经销商能够及时了解车辆订单的状态。另一方面，它还方便了制造企业销售部门对客户信息和车辆配置信息的管理，从而在车辆整个生命周期的这一阶段生成车辆文件。

制造企业和经销商关系密切，双方必须签订经销协议，经销商必须交纳定金，经销商的主要职责是向客户宣传和销售产品。当客户决定购买车辆时，经销商向公司提交订单，随后该车的车型、配置、数量、附件等由公司按照经销商提交的订单进行生产，并通过经销商交付给客户，客户的货款也通过经销商汇入公司账户。

经销商注册为汽车产业链协同平台的注册客户，企业平台管理员在平台上建立企业与成功注册经销商的领导和成员的关系。企业经销商管理员通过平台与内部系统的接口，将加入联盟的经销商的基本信息导入企业内部系统，作为内部系统其他业务流程的基础数据。对于已经加入联盟的经销商，可以通过平台进行产品网络订单，并将订单数据提交平台存储。企业订单管理员通过平台与内部销售管理系统的接口，将提交的产品导入企业内部销售。在管理系统中，经销商的订单数据通过网络技术与企业进行通信，实现产品订单数据的传输。企业订单管理员对产品订单数据进行确认后，将订单处理情况反馈给平台，供经销商及时办理登记。如果经销商因各种原因无法通过平台提交产品订单，只能通过传真等其他方式与公司进行沟通，由公司订单经理进入公司内部销售管理系统，再办理其他业务流程。

汽车产业链协同动态服务器页面（ASP）平台是面向汽车行业的汽车制造企业的领先客户。首先，根据销售分析和客户管理的需要，建立企业商务智能应用数据库，并对公司所有的销售和客户相关数据进行整理，使公司对自己的销售有统一的认识。高质量数据库中包含的数据应该能够全面、准确、详细和及时地反映市场和销售信息。根据市场、销售和服务的不同用途，数据可分为三类：客户数据、销售数据和服务数据。客户数据包括客户基本信息、联系信息和相关业务信息；销售数据主要包括对销售过程中相关业务的跟踪，如与客户的所有联系活动、客户的询价及相应报价、销售订单的相关信息等；服务数据包括客户回访信息、客户投诉信息，以及解决常见问题的知识库。这些数据可以放在同一个数据库中，实现信息共享，提高企业业务的运行效率和提升工作质量。

在产业链协同平台上可以获取经销商基本信息、订单信息、订单状态、车型数据、派车信息、收车信息、销售信息。销售部各级领导需要全方位查看销售数据，有时需要查看销售历史记录进行对比分析等。比如在地区方面，要对不同地区的各种车型产品的销售情况进行检查，分析其与车辆情况的关系，比如车辆的外观颜色、排量、价格等因素。因此，利用商业智能技术对销售数据进行多维分析和查询，对销售信息和车辆基本信息进行处理显得尤为重要。

充分了解不同客户的特点，开展有针对性的个性化营销对企业来说是非常重要的。客户细分技术是根据客户价值、需求和偏好等综合因素对客户进行分类，为不同的客户群体提供技术与目标产品、服务和营销模式。在产业链平台数据库中，积累了大量的各类车辆客户的购买信息。利用商业智能技术对这些客户信息进行挖掘，根据客户的不同特征进行分类，并进行聚类分析，为汽车针对不同客户制定不同的营销策略提供了非常有益的依据，基于客户差异的有效聚类分析可以帮助企业做出更好的决策，如相应的营销策略。

通过商业智能技术可以获取客户知识信息，可以使企业明确在产品和服务方面的努力方向，从而有效整合现有资源，从规划、设计、生产、销售、营销、服务等方面保持高效运作；可以使企业根据从客户知识中挖掘出来的信息来计算客户的生命周期价值，并以此作为客户分类的依据，对不同类型的客户采取不同的措施，预测客户流失的可能性，从而及时采取补救措施，或做出决策，减少不必要的投资，最大限度地留住客户，减少企业损失。

商业智能是提高和保持竞争优势的有效途径，通过商业智能将业务数据转换为清晰、基于事实和可执行的信息，使业务人员能够发现销售趋势、维护客户忠诚度、加强与供应商的关系、降低财务风险和发现新的销售机会。商业智能的目标是理解变革的含义，从而理解甚至预测变革本身，通过访问最新、可靠、易于消化的数据信息，帮助企业灵活浏览数据，从各个方面、不同维度构建模型。

对于汽车行业来说，他们更注重以产品为中心的采购、生产、销售等业务过程的信息分析。汽车行业中的中小企业在采购、销售和售后服务的经营管理上有自己的特点，只有为其定制的商业智能应用程序才能顺利部署和实施。一些现有的商业智能产品通常具有更复杂的结构，它们在突出自身产品优势的同时，在一些应用上也有细微的缺陷，还需要进行升级和维护。对于这些大型产品的升级换代，必然给应用企业带来一系列麻烦。另外，产业链平台上的客户更倾向于对某些特定应用提出个性化需求，甚至要求定制。因此，需要结合现有产品体系结构的优势，建立基于产业链平台的商业智能系统框架。

3.1.3 汽车电子商务信息管理软件

什么是 ERP？
为了解答此问题，让我们一起来学习以下内容。

随着企业销售规模的扩大，传统的经销模式使得异地物流和资金流的管理难度越来越大。企业流通成本居高不下，企业的生产、市场决策缺乏准确的依据，造成资源的大量浪费。传统经销商的内部业务管理方式也主要是以人工管理为主，手工记录经销商的采购、销售、库存、账务记录等内容，存在管理不规范、管理水平低下以及出错率高等问题。同时，管理费用高、工作效率低、出错率高，已经不能适应企业快速发展需要。如何应对快速变化的市场需求和市场价格，保持合理的经销库存，整合物流、信息流、资金流，使其配置达到最优化，已成为生产商、经销商的当务之急。

汽车经销商的电子商务与信息化运营需要的是一套成熟的经销商业务管理解决方案，它所承载的是先进的销售服务管理理念，是由优化的业务流程所贯穿的，由具备高度扩展能力的软硬件及系统架构所支撑的管理体系，以便于对整车销售、库存控制和账务管理等业务进行系统管理。它不同于一般的电子商务平台，不仅要完成企业的产品展示和线上交易等服务，还要完成经销管理、合作伙伴管理、订单管理和资源共享等与企业商务活动相关的服务，并需要有效推动企业开展信息化建设。

数字信息化可以使汽车制造企业实现精益生产和管理。当客户想购买最新款式的汽车时，只需从厂家网站或主要经销商处下单，然后厂家将信息录入管理系统。在系统的管理中，汽车经销商可以将 DMS、SCM、CRM、SFA 等软件接入 ERP 平台。EPR 系统根据客户订单信息制订最优生产计划，下达物流指令，进行整车生产。生产完成后，可以通过物流运输给客户。在这个过程中，商家可以根据 DMS 系统随时获取订单信息并反馈给客户。客户很快就能买到他们选择的最新款式的汽车。目前，精益自动化已成为各大企业竞争的主要手段。在汽车销售方面，很多厂商都在大力整合销售终端市场，而这首先需要信息化的全面发展。为了赢得更多的市场，汽车企业必须实现信息化发展，信息化已成为许多汽车企业发展的必要条件。

典型的数字信息化应用案例是汽车配件信息管理，以信息系统的形式，对汽车配件进出境管理、汽车采购、销售和库存管理、汽车售后管理、汽车财务管理、企业人力资源管理、信息培训管理、销售管理等进行信息化管理等等，实行全面信息化管理，可以大大提高汽车企业的管理效率，规范企业的管理流程，节约大量的管理资源，从而促进汽车企业的管理更加现代化、智能化，促进企业健康、可持续发展。

1. 基于 ERP 企业信息管理的汽车电子商务系统

随着电子商务业务行业应用的普及，电商平台的构建方法也在不断地演进，即不再是一个单一系统支撑从客户访问、客户浏览、客户下单到订单管理、订单执行、库存管理、退换货处理等全系列业务，而是形成了业务流程分工明确的前端子系统和后端子系统。前端子系统一般称为电子商务系统，主要负责与客户交互有关的线上商店、浏览、搜索、购物车、结算等相关业务；后端子系统一般称为 ERP（Enterprise Resource Planning，企业资源计划）系统，负责订单的执行、库存分配、拣配打包、物流派送等订单管理相关业务。由此构成的电商平台的前后端系统分别由若干具体业务模块及其业务服务组成，而且在实际客户项目上下文环境中，前后端系统往往会分别与不同的第三方系统以及企业外围系统产生交互。

ERP 是 20 世纪 90 年代美国 IT 公司基于计算机信息、IT 技术的发展和公司对供应链管理的需求来预测未来信息的企业管理信息系统。ERP 是一个集成的企业管理软件，用于物料资源管理（物流）、人力资源管理（人流）、财务资源管理（财务流）和信息资源管理（信息流），包含一个客户机/服务体系结构，使用图形客户界面，并应用开放系统产品。除了现有的标准功能外，它还包括质量、过程运营管理、调查报告等其他功能。

从电商平台的内部角度看，其前后端两大子系统之间有非常密切的交互关系，涉及订单、库存、价格、商品信息等方方面面。交互方式既有同步也有异步，既有增量也有批量。因为前后端系统在技术平台和技术架构上往往存在一定的差异，有的甚至在系统级完全异构，所以需要通过一些技术手段来实现前端电子商务系统和后端 ERP 管理系统的紧密集成。

汽车制造企业的一般销售方式是加盟店的形式。因此，除了销售网点的基本档案外，4S 店的资质审核、审批流程等都应该在软件中体现出来。最好的办法是让每个 4S 店都连接到服务器上。ERP 是企业内部管理所必需的业务应用系统，主要涉及财务、物流、人力资源等核心模块。物流管理系统采用制造业的 MRP 管理思想，例如，丰田的 FMIS 模式有效地实施了预算管理、业务评估、管理会计、ABC 成本归集等现代财务管理基本方法；组织设计采用人力资源管理系统，岗位管理、薪酬体系和人力资源开发也融合了先进的理念。

前端电子商务系统与后端 ERP 系统都是非常复杂和庞大的应用系统，两者都具有非常丰富的业务流程、复杂的系统架构和服务接口。在大多数情况下，这两个系统都是独立部署和运行的，各自拥有自己的技术栈和编程模型，甚至两者在系统平台、技术平台和编程语言上是完全异构的系统。

ERP 系统以统一的界面对企业所有的数据和信息进行集成管理，数据可以通过任何与其相关的应用进行更新或者被提取。从应用层面看，所有的信息都可以进行全面的整合。客户可以从信息归结的界面入口，进行信息提取，不需要在不同的数据库和应用平台之间切换。从管理的层面看，这一平台的建设给予企业资源网状管理体系的思想，从任何信息点都可以得到与其相关的其他信息，所有的信息都是多维立体化。这就避免了客户在浩如烟海的数据信息中重复获得相同的内容，提高了工作的效率。同时，也避免了很多企业在进行信息化建设中根据不同客户的需要建立不同的数据信息库，降低了企业的运营成本。

ERP 系统解决的是一个分布式车辆销售管理的业务，同时兼顾到分布在全国各地的经销商，以及系统性能，系统采用 C/S 和 B/S 结合的解决方案，在每个分布式客户机上独自安装经销商管理系统客户端程序，在协同电子商务平台上安装经销商管理系统的服务器端程序，进行正常的订单处理、车辆入库、车辆出库、车辆销售等业务时，可以只运行本地客户端程序即可，不需要连接 ERP 经销商管理系统的服务器端，当需要和供应商（制造厂）进行信息交互，比如发送订单需求、接收订单需求、上报库存和销售信息等业务则需要采用 B/S 模式，通过网络进行数据的传送。

如图 3-9 所示，ERP 系统是一个应用于整个公司的高度集成的系统，尤其是汽车配件企业 ERP 是一个集企业管理理念、业务流程、基础数据、人员、财务、物资、计算机软硬件于一体的企业资源管理系统。汽车生产的中长期计划由 ERP 系统中的 MRP 来确定，但是对于生产操作，应该有一个具体的每日生产计划。各业务系统之间的数据高度共享，所有源数据只需在某个系统中输入一次，保证数据的一致性。公司内部业务流程和管理流程得到优化，主要业务流程实现自动化。在丰田的生产系统中，这种生产计划甚至可以精确到每辆车的交货顺序。

ERP 系统的软件体系结构分为 C/S 结构和 B/S 结构。C/S 结构的 ERP 软件为客户机和服务器结构，是将系统的操作功能合理地分配给客户机和服务器。这种架构下的 ERP 适合企业内部局域网的使用，具有局限性和相对较强的保密性。B/S 结构的 ERP 软件为浏览器和服务器结构，客户的工作界面可以通过 WWW 浏览器来实现。从应用范围来看，B/S 架构的 ERP 软件不仅适用于企业内部局域网，也适用于外部广域网，具有综合性、先进性、统一性、整体性、开放性优势。

ERP 系统根据客户需求进行个性化设计，包括财务、预算、资产、项目、合同、采购、招标、库存、计划、制造、销售、设备、工程、电子商务、人力资源、行政办公、分析决策、管理功能、业务流程、数据查询、客户界面风格等。该开发方法旨在响应管理需求的变化，动态调整业务应用和管理流程，解决 ERP 系统二次开发周期长、无法与业务变化同步完成的问题。扩展功能主要包括供应链管理（SCM）、客户关系管理（CRM）和销售自动化（SFA）。

（1）SCM

供应链管理是企业供应链的管理，是对供应、需求、原材料采购、市场、生产、库存、订货、配送和交货的管理，包括生产到交货，从供应商到客户的每一个环节。供应链管理通常有一个转换接口来集成应用系统（尤其是 ERP 系统）和供应链中企业的各种数据类型。这种转换将通过标准的中介工具或技术，如 DCOM、COBRA、ODBC 等提供与主要决策系统交互的能力。

（2）CRM

客户关系管理是一个软件系统。它使用计算机来自动分析销售、营销、客户服务和应用程序流程，其目标是通过提高客户价值、满意度、盈利能力和忠诚度，缩短销售周期和销售成本，增加收入，并为业务扩张寻找新的市场和渠道。CRM 是一种选择和管理有价值客户及其关系的商业策略。CRM 需要以客户为中心的企业文化来支持有效的营销、销售和服务流程，并利用互联网技术协调企业与客户在销售、营销和服务等方面的互动，从而改进其管理方法，为客户提供创新和个性化的客户互动和服务流程。其最终目标是吸引新客户，留住老客户，将现有客户转化为忠诚客户。

（3）SFA

SFA 使用可以帮助公司选择和细分客户、跟踪客户联系人、测量联系结果和建立客户联系信息模型的应用软件，以便在将来更有效地锁定客户。SFA 是对销售过程中的每一个客户、每个职业领域、每一个销售机会进行科学、量化的管理和分配，能够有效地支持销售主

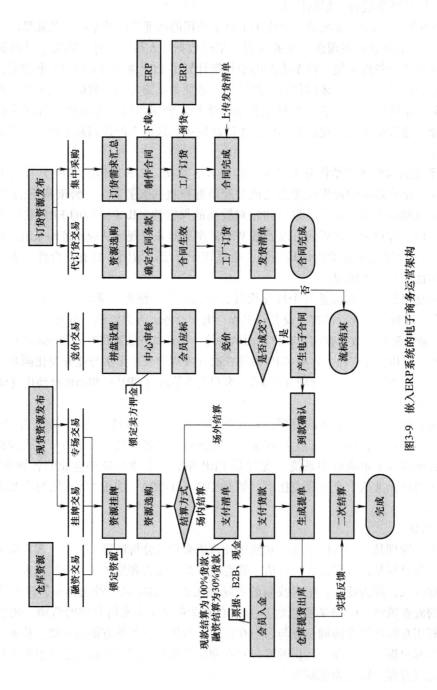

图3-9 嵌入ERP系统的电子商务运营架构

管和销售人员对客户的管理和分配以跟踪销售机会，能够有效地管理销售，实现团队合作。当公司在大规模生产中组织生产时，将客户、销售代理、供应商和合作单位纳入生产系统，公司与其销售代理、客户和供应商之间的关系不再是简单的业务关系，它是一种利益共享的伙伴关系，这种伙伴关系形成了一个企业的供应链。ERP 系统中的计划系统主要包括：主生产计划、物料需求计划、产能计划、采购计划、销售执行计划、利润计划、财务预算和人力资源计划等。管理主要包括三个方面：生产控制（计划、制造）、物流管理（配送、物流管理、采购、库存管理）和财务管理（会计、财务管理）。这三个系统本身就是一个集成体，它们之间有相应的接口，可以很好地集成到企业管理中去。

2. ERP 汽车电子商务软件应用

企业管理信息系统最基本的系统软件是数据库管理系统，它负责收集、整理和存储与业务操作有关的所有数据。从不同的角度来看，信息系统可以用不同的方式进行分类。根据组织职能的不同，信息系统可分为营销、制造、财务、会计和人力资源信息几类。为了使各职能部门的信息系统有效运行，企业必须实现各职能部门的信息化。例如，要使网络营销信息系统有效运行，营销部门的信息化是最基本的要求。市场营销管理信息系统的主要功能包括：客户管理、订单管理、库存管理、往来账户管理、产品信息管理、销售队伍管理、市场相关信息收集与处理。

在汽车电子商务应用领域，软件系统支持的内容见表 3-1。

表 3-1 软件系统功能

模	块		功 能 说 明
订单	订单查看	当前订单	ERP 系统从前端店铺接收到的订单（可以接收赠品信息）
			批量导入/导出订单
			查看订单详情：订单明细、优惠方案、收退款记录、退发货记录等信息
			取消订单、订单异常、暂停/编辑订单、退款申请
		历史订单	已发货、取消的、暂停的、退货的
			批量导入/导出订单、查看订单详情、取消订单、退款申请
			转换订单
	订单调度	已分派的订单	订单回收
			查看订单详情
		未分配的订单	获取订单
			订单分派
			查看订单详情
	异常订单	异常订单	符合异常规则的订单，手动被置为异常
			查看订单详情
			取消订单
			恢复订单
			编辑订单
			退款申请

(续)

模	块		功 能 说 明
订单	订单新建	新建订单	新建会员客户
			添加会员/配送地址及订单附言
			从商品库添加商品/添加捆绑商品
			输入配送金额及折扣/选择来源店铺/订单备注
	订单批量处理	团购订单导入列表	导入的团购订单记录
			导出订单
		团购订单批量导入	批量导入团购订单
			输入导入参数（标题、订单类型、来源店铺、是否自动支付）
			上传导入文件
	退换货服务	退换货单	由售后新建、编辑、审核；新建退换货单；编辑/审核/取消退换货单；查看退换货情况
	拒收服务	发货拒收	货到付款订单被拒收后进行登记
		拒收单	所有被拒收的货到付款订单列表
	唯一码查询	唯一码查询	通过商品的唯一码，定位该商品的历史记录；查询商品的唯一码；查看订单详情
发货	发货	状态回写	将发货状态回写到前端、查看订单详情
			按条件筛选并导出（商品种类、商品总数量、发货单、仓库、来源店铺、货号等）
		补打物流单	对于未发货的物流单，补打印物流单；输入物流单号，补打物流单
	撤销发货单	撤销发货单	对于未发货的发货单进行撤销、输入物流单号，撤销发货单
商品	商品管理	查看所有商品	查看、编辑所有商品
			启用/取消唯一码
			批量隐藏/显示商品记录
			批量删除/导出商品记录
			查看商品信息/供应商价格
			编辑商品信息
		添加商品	新增商品/添加不同商品规格
	商品配置	商品类型	商品类型的管理；新建/删除商品类型；编辑商品类型
		商品规格	商品规格的管理；新建/删除商品规格；批量导入/导出商品规格；编辑商品规格
		商品品牌	商品品牌的管理；添加/删除商品品牌；批量导入/导出商品品牌；修改品牌名称、排序、别名、网址等
	商品批量处理	批量上传	通过 csv 文件导入商品信息；批量导入商品信息

(续)

模 块			功 能 说 明
商品	商品捆绑	捆绑商品	将多种商品进行捆绑销售
			捆绑/删除商品
			查看/编辑捆绑商品
	在售库存管理	库存管理	逐个或批量控制前端店铺中的每个货品（带SKU）的库存回写状态，将前端店铺的商品信息同步到系统，逐个或批量发布商品库存到前端店铺
		库存规则	新建、删除、编辑、启用、停用库存回写规则
			当"可售库存"满足设定的条件，库存回写可以不再更新变化，或者更新并按照设定的规则进行变化
		规则应用	新建、删除、编辑、启用、停用库存回写应用
			将已开启的库存规则应用到各店铺的指定商品，可以设置规则的触发时间点、结束的时间点等
采购	采购管理	采购订单	新建采购订单；批量导入/导出采购订单；查看/终止/打印/新建相似采购订单
		采购退货单	新建采购退货单；批量导入/导出采购退货单；查看/打印/编辑采购退货单
		补货提醒	根据仓库、商品数量，设置补货提醒
	供应商管理	供应商	供应商管理
			添加供应商
			批量导入/导出/删除供应商信息
			编辑供应商/查看其商品
仓储	入库管理	采购入库	通过采购渠道，扫描商品条码入库；查看采购入库的记录；传统/条码入库；打印采购单
		调拨入库	从仓库质检调拨商品入库
		其他入库	赠品、样品的入库，直接入库；新建入库单；查看入库详情
		入库单查询	是所有入库的单据；批量导出入库单；查看入库单详情
	出库管理	采购退货	查看采购退货单详情；打印/出库/拒绝采购退货
		调拨出库	查看明细
		其他出库	新建入库单；查看入库详情
		出库单查询	批量导出出库单
			查看出库单详情
			打印出库单

(续)

模块			功能说明
仓储	库存管理	库存查询	根据货号、条形码、品名进行库存查询
		库存表	逐条/批量设置安全库存
		出入库明细	根据仓库批量导出入库明细
	调拨管理	调拨单	新建调拨单；查看调拨单
	盘点管理	盘点	新建盘点
			批量导入/导出盘点记录
			作废/删除盘点记录
			查看盘点
			加入盘点
		盘点表确认	将系统内结果与实盘结果同步；确认盘点
		导入中盘点	显示正在导入的盘点文件的处理状态
			全部启动/暂停盘点任务
			删除盘点任务
单据	销售单据	销售单	以系统中"已发货"作为节点进行销售单的产生
			包含订单中所有业务扭转的重要的关键信息（订单、审单、发货单）
			导出销售单
		售后单	包含所有售后的关键信息（退货、换货、退款、拒收等）
			导出售后单
		售后入库单	售后质检入库的记录依据
			导出销售单
	发货单据	发货单	订单审核通过后，生成的发货单
			导出发货单
		采购退款单	对应采购退货时，财务进行退款结算的单据
			导出采购退款单
系统	基本设置	系统设置	对整个系统业务进行整体控制
		发货配置	针对打印、发货业务的控制选项
		打印模板管理	对系统内所有打印模板的管理
		前端店铺管理	设置企业店铺信息，绑定后订单、库存、发货状态、付款单、退款单才会进行自动同步
		订单异常类型设置	设置系统中订单异常的类型，以便以后对异常订单进行分类管理
		售后问题类型设置	设置导致发生售后原因的类型，以便以后对售后应为进行分类管理

（续）

模	块		功 能 说 明
系统	仓库设置	仓库管理	设置仓库信息基本信息，并对仓库在系统中的应用进行业务定义
	物流公司管理	物流公司管理	仓库可用哪些物流公司进行发货；物流公司的费用公式等
		快递单模板管理	设置各家快递公司的快递单上显示的内容，内置快递单底图
	订单自动设置	分组规则设置	将订单根据订单属性进行聚类分组
		自动审单规则	设置符合企业自动审单的规则
		自动分派规则	设置符合企业分派订单给订单确认小组的规则
		仓库分配规则	设置订单分配给仓库的规则
		仓库绑定设置	设置备货仓与发货仓的从属关系
	同步日志管理	所有	所有系统日志
		成功	系统中成功日志
		运行中	系统中正在运行的事件日志
		请求失败	系统发起请求失败的日志
		响应失败	系统请求成功对方响应失败日志
		发起中	系统正在发起的日志
		库存同步管理	系统中针对库存回写状态的日志
		前端订单列表同步管理	系统针对订单获取的状态日志
	数据清除	清除数据	将系统清空
	绩效统计	拣货流水	查看各员工的拣货状态
		拣货统计	分为日报、月报形式，统计各员工的拣货工作量
		拣货日报	以日报形式展示员工的拣货绩效
		拣货查询	根据快递单号，查询该单的拣货状态
		进度查询	根据快递单号，跟踪该单的发货进度
报表	销售报表	商品销售情况	统计各个商品（按不同规格统计）在期间段内实际的销售情况，退换货情况
			各个商品销售的明细
		订单销售情况	汇总统计：订单总数、商品总数、商品总额、物流总额
		快递费统计	从收取客户运费与需要支付物流公司运费的双重对比角度出发，清楚地知道"物流这块是赚钱了还是赔钱了"，也可用于与物流公司的对账参考
			汇总信息：买家支付的运费、包裹数量、快递成本、差额
			快递费统计明细：运费、发货仓库、店铺、物流公司、保价费、收货信息、配送信息
			生成报表

(续)

模块			功能说明
报表	销售报表	采购结算统计	此报表为与供应商之间的资金往来账目
			采购结算明细：期初应付、期初应收、本期增加应付、本期增加的应收、本期已付、期末应付、期末应收、差额、结算明细
			打印单据
		库存成本统计	从库存剩余价值的角度出发，统计出当前库存的资金压力
			汇总信息：库存数、单位成本、商品成本
			库存成本明细：库存数、单位平均成本、商品成本、平均销售价、产生销售额
			生成报表
		进销存统计	按照企业每日进销存的角度，加入成本体系，从而知道每日或者期间段内，库存的进、出、结余等情况；结合成本，并且知道成本的消耗、增加情况；更加精准地知道库存资金动向
			汇总信息：期初数量、入库数量、出库数量、期末数量
			生成报表
		商品销售排行	从商品的角度根据销售量、销售额、退换货量、退换货率，进行排名；可以从多方面了解商品情况
			排行榜、业绩预警等
			商品销售明细
			生成报表
		售后类型分析	根据售后对应的售后类型，进行汇总，从而知道，哪些类型的售后为导致进行售后的主要原因
			可根据时间段和店铺筛选
		库存状况分析	根据期间段的进销存关系，统计出仓库的周转率；并且根据期间段内的平均销售水平，预估库存的可售天数
			图表形式，展现仓库的周转率
			表格形式，展现明细：周转率、当前库存、可售天数
		报表配置	用于设置报表的时间快捷方式、统计报表的时间节点
			目前只对货品销售情况和商品销售情况两张报表有效
			接收/拒绝退款
	采购财务	付款单	针对采购的付款；查看采购付款信息；批量导出记录
		采购退款单	批量导出记录；逐条结算采购退款；查看结算信息及退货明细
	物流对账	物流对账	前一天的已发货记录
		对账任务	新建任务、上传账单文件，核对记账
		对账审核	审核并关账

(续)

模　　块			功　能　说　明
资源管理	分销管理	分销商列表	供销平台店铺分销商列表，可对分销商追加授权产品线
		产品线管理	获取分销产品线，编辑更改同步到前端店铺
		分销价格管理	获取分销 SKU 货品价格，编辑更改同步到前端店铺
		分销商品列表	查看当前分销店铺的商品信息
		商家仓管理	商家仓列表，可新建、编辑、删除
		渠道库存中心	每生成一个渠道，对应就生成一个渠道库存中心
	商家仓管理	商家仓配额	对商家仓绑定的渠道店铺进行库存分配
		异常库存管理	对发货同步库存信息失败的订单列表
开放接口	API 接口	售后单接口	提供标准化的售后单接口，供第三方对接
		出入库明细接口	提供标准化的出入库明细单接口，供第三方对接
		新建采购单接口	提供标准化的创建采购单接口，供第三方对接
		新建出入库单接口	提供标准化的创建出入库单接口，供第三方对接

基于 ERP 的电子商务平台是一个集合了众多商务业务的综合信息化平台，其强大的平台业务提供能力和商业化运作能力为各种业务管理系统和客户提供了方便。业务管理系统比如经营销售管理、协同采购等多个系统，可以依赖协同电子商务平台提供的跨平台、跨数据库的底层软件平台，以达到软件重用和统一管理的目的。除此之外，协同电子商务平台在各种企业客户中具有广泛的商业基础，在客户群中以提高企业效益而著称，从而拥有极大的广告效应。因此，经销商管理系统采取了与协同电子商务平台集成的部署方案。

作为一个集中式数据管理和分布式数据应用的典型企业平台，其内部结构分为客户界面层、业务逻辑层和数据访问层。ERP 作为整个解决方案的基础架构，它提供了统一的、跨平台的、跨数据库的底层软件平台，为所有的上层管理系统提供了统一的数据库访问接口。

供应商和经销商可以依靠软件系统实行车辆数据月报制度，每个月的月底经销商需要向供应商上报自己的库存、销售以及客户信息。经销商需要通过数据传送管理功能将自己的数据上传到协同电子商务平台的经销商管理系统，协同电子商务平台经销商管理系统服务器端再将数据转发给供应商管理系统。经销商通过经销商管理系统上传库存、销售、客户信息到 ERP 服务器端，并保存进平台数据库，服务器端转发给供应商，供应商在确认收到所有上传信息后，反馈给平台数据的上传状态，平台服务器端再转发给经销商端。

经销商管理系统有订单管理、库存管理、销售管理和数据传送这四大关键业务流程。其中订单管理包含订单制定发送和订单接受业务功能，库存管理包括入库和出库业务功能，销售管理包含车辆销售和客户信息管理业务功能，数据传送包含数据上传和数据下载业务功能。

（1）订单管理

客户对汽车各个方面配置的具体需求，通常是客户首先向经销商提出需要某个具体配置的车辆，经销商接受到此需求后通过经销商管理系统开始向供应商下订单。系统的订单流程中，系统的实际操作步骤是根据客户所需的汽车配置，从数据库中查询该配置的汽车是否已存在。如果存在则调用既有配置生成订单,否则按客户的需求重新制定一条订单。

客户发送订单数据成功后等待供应商对订单进行处理,如果系统接收订单状态成功,则需要判断订单的状态。若订单状态为接收,则将订单数据的处理结果保存到数据库中;若订单的状态无效,则需要重新制定;若订单状态为拒绝,则拒绝处理订单。

(2) 库存管理

运输公司已经成功将车辆送到经销商处,经销商在接到车辆后需要对车辆的质量和性能根据订单要求进行核查,根据核查结果决定是否入库该车辆。经销商客户通过系统填写自己对车辆的处理意见,如果接受该产品则向服务器端提交接受车辆的确认信息,同时将该车辆的接受状态保存进数据库,亦即正常入库。如果对送到车辆不满意或者与订单需求不相吻合,则通过系统填写拒绝接受该车辆,并表明拒绝的理由和详细原因,然后根据自己的需要决定是否发出调换车辆的请求。

(3) 销售管理

经销商收到客户求购请求后,通过销售细节的确认,双方认为已达成销售的条件,经销商将该车的销售信息保存进数据库,这个销售信息是指销售日期、销售价格等销售时才能确定的信息。如果保存销售信息成功则提示客户数据库操作已经成功,否则在数据库中记录销售操作数据库失败的记录。经销商也可以在收到客户的购买请求后拒绝达成销售协议,或者客户拒绝经销商提出的销售条件,比如价格过高、质量不满意等原因。

经销商将车辆销售的所有信息处理完毕后开始处理客户相关信息,客户信息是客户合法拥有车辆的凭证,也是售后服务的唯一依据,经销商需要处理的客户信息包括客户姓名、客户联系方式、住址、证件号码等一系列客户相关的信息。处理的主要过程是有效地保存客户信息,与销售车辆相关联,并成功地保存进数据库。

(4) 数据传送

1) 上传数据。供应商规定的上报时限已到或当涉及需要及时处理的信息时,必须立即上报,比如定制订单。经销商在上传数据之前需要准备和过滤车辆和客户信息,所有数据都要通过网络向服务器端传输。当客户端数据完成,准备发送时要向服务器端提出发送数据请求,最后经销商客户通过系统界面的相关发送确认功能即可发送数据。如果数据发送成功系统将提示操作成功,否则将该上传数据操作写进失败日志。

2) 下载数据。下载数据处理包含需要及时处理的数据(比如需要实时反馈经销商的订单状态等需要立即下载的数据)和不需要实时反馈,但在一定时间范围内需要下载的数据(比如车辆销售后上报供应商,供应商在一段时间后需要反馈给经销商该车辆已经审核完毕可以清账的通知)。在下载数据前,客户端需要先确定下载数据的类型,再向服务器端发出下载数据的请求,服务器端经过确认后开始通过网络将数据传给客户端。

ERP是企业实现信息化建设的重要措施和手段,是企业实施电子商务的重要基础以及坚强后盾。然而,电子商务的快速发展所产生的需求,要求传统ERP必须做出一系列相应的调整,只有把传统ERP中的原料采购、产品生产制造以及销售、财务管理等模块与电子商务模式中的线上采购、网上销售、电子支付等对应模块整合在一起,让企业从以往单纯地注重内部资源管理利用逐渐转向注重对内外部资源的整合利用,从原来的注重内部的业务集成转向注重同与企业存在业务往来的其他企业的紧密合作,才能保证企业能够轻松应对来自同行业其他企业的挑战。

虽然很多企业都已经意识到部署实施 ERP 对于企业生存的必要性，但是对于绝大多数想要利用 ERP 来进行信息化建设、发展电子商务的中小企业来说，传统意义上的 ERP 是个重量级的应用，实施过程繁琐，后期维护专业性强。对于他们来说真正具有实用价值的 ERP 软件，必须要让他们体验到省事、省钱，同时也能提高工作效率和管理水平。

3.1.4 CRM 管理系统

什么是 CRM？
为了解答此问题，让我们一起来学习以下内容。

客户关系管理（Customer Relationship Management，CRM）是利用 CRM 技术来管理与客户的关系。通过有意义的沟通、理解和影响客户的行为，最终提高客户获取、客户保持率、客户忠诚与客户获利的目的。客户关系管理的目标是缩短销售周期和减少销售成本，增加收入，寻找拓展业务所需的新市场和渠道，提高客户价值、满意度、忠诚度和盈利能力。

CRM、ERP、SCM 也被称为现代企业提高竞争力的三大法宝：CRM 的本质是营销管理，是面向客户的企业营销管理的系统工程；ERP 是企业员工和决策者提供决策和管理的平台；SCM 是在整个软件周期内建立和维护各种项目和工作计划的控制和完整性。其中，CRM 不仅可以集中于汽车或附件产品、车辆或配件价格、车辆或附件采购渠道、车辆或配件促销等关键要素，还可以体现营销系统中各种交叉功能的组合。这是赢得客户的一种方式，新的管理方法以客户为中心，帮助企业留住现有客户、开发新客户、与客户保持密切联系、了解客户的新需求、确定新产品开发的方向。

在电子商务的背景下，CRM 拥有强大的工作流引擎，可以实现企业级应用软件与企业资源规划、供应链管理、集成制造和财务系统，并能保证各部门和系统的任务能够动态协调、无缝完成。以 CRM 与后台的集成为例，CRM 的销售自动化子系统可以及时将产品数量、交货日期等信息传送给 CRM 系统，营销自动化和线上销售组件可以充分发挥 CRM 订单和配置组件的功能，客户可以最大限度地根据自己的需要配置产品。如果销售服务部门的信息不能与后台联系，将导致很多可能的转机丢失。同时，CRM 与 ERP 的集成也能保证企业实现跨系统的业务智能化。

随着电子商务的出现，许多公司都以交互式、精确、可测量的 CRM 营销为目标，实施了 ERP、分销资源管理（DRP）和 CRM。电子商务的特点之一就是通过互联网进行交易，在 4S 店或汽车制造企业的日常信息化管理中，电子商务的信息化、虚拟化和全球化特征决定了它与客户关系管理之间密不可分的紧密关系。CRM 管理的内容贯穿于整个客户生命周期，以客户为中心的 CRM 系统首先要从客户的各个联系点进行管理，如呼叫中心（CTI）、访问、电子邮件、短信、媒体、网站等。这也改变了企业管理的思路，新的网络模式为传统企业进入电子商务带来了便利。

（1）企业资源规划系统

ERP 系统在电子商务中的应用模型如图 3-10 所示。汽车企业的信息化建设是多方面的，企业级电子商务平台覆盖汽车企业的产品线和业务线（生产、销售、服务）、管理层（总部、区域机构）、各种媒体（如互联网、电话、传真、电子邮件、直接联系）的立体化管理系统。而 CRM 只是客户管理子系统，生产、配送、金融、物流、电子商务都是企业信息化的组成部分。从宏观上看，所有与客户有关的事务都属于 CRM 的管理范畴，ERP、DRP、SCM、财务、物流、OA 等系统在客户、产品、订单等环节都与 CRM 软件密切相关。

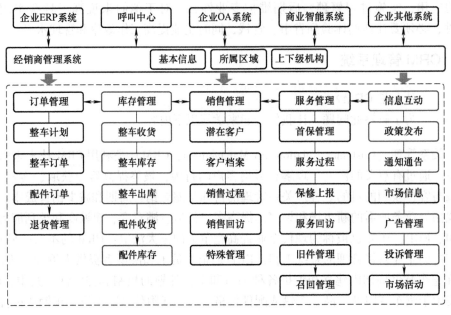

图 3-10　ERP 系统在电子商务中的应用模型

电子商务利用互联网为客户提供线上汽车营销、线上汽车服务和线上交易支付等功能。它需要与后端 CRM 完全集成，使用后端数据监控、后端业务流程控制和海量数据的客户分析，进行采购预测，最大限度地发挥各自的优势。

信息技术和网络技术的飞速发展为 CRM 功能的实现提供了技术支持。在电子商务环境下，企业 CRM 系统必须依靠 Web 功能支持来实现同步和网络化，并能在数据库中集中管理客户信息，从而使企业内部的各种信息和数据保持一致。利用数据挖掘技术，对大量缺乏组织规律性和结构的客户信息进行智能化数据分析，信息易于分类获取，为企业与客户的互动提供了有效的沟通渠道。客户与公司之间实时线上交易，CRM 整合了与客户之间的充分联系，并为客户提供一个集成的、无缝的平台，从而获得详细、完整和一致的数据，抓住客户，抓住机会。在电子商务应用功能方面，必须支持网店，支持一对一的个性化营销，提供线上支付、线上问答、线上咨询、线上服务请求等综合服务。

ERP 系统可以与其他企业应用系统集成，在电子商务环境下，CRM 系统必须在统一的信息平台上实现电子商务，使企业与供应商、客户之间实时线上交易，方便企业决策。它还可以跟踪每个客户从购买意向到售后服务的全套信息，形成对每个客户的完整了解，并将售后反馈信息和客户建议应用到公司的研发、制造、营销等环节，真正为客户提供个性化服务，提高客户满意度。

（2）客户关系管理

客户关系管理（CRM）是一种通过对企业与客户之间的关系进行详细的管理来选择和留住最有价值的客户，并使其利润最大化的一种经营策略。客户关系管理只记录客户在 4S 店购买车辆的时间和类型，但客户在购车前的体验不会记录在客户关系管理中。未来，无论是传统车企进一步实施 B2B2C 营销策略，还是汽车互联网销售策略，汽车行业都将在零售终端投入更多的资源进行"数字化营销"。企业利用 IT 技术和互联网技术，为公司的销售、营销、服务部门和人员提供全面、个性化的客户信息，有效管理公司与客户的长期良好关系，为客户量身定制相应的服务和产品，满足客户的个性化需求，加强跟踪服务，实现对客户的一体化营销，是以客户为中心的企业营销的技术实现和管理实现，为客户提供更完整、一致的销售、营销和售后服务体验，使客户更愿意与公司互动，并达成交易。CRM 系统应用情况见表 3-2。

表 3-2 CRM 系统的应用

集 客 管 理	
集客目标查询	查询集客目标数和集客目标计划
活动计划制订	经销商选择营销动作，对于任何一条营销动作或多条营销动作，录入相关费用和目标数后保存提交到审核
计划追加制订	对已录入系统并集客督导审核通过，而进一步对增加的活动计划，再录入相关费用和目标数后保存提交再次审核
活动计划反馈	系统自动生成经销商在对应时间内上传的集客目标计划和目标数，经销商填写实际执行时间和实际执行费用后点击"反馈"保存后结算申请
活动计划查询	活动计划查询模块可查询所有活动申请的状态
客 户 管 理	
来店及来电登记	新增来店及来电客户的登记操作，可查询已保存客户来店及来电的记录
意向客户跟进	意向客户资料查询、新增；活动跟踪维护、查询操作；意向客户转订单操作；转意向，保有客户等意向操作
自定义跟进	销售顾问可自主安排自定义活动；销售经理可选择性给销售顾问安排自定义活动
跟进反馈列表	选择一行数据单击操作，驳回只针对 F、L 级别的客户操作，其他级别的客户只可以做批注
客户划转	在客户列表中选择一条客户信息，填写必填项后，点击"客户划转"；原始客户信息划转到新的销售顾问名下，点击"查询"可查到客户信息是否划转到新的销售顾问名下
客户信息查询	输入查询条件，点击"查询"，客户信息列表中显示对应的客户信息

过去，企业把开发新客户作为拓展市场的关键因素。企业不仅要关注新客户的开发，更要维护现有客户，通过对客户互动的全面记录和分析，不断加深对客户需求的了解，开发现有客户的购买潜力，实现增加销售额、降低成本、提高利润率、提高客户满意度的目标。

CRM 项目的实施可以分为以下三个步骤：

1）应用业务集成。整合独立的市场管理、销售管理和售后服务，提供统一的运营平台。在集成业务流程时，必须在各种业务系统中定义、授权和管理各种业务信息的交换，以改进操作、降低成本和提高响应速度。业务流程集成包括业务管理、流程模拟和集成任务、流程、组织以及传入和传出信息的工作流。它还包括业务处理中每个步骤所需的工具，集成多个来源的数据，实现业务数据的集成和共享。通过这个环节的实现，系统客户可以获得系统中各种数据的真实记录，代表当前发生的实际业务情况。在一些 B2B 集成中，可以实现 CRM 系统与企业后端应用和 Web 的集成，构建一个充分利用多种业务系统资源的电子商务网站。为了完成应用集成和业务流程集成，必须首先解决数据和数据库的集成问题，异构网络的底层结构、软件、硬件和特殊需求都必须集成。

2）业务数据分析。数据分析是指运用适当的统计分析方法，对收集到的大量数据进行分析，提取有用信息，形成结论，并对数据进行详细研究和归纳的过程。对于企业来说，公司业务数据分析的作用是改善和优化业务，包括改善企业客户体验和配置公司资源，帮助企业寻找机会，主要是利用数据发现人们思维中的盲点，进而发现新的商机的过程。

3）决策执行。决策执行是指贯彻、落实、推行和实施决策计划的过程。基于数据分析提供的可预测分析报告，企业可以总结和利用在业务流程中所学到的知识，对业务流程进行综合分析。通过调整商业计划，达到了加强与客户关系、使企业经营更适应市场需求的目的。客户关系管理系统的核心是客户数据的管理，我们可以把客户数据库看作一个数据中心，通过这些数据，企业可以记录在整个市场和销售过程中与客户发生的各种活动，并跟踪各种活动的状态，为以后的决策分析建立各种统计模型。CRM 集成系统的功能组成并不孤立，系统与企业后端的供应链管理密切相关，在保证利润的前提下，保证 CRM 系统中的每一笔订单都能得到有效及时的确认和执行。每一笔销售交易的完成都依赖于企业后端 ERP 系统的支撑平台，包括配送与运输管理、生产与服务计划、信用与风险控制、成本与利润分析等功能。

以上介绍了 CRM 的应用，在许多汽车经销商的管理中，汽车经销商管理系统（Dealer Management System，DMS）也是应用的主流。DMS 不仅涵盖 4S 店的整车销售、零配件仓库、售后维修服务（含车间管理）、客服服务等，并且在主机厂和经销商之间搭建了互动信息桥梁，全面满足经销商各类业务的信息化管理。以客户关系管理为例，客户维系功能涉及"定保招揽""首保招揽""个人工作台""主管工作台""客户维系 KPI""战败分析"六个功能模块，用户登陆后依次点击"售后"和"客户维系"，可以查看到以上功能模块的菜单按钮，用户需要联系网管分配相关功能使用权限。如果用户没有设置这六个功能相关的权限，菜单按钮将呈灰色，表明该功能属于禁用状态。

3.2　实践训练

实训任务		做一份电子商务网站建设策划
实训准备		实训计算机、网络、打印机、打印纸等
训练目标		1. 通过实训能够掌握汽车电子商务网站平台的组成与配置的方法 2. 通过集体协作增强团队意识，经过工作汇报能够提升学生的思维能力、语言组织能力、表述能力
训练时间		45 分钟
注意事项		每一位同学都应当积极发言，能够在讲台上清晰地表述出老师提出的问题

任务：做一份电子商务网站建设策划

 任务说明

假设日访问量为 10 万人次，为了保障电子商务平台网站的正常运行，请规划出本地的网站硬件配置要求并进行预算。

实训组织与安排

教师活动	指导学生在网络中查找相关信息，完成任务中要求填写的内容
学生活动	按照任务中的要求填写出需要完成的内容

 任务操作

计划安排		作用	数量	总价
域名				
服务器方案				
办公设施				
人员工资				

3.3 探讨验证

教师活动	组织学生在讲台上对小组成果进行展示，引导学生进行问题探讨
学生活动	将小组完成的任务对大家进行讲解，并完成老师提出的问题探讨

问题探讨

1. 自建服务器等网络硬件系统与租赁网络运营空间各有哪些优缺点？为了网站的长时间稳定运营你的选择是什么？说出你的理由。

2. 请在网络查询信息，试分析 JAVA、HTML、PHP 各自的特点是什么。你会采用哪种设计语言编写网页的编码？说出选择的理由是什么。

3.4 项目小结

本课题的学习目标你已经达成了吗？请通过思考以下问题的答案进行结果检验。

序 号	问　　题	自检结果
1	电子商务平台网络硬件系统有哪些？	
2	路由器的作用是什么？	
3	电子商务网络平台模块有哪些？	
4	计算机网络分为哪几种？	
5	电子商务整体结构有哪些？	
6	什么是 ERP？ERP 的作用是什么？	
7	C/S 架构和 B/S 架构的区别是什么？	
8	ERP 系统主要功能有哪些？ERP 系统中的计划体系主要有哪些？	
9	什么是 CRM？CRM 的作用是什么？	
10	企业管理信息系统的作用是什么？	

项 目 练 习

单项选择题：

问题 1		网络硬件系统包括（　　）。	
	A	计算机、终端、监控设备	
	B	计算机、终端、存储设备	
	C	计算机、终端、通信设备	
	D	以上都对	
问题 2		服务器是网络环境中的（　　）。	
	A	高性能计算机	
	B	存储器	
	C	信号中转器	
	D	以上都对	

		数据库是（　　）存放网站数据的空间。
问题 3	A	静态网站
	B	网络碎片
	C	动态网站
	D	以上都对
		计算机网络分为（　　）。
问题 4	A	局域网、通信网和广域网
	B	局域网、城域网和广域网
	C	局域网、内部网和广域网
	D	以上都对
		ERP 系统的软件架构分为（　　）。
问题 5	A	C/S 架构和 B/S 架构
	B	C/S 架构和 B/C 架构
	C	B/S 架构和 C/C 架构
	D	以上都对

问答题：
建设网站需要哪些硬件与软件的支持？

思考与讨论：
1. 在网站中接入 ERP 系统的价值是什么？

2. CRM 系统在网站的运营中所起的作用有哪些？

项目四 汽车电子商务网站建设

学习目标

- 能够掌握汽车电子商务网站建设调研方法。
- 能够掌握汽车电子商务网站搭建方法。
- 能够掌握汽车电子商务网站运营管理方法。

4.1 基础知识学习

随着网络信息的飞速发展,汽车网络营销成为一种非常有效的媒体手段。借助互联网来宣传自己公司的形象和文化,推广自己的产品来加速发展,这是传统媒体所没有的优势。本课题将重点介绍汽车电子商务网站的建设方法和网站的管理与运营。

学 生 准 备	学生在正式上课之前,应当做好如下准备: ● 在课前预习老师安排的教学内容,完成老师推送的学习准备。 ● 准备好本次学习范围内需要向老师提出的问题。

4.1.1 汽车电子商务网站种类

 汽车电子商务网站在建设前为什么要做好调研?
为了解答此问题,让我们一起来学习以下内容。

1. 汽车电子商务网站搭建的意义

汽车电子商务网站搭建的意义在于通过建立企业专用网站,可以向客户提供企业各方面的信息和相关新闻,如企业简介、企业文化、汽车信息、相关汽车技术知识(汽车销售、汽车维修、汽车美容、汽车改装等),并提供 24 小时线上客服咨询服务,让客户在第一时间得到咨询结果或答复,并为客户提供全方位、周到的优质服务,从而树立良好的企业形象,增加服务的附加值。通过互联网可以推广汽车品牌车型,全面详细地介绍企业及产品,最终实现电子商务功能,客户可以根据自己的需求快速找到相应的车型。以某汽车制造公司为例,该公司的电子商务网站搭建分为以下七个层次:

1)通过建立本企业专门的网站,向消费者提供企业相关资讯,以强化品牌影响力和实现产品展示功能。与此同时,开发属于企业独有的 App,同客户实时沟通交流,为客户提供便捷的互动服务,使服务得到优化,提升客户对品牌的忠诚度。其网站内容主要包括六个部分：

① 企业信息。通过公布企业的信息，客户可以了解企业最新发展，包括新车产品推荐、生产销售情况以及公司近期的发展状况。

② 集团业务。由于该企业制造很多车型车系，为了方便客户差异化服务，对功能进行了专门设计，允许客户直接链接到所需的特殊产品业务单元网站，方便客户查询特殊信息。

③ 社会责任。积极参与各项公益活动，通过社会责任的窗口可以介绍其社会责任和服务的相关信息。

④ 采购支持。内容包括车型比较、试驾预约、经销商查询、金融服务、保险服务、二手车服务等，可以为客户提供全面优质的网上购车服务。

⑤ 服务区。内容包括配件查询、投诉建议受理、活动招聘、经销商查询、车主社区、线上客服、专家问答等，为客户提供全方位、实时、优质的互动服务。

⑥ 经销商特许经营权。内容包括经销商准入条件、门店建筑标准、4S店形象、投资流程、联系我们等，能够让有意加入企业的人士能第一时间获得相关信息。

2) 开展网上市场调研工作，并实行行之有效的客户关系管理。通过企业自建网站、各大门户网站汽车频道（如腾讯汽车、新浪汽车、网易汽车等）、相关汽车论坛（如汽车之家），发布部分汽车相关新产品研究和老产品反馈。同时，结合企业呼叫中心开展的客服电话咨询和跟踪服务，了解客户的真实需求和第一手信息反馈，可以有效缩短与客户的距离，提高沟通效率，不断优化沟通，并提高产品质量，提高服务质量，改善企业经营中的一些不足。

3) 实现配件的网上采购。生产一辆整车所需的配件总数约为2万件。汽车配件的采购质量和价格直接关系到整车最终指导价的核定，也关系到一个企业能否在汽车市场推出有竞争力的产品，能否在激烈的市场竞争中立于不败之地。由此可见，配件的采购非常重要。传统的配件采购模式存在选择范围窄、配件批发价格难以控制等问题。每次都采取大批量采购配件的方式，很容易造成配件库存率高的问题，同时也容易造成资金流动不畅的现象。通过配件网上采购，具备相关资质的供应商，无论来自国内还是国外，都可以通过互联网进行信息比对、数据验证、实时谈判，让汽车企业在配件采购上有更多的选择，以及更广泛的选择对象。此外，企业可以根据实时库存情况合理采购质优价廉的配件，从而降低库存率，提高企业资金的流动性。通过电子商务对部分配件进行网上采购，从而扩大采购对象，使公司拥有更多优质的配件采购选择，优化配件库存率，有效提高公司资金流的活跃度。

4) 推展网上预订服务。网上订车功能是为意向客户提供优质购车服务的服务项目之一，是网上选车服务的延伸。这个服务项目为客户省去了风吹日晒的烦恼，无需参加各种车展以及去各个经销商处选车比价、咨询车况等，坐在家里就可以通过网络平台查看汽车价格，比较汽车性能，查看经销商活动，并与线上汽车销售顾问实时谈论汽车相关信息。最后，客户选择车辆，并通过互联网与汽车生产企业签订"购车意向书"，企业对客户提出的各种问题提供必要的解答和帮助，以便于最终签订采购合同。

5) 实现网上直接销售，向客户提供定制化产品和服务。网上定制直销功能可以让客户在不出门的情况下享受定制购车的乐趣。通过网络系统，客户可以定制自己的车，从定制的购车订单开始直接生成生产订单管理系统表单，然后通过生产计划系统定制物料计划，启动生产。在这个过程中，客户可以实时了解设置的车辆生产进度，并可以根据生产进度改变现有的定制，只需通过互联网和手机下载应用程序，就可以完成整个过程。客户不用担心经销商购车的不确定提货日期，展厅车辆等，客户可以从零开始快乐地看到自己车辆的生产过程，实时监控车辆的运输过程，让客户可以全程享受购车乐趣。

6）自建物流体系实现线上线下速达优质服务体系。自建物流系统可以实现快速线上线下优质服务体系的开发与实施，这离不开线上、线下服务的支持。如果线上、线下失去联系，电子商务活动的发展必然会受到严重影响，所以该企业的电子商务平台在建设时充分考虑了线上线下服务营销的整合。

7）优质的售后服务。购车的消费者在购车前往往会觉得自己是上帝，购车后会有一种尴尬的情况，感觉没人在意。购车前，经销商对客户购车热情十足，督促客户下订单购买车辆。一旦客户下单、签订购车合同，付款交付后，经销商立即换了脸，面对客户的需求视而不见。客户要求4S店在服务咨询后完成各种车辆维修的情况并不少见。为了避免这种情况，该制造企业秉承了"客户关爱至上"的经营理念，为客户提供优质的服务。

2. 汽车电子商务网站类型

汽车电子商务网站类型主要包括产品展示网站、品牌推广网站、涉外商务网站、网上购物网站、企业门户综合信息网站、行业信息门户/B2B交易服务网站等。

（1）产品展示网站

产品展示网站主要面向客户、行业专业人士或普通观众，主要介绍公司基本情况，帮助树立企业形象；也可以提供行业新闻或知识信息，主要目的是提供信息，需要实现业务或工作逻辑。例如：利用多媒体技术、数据库存储与查询技术、三维显示技术等，针对车辆的技术特点和细节，通过有效的图片和文字说明，可以将公司的产品和服务充分展示给新老客户，让客户充分了解公司产品。产品展示网站的核心是推广产品（服务），利用网络多媒体技术、数据库存储查询技术、三维显示技术，配合有效的图文说明，向新老客户全面展示公司产品（服务），使客户可以充分了解公司的产品。网站可以营造更直观的氛围和产品吸引力，促使商家和客户购买产品，从而促进企业销售。客户网站的功能相对简单，主要包括搜索、论坛、留言等，有些网站还提供了简单的浏览权限控制，比如只对汽车经销商或代理商开放的栏目或频道。

（2）品牌推广网站

运用多媒体交互技术、动态网络技术和广告设计，品牌推广网站将企业品牌展示在企业CI网页上，提高品牌文化和品牌知名度。对于产品品牌较多的企业，可以分别建立各品牌的独立网站，统一营销策略和网站宣传。网页导航主要包括主页、企业介绍、新闻信息、产品展示、营销加盟、客服、联系我们等；主要功能有内容管理、产品管理、新闻管理、消息管理等；后台管理主要包括文章推送、更新、优化搜索、登录、流量统计、线上客服等。企业主页不仅起到图像显示的作用，更重要的是起到信息传递的作用，网页设计如果过于注重"形象展示"功能，就会忽视了"信息传递"功能。大量企业网站首页总是全屏闪烁，这不仅会阻碍客户快速获取信息，还会影响进入搜索引擎。因此，理想化的网站主页设计应该在传达品牌形象的同时，让第一次访问的客户可以快速了解网站的内容、服务和功能。同时，他们可以通过主页快速直接到达他们寻找的目标页面。

（3）涉外商务网站

企业涉外商务网站主要是利用互联网进行企业的各项涉外工作。涉外业务主要涉及交易范围，与对外贸易关系密切，提供远程、及时、准确的服务，实现渠道分销、终端客户销售、合作伙伴管理、线上采购、实时线上服务、物流管理、售后服务管理等。该网站可以优化企业现有服务体系，实现企业对经销商的有效管理，售后服务提供商和客户加快了企业信息流、资金流和物流的运营效率，降低了业务成本，为企业创造了额外的效益。但是，涉外企业必须更加重视经营风险，防范境外欺诈陷阱。国际上有很多不良的欺诈行为，比如"海外富通事件"，常用的方法包括利用项目合作进行虚拟的假项目，精心设计诱饵和耍花招，要求支付其他费用、海外合伙欺诈等。

（4）网上购物网站

通俗地说，这类网站主要是销售商品，实现商品的网上买卖。购买对象可以是企业之间（B2B）、企业与客户（B2C）或个人对个人（C2C）。如京东商城的产品管理、订单管理等都需要具备典型的产品管理、订单管理等功能。配送管理、会员管理等复杂商品销售和网上购物网站，还需要建立积分管理系统、VIP 管理系统、客服沟通管理系统、商品销售分析系统、处理内部库存的数据进出口系统（MIS、ERP）。为了及时将货物送到客户手中，企业还需要解决物流和售后服务体系的建设或合作运营。这种类型的网站可以开辟新的营销渠道，扩大市场。同时，还可以关联到最直接的客户，获得第一手的产品市场反馈，有利于市场决策。

（5）企业门户综合信息网站

这类网站是面向新老客户、行业专业人士和全社会的各类企业网站的综合体。这类网站可以通过互联网直接在网上办理工作事务，不仅可以实现产品推广、订购、销售、商家沟通、客户信息管理、订单管理等功能，还可以根据企业的各种需求实现个性化的线上营销、形象推广、网上支付等功能，如营销、技术支持、售后服务、物资采购、社会公共关系处理等。此类网站涵盖工作类型多、信息量大、受众广，信息更新需要多个部门完成。企业综合门户信息网站有利于社会对企业的全面了解，但不利于突出具体需要，也不利于展示重点。为了满足企业发展的需要，企业可以建立起不同的应用系统，如 ERP、财务 DMS、CRM、eHR、OA 等管理系统。

（6）行业信息门户/B2B 交易服务网站

这类网站定位为某个行业或某个社区的电子商务服务，而采用会员制是行业信息门户网站建设和运营最常见的模式。该网站可促进行业（和地区）内的项目合作、企业和产品交流。通过这个网站，企业可以查询产品和公司信息，比较供应渠道，发布产品和企业介绍，以及寻找买家，还可以了解更多的企业和行业信息，也可以线上订购，可以实现线上商务沟通、促进交易的顺利完成等。

4.1.2 汽车电子商务网站建设

 汽车电子商务网站在建设前应怎样做好调研？
为了解答此问题，让我们一起来学习以下内容。

1. 汽车电子商务网站建设调研

网上市场调查是指在网上进行简单的调查设计、收集数据、筛选和分析调查数据的活动。线上调查流量大、人工成本低，是现代市场调研应用最广泛的调查方法之一。汽车经销商如果想成功建设起自己的电子商务网站,则需要对汽车产品进行市场调研,以便为客户提供更好的产品和服务。电子商务管理平台是由安全保障、网站首页、网上商城、后台管理等模块构成。大多数汽车行业网站是客户推广自主品牌的首选,浏览者可以通过网站了解该车型的配置价格、产品亮点、品牌故事、新闻事件、特约经销商等,甚至可以线上预约考试、下载图片和视频、进行提问等。

传统的汽车市场调查有两种方法。一是直接收集原始数据,如问卷调查、专家访谈、电话调查等;二是间接收集次要数据,如报纸、杂志、电台、调查报告等数据。网上汽车市场调研也有两种方法,其中一种是网上直接调查,利用互联网直接进行问卷调查,收集一手车市数据。直接线上调查一般只适用于特定问题的特别调查,通常使用搜索引擎用于检索相关站点的网址,然后访问要查找的信息的网站或网页。另一种是网上间接调查,利用互联网的媒体功能,从网上收集二手数据。线上间接调查主要是利用互联网收集与企业营销相关的市场、竞争对手、客户、宏观环境等信息,满足企业管理和决策的需要。

根据调查方法的不同,可分为线上观察法、线上实验法和线上问卷调查法。

1)线上观察法。主要是利用相关软件和人员记录上网者的登录活动,登录网络浏览器浏览企业网页时,相关软件可以记录以下信息:浏览的内容和时间;他们喜欢在互联网上看到什么产品网页;浏览产品时,首先单击产品的价格、服务、外观或他人对产品评价的评价;是否有与相关产品和企业沟通的愿望等。

2)线上实验法。线上实验法是指在受控条件下控制研究对象的一个或多个因素,以确定这些因素之间的关系。在因果关系的研究中,实验方法是一个非常重要的工具。实验方法要求研究者事先对实验对象进行分组,然后将其放置在一个特别安排的环境中,实现受控观察。

3)线上问卷调查法。问卷的基本结构一般包括三个部分,即题目及题目说明、调查内容、结论。问卷中的问题可分为开放式、封闭式和混合式三类。封闭式问题是不仅要提问,还要给出几个答案。在调查中,被调查者只需在所选答案中打"√"。开放式问题是只问问题,不给出具体答案,要求被调查者根据自己的实际情况自由回答。混合式问题也称为半封闭式问题,使用封闭式问题时再添加一条开放式问题。

2. 汽车电子商务网站建站方法

汽车电子商务网站分为前端交易系统与后端管理与应用系统。

前端交易系统是面向客户的交易型系统,可以接受客户订单,实现网上交易和支付。前端管理一般包括:内容管理系统、交易处理系统、网上支付系统、网上营销系统、网上技术支持系统、高可用性系统、商务智能系统。

后端管理与应用系统是面向企业内部的系统。可实现销售订单、库存管理、财务管理、采购管理,与计划及制造系统集成,共同构成企业的完整供应链。后端管理一般包括:供应链管理、企业财务和战略管理、客户关系管理、Internet采购、自助服务等。

(1)汽车网站建设的基本要求

计算机网络是利用各种通信设备和多种传输介质,将多个地理位置不同、功能独立的计算机系统互联起来,从而实现网络资源共享和信息传输的作用。汽车电子商务平台的硬件系统组成请参考前面的学习内容,这里不再赘述。

基础网络应用软件主要包括网络通信协议、网络操作系统和各种网络应用系统。服务器端软件包括主网络操作系统和其他系统软件。网络操作系统是网络的核心，是提供网络通信和网络资源共享功能的操作系统。网络操作系统的功能包括处理器管理、设备管理、文件管理、内存管理和客户界面管理，具有网络客户管理、网络资源管理、网络运行状态统计、网络安全建立和网络通信等功能。

在网站的运行环境搭建中，常用的网络操作系统包括 Linux、UNIX 和 Windows 等，具有多任务、多客户操作系统的特点。其他系统软件包括邮件服务软件、数据库软件、防火墙等。客户端软件主要包括系统软件和应用软件。网络体系结构是计算机网络层、协议、功能和层间接口的集合。开放系统互联参考模型从下到上分为物理层、数据链路层、网络层、传输层、会话层、表示层和应用层共七层架构。TCP/IP 体系结构分为应用层、传输层（TCP）、网络层（IP）和网络接口层。

网站的主要信息结构和布局是整个网站的框架，所有内容信息都将在此基础上进行布局，清晰的布局使浏览者能够轻松、快速地获得所需的信息。

网站的内容一定要生动活泼，网站的整体风格和创意设计才能引人入胜。利用互联网上最流行的 CSS、FLASH、JavaScript、PHP 等技术，设计网站的静态页面和动态页面，动态按钮、活动小图标，以及优美协调的色彩搭配悦耳的背景音乐会给观众留下深刻印象。一些小的动态模式被放置在网站的适当位置，在保证浏览速度的前提下，在网站各版块之间添加适量的动态链接，这将大大增强网站的交互性。

（2）网站建设基本流程

在网站建设的初期，首先要明确网站的盈利模式，再明确网站的核心功能，完成架构之后再丰富内容。在网站建设过程中必须考虑每一个细节。具体的网站建设步骤如下：

1）确定建立网站的目标与定位。汽车制造企业或经销商首先要确立网站的目标定位。网站的功能和内容以及各种推广策略都是为了达到网站的预期目的。网站的建立可以有多种目的，例如从事网上直销、作为产品信息发布、信息中介服务、教育培训工具等，不同类型的网站有不同的表现形式和实现手段。

2）申请域名空间。申请域名后，必须通过实名认证及工业和信息化部域名注册。域名后缀一般选择".com"和".cn"。".com"是一个国际域名后缀，".cn"是一个国内域名。域名的主体一般是结合网站主题或企业名称来制作。主体可以是完整的拼写，也可以是首字母，或者加数字等，但它必须是有意义的且容易记住的。一个好的域名和网站名称对网站运营的成功非常重要。如果域名或网站名称不合适，更改会麻烦重重，不但前期的推广工作几乎毫无价值，同时也会损害网站的形象。确认域名后，需要有一个服务器，将域名与服务器的 IP 地址主机绑定，并将域名解析为服务器的 IP。等待几分钟后，在浏览器中输入网站域名，即可直接进入网站。

3）规划设计。域名解析成功后，我们必须开始规划想要的网站是企业网站还是门户网站，不同类型的网站设计是不同的，因此需要一个合理的计划，比如网站需要实现什么功能、页面布局、内容类型、服务群等。网站所需的内容、文字、图片等网站建设时需要的资料信息，要做好收集准备。网站内容的呈现分为静态网站和动态网站。一般来说，静态页面有利于搜索引擎的收录，但内容更新和管理需要人工维护，工作强度很大。动态网站便于日常管理，可实现自动更新和新内容推送，但是制作的难度较大。

4）确定网站的核心功能。网站定位是指在确定网站的目标和名称后，确定网站的特点、特定的使用场合和特殊的客户群体及其所带来的效益,即网站在网络上的特殊地位、核心理念、目标客户群、核心角色等。为了实现网站的目标,需要对客户、市场、产品、价格和广告需求进行重新细分和定位。

5) 网站制作。网站主要分为前台和后台,前台是网站的展示版式。一般企业网站建设应包括:网页的结构和布局、介绍、产品介绍、服务内容、信息、联系方式、网上订购等基本内容。在设计时需要注意浏览者的体验,网页的页面应该简洁,让访问者感觉良好。后端结构相对复杂,后台的设计应便于更新、维护和管理。

6) 组织网站内容。汽车电子商务网站的界面布局取决于网站的内容框架和网站的信息设计。网站的核心内容和服务应根据客户的浏览习惯,合理有序地向客户展示。人类的视觉通常是根据母语的读写习惯,在大脑的指示下,按照从上到下、从左到右的路线进行查看。人们喜欢第一眼看到左上角的内容,所以焦点应该出现在左上角。因此,重要信息的展示要放在重要的版面中。

不同类型的汽车网站内容差异很大,需要根据不同的网站类型制定。例如:汽车电子商务网站应提供会员注册、详细的产品和服务信息、信息搜索查询、订单确认、支付、个人信息保密措施及相关帮助。如果是综合门户网站,还可以将不同内容分成多个独立或相关的频道。有时,一个频道的内容相当于一个独立网站的功能。网站可以使用多个动态模块,给客户带来良好的视觉体验和方便。

7) 测试发布。网站设计完成后,需要进行一系列的测试和评估。新做好的网站会有很多不完善的地方,应该从客户体验的角度去观察,并逐步完善。主要测试内容包括网站服务器的稳定性和安全性,各种插件、数据库、图片、链接等是否能正常工作,不同访问率下网页的下载速度,网页与不同浏览器的兼容性,不同显示器、不同显示方式下的网页性能等。

8) 维护推广。汽车电子商务网站的维护和推广主要包括以下几个方面:服务器及相关软硬件维护、对可能出现问题的评估、响应时间的制定、网站内容的更新调整等。在工作中需要将网站维护工作进行制度化、规范化管理。网站发布后,应定期维护,网站的不足之处应继续完善。一定要注意网站外的维护,例如通过"seo 优化"或者"百度推广"来推广网站等。

9) 网站财务预算。在汽车电子商务网站建设过程中,网站开发推广的财务预算是一个非常重要的部分。财务预算应根据网站的开发周期进行预算,包括所有网站费用的详细清单。网站的开发和推广应在财务审批范围内。

(3) 网站建设的相关标记语言和编写语法

网页是纯文本文件,页面元素由 HTML、CSS 等脚本语言标识,然后由浏览器自动生成。构建网页的基本元素包括文本、图像和超链接,其他元素包括声音、动画、视频、表单、导航栏、表单等。

一般来说,在使用互联网上网时,通过浏览器看到的网站是由 HTML 语言组成的。HTML(超文档标记语言)是一种用于创建 web 文档的语言,通过标记命令(Tag)显示图像、声音、图片、文本等,其目的是使用标记来实现所需的文件显示效果。

HTML 是 WWW 的描述语言,不是编程语言,而是标记语言。基本上,只要了解各种标记的用法,就可以理解 HTML。HTML 格式是文本和标记的组合,在编辑方面,可以使用任何文本编辑器。只要文件可以以 ASCII 纯文本格式保存,就可以使用 Dreamweaver 或 Front-

Page 等专业的 web 编辑软件来实现。HTML 语言是 web 页面的基础,无论是静态的、动态的 web 页面还是各种复杂形式的 web 页面,包括 XML、XHTML 等,页面形成后,都可以用 HTML 表示,或者全部由 HTML 演变而来。

1) HTML 标记的语法。简单来说,HTML 的语法就是给文本加上表明文本含义的标签 (Tag),让客户(人或程序)能对文本有更好的理解。

在 HTML 的语法示例如下:

<html>
  <head>
    <title>第一个 Html 文档</title>
  </head>
  <body>
    欢迎访问<a href="http://www.wenxinchinese.com/">汽车职教网</a>!
  </body>
</html>

所有的 HTML 文档都应该有一个 <HTML> 元素,它可以包含两个部分:<head> 和 <body>。

<head> 元素用于包含整个文档的一般信息,例如文档的标题(使用 <title> 元素包含标题)、整个文档的描述、文档的关键字等。

文档的具体内容应该放在 <body> 元素中。<a> 元素用于指示链接。在浏览器(如 IE、Firefox 等)中查看 HTML 文档时,单击 <a> 标记所包含的内容时,通常会跳转到另一个页面。要跳转到的页地址由 <a> 元素的 href 属性指定。

在上面的 <a href=http://www.wenxinchinese.com/>,href 属性的值为 http://www.wenxinchinese.com/。

通过不同的标记,HTML 文档可以包含不同的内容,如文本、链接、图片、列表、表格、表单、框架等。

文本:HTML 对文本的支持很丰富,可以设置不同级别的标题、子段落和换行符,指定文本的语义和外观,可以说明文本是"从其他地方引用的"等。

链接:链接用于指出内容与另一个页面或当前页面上的某个位置相关。

图片:图片是用来使页面更漂亮或提供更多信息。

列表:一个列表用来说明一系列的目录是相互关联的。

表格:表格是一种按行和列组织数据的形式,许多人也使用表格来进行页面布局。

表单:表单通常由文本输入框、按钮、多选框、单选框、下拉列表等组成,使 HTML 页面更具交互性。

框架:框架允许其他页面包含在页面中。

文档:HTML 文档通常称为网页。

标签:用尖括号括起来的关键字变成了标签。通常 HTML 标记成对出现,例如:<a>,</a>。

开始标记:"标记对"中的第一个标记是起始标记,它也成为打开标记,例如:<a>。

结束标记:"标记对"中的第二个标记是结束标记,它也成为闭合标记,例如:</a>。

元素：我们将匹配的标记对及其所包含的内容称为元素，即（element = start-tag-content-end-tag）。

例如：<a href=" http：//www.wenxinchinese.com/">汽车职教网</a>。

块级图元：默认情况下在浏览器中显示时以新行开始（和结束）的图元。

内联元素：也称为内联元素。默认情况下，当浏览器显示时，它们从左到右显示在同一行中，不占用另一行。

属性：在开始标记中以名称/值对的形式显示的内容称为属性。

如上例：href = " http：//www.wenxinchinese.com/" 中，Href 是属性名，http：//www.wenxinchinese.com/是属性值。

2）常见元素详见表4-1。

表4-1 常见元素

元素	说明
<doctype>	定义文档类型
<html>	定义 HTML 文档
<head>	定义关于文档的信息
<meta>	定义关于 HTML 文档的元数据
<link>	定义文档与外部资源之间的关系，一般用于引入样式表
<base>	定义页面上所有链接的默认地址或默认目标
<title>	定义文档标题
<style>	定义文档的样式信息
<script>	定义客户端脚本
<noscript>	定义当浏览器不支持脚本的时候所显示的内容
<body>	定义文档的主体
<h1>、<h2>...<h6>	定义文档标题
<p>	定义文档段落
<blockquote>	定义块引用
<ul>、<ul>、<dl>	定义列表
<table>	定义表格
<ul>	定义无序的列表
<li>	定义列表项
<ol>	定义有序的列表
<li>	定义列表项
<dl>	定义列表
<dt>	定义术语
<dd>	定义描述
<table>	定义表格
<thead>	定义表格的页眉
<tbody>	定义表格的主体
<tfoot>	定义表格的页脚

（续）

\<th\>	定义表格的表头行
\<tr\>	定义表格的行
\<td\>	定义表格单元
\<em\>	定义着重文字
\<strong\>	定义加重语气
\<sup\>	定义上标字
\<sub\>	定义下标字
\<ins\>	定义插入字
\<del\>	定义删除字
\<b\>	定义粗体文本
\<i\>	定义斜体文本
\<big\>	定义大号字
\<small\>	定义小号字
\<code\>	定义计算机代码
\<kbd\>	定义键盘码
\<pre\>	定义预格式文本
\<q\>	定义简短引用
\<blockquote\>	定义长引用
\<address\>	定义地址
\<a\>	定义超链接
\<img\>	定义图像
\<map\>	定义图像地图
\<area\>	定义图像地图中的可点击区域
\<div\>	定义文档中的分区或节（division/section）
\<span\>	定义 span，用来组合文档中的行内元素
\<frameset\>	定义如何将窗口分割为框架（注：\<frameset\>元素只能嵌套在\<html\>元素或\<frameset\>元素自身中！）
\<frame\>	定义放置在每个框架中的 HTML 文档
\<iframe\>	定义内联的子窗口（框架）
\<form\>	定义供客户输入的表单
\<input\>	定义输入域
\<textarea\>	定义文本域（一个多行的输入控件）
\<lable\>	定义一个控制的标签
\<select\>	定义一个选择列表
\<option\>	定义下拉列表中的选项
\<optgroup\>	定义选项组
\<button\>	定义一个按钮

(续)

<fieldset>	定义域
<legend>	定义域的标题
id	设置元素的唯一 id
class	设置元素的一个或多个类名（引用样式表中的类）
style	设置元素的行内样式（CSS 内联样式）
title	设置有关元素的额外信息（可在工具提示中显示）
lang	设置元素内容的语言代码
accesskey	设置访问元素的键盘快捷键
tabindex	设置元素的 tab 键次序
href	指定链接到互联网或你的计算机上的一个资源的别称
target	指定打开链接的目标窗口
title	指定所要链接到页面的文本描述
src	指定向服务器请求的资源
alt	指定图像无法显示时的替代文本

3）编写 HTML 页面的原则。具体如下：

① 必须以<doctype>开头。

② 指出<head>中正确的字符编码，使用<meta charset = "utf-8">标记。

③ <head>中必须有一个<title>元素。

④ 编写完 HTML 后，用 ctrl+s 保存，然后打开浏览器进行访问。

以上介绍了关于网站的 HTML 语言使用的常用规范。对于一个网站的内容建设者来讲，需要搭建完整的应用功能。以购物型汽车配件网站为例，汽车电子商务网站运营内容包括查询与总结汽车、配件等相关信息的能力，负责仓库管理、清账，避免信息混淆，网站所设置的功能应可以帮助汽车配件网站在减少人力资源输出的同时提高工作效率。

汽车电子商务网站前端管理包括订单管理和支付管理。对于订单管理，主要内容包括订单类型、订单查询、订单流程管理、订单信息与状态、订单明细管理、订单单据打印、退货订单处理、退款单处理、支付规则管理、线上支付接口管理、客户评价与咨询管理等。

汽车电子商务网站后端管理分为系统权限管理、系统安全管理、系统配置管理和系统接口管理。权限管理，分为客户权限和角色管理、权限设置、机构管理、机构权限管理、机构分类。系统安全管理包括身份认证、客户权限管理、数据加密处理等重要信息。系统接口管理，客户可以通过系统建立的接口，完成包括支付在内的一系列操作，包括在汽车电子商务网站上进行支付。

4.1.3 汽车电子商务网站运营管理

汽车电子商务网站运维包括那些工作？
为了解答此问题，让我们一起来学习以下内容。

1. 网站运营

汽车电子商务网站运营是指所有与网站运营和网站收入相关的工作。网站运营的内容很多,如网站推广、网络营销管理、网站改进与变更、网站后期更新维护、网站商业运营等,其中最重要的就是网站的维护和推广。比网站建设更重要的任务,是网站建成后的持续更新、推广和创收过程。只有定期或不定期更新内容,才能不断吸引更多的客户,增加流量。

(1) 网站维护

网站维护包括:网站规划、网站设计、网站推广、网站评估、网站运营、网站整体优化。网站建设就是要通过网站进行网络营销,实现电子商务的目的。对于网站建设,网络营销顾问首先会提出网络营销方案。网站营销策划网站的前期策划是网络营销的出发点,规划的严谨性和实用性将直接影响到企业网络营销目标的实现。汽车电子商务网站建设需要以客户需求和网络营销为导向,结合自身的专业策划经验,为不同类型的企业提供帮助,在满足企业不同阶段的战略目标和战术要求的基础上,为企业计划制定阶段性网站建设落地方案。

网站推广是必不可少的,从链接交换、搜索引擎登录,到搜索引擎优化、信息发布、事件推广,都属于网站推广。常见的网站推广方式包括搜索引擎推广和线上广告。搜索引擎优化的质量非常重要,推广一定要注意连续性,否则会浪费很多钱。每一次促销活动都必须事先计划和准备,以防发生变化。促销必须要制定出有深度的促销策划,这样才能加深客户的记忆,提升品牌形象。此外,还可以与其他网站交换链接和合作,发布信息,电子邮件营销推广,回复客户电子邮件,以及网站与客户之间的互动响应。也可以利用传统媒介,如各种媒体(广播、电视、报纸广告、户外灯箱、路牌广告等)、展览、企业版画等推广方式进行网站推广。电子商务网站的推广是一项长期的工作。

网站维护工作内容见表4-2。

表4-2 网站维护工作内容

序 号	维护方式	维护成本、维护效率、维护效果
1	服务器软件维护	包括服务器、操作系统、互联网连接线等,保证网站24小时正常运行
2	服务器硬件维护	在使用计算机硬件时经常会遇到一些问题,同样,网络设备也会影响企业网站的效率。网络设备管理是一项技术操作,非专业人士的错误操作可能导致整个公司网站瘫痪
3	网站安全维护	大部分的网站安全来自非法入侵,随着黑客数量的不断增加和入侵软件增多,网站的安全性也日益受到挑战,如SQL注入、跨站脚本、文本上传漏洞等。网站安全隐患主要是由于网站存在漏洞造成的,网站安全维护的关键是及早发现漏洞并及时修复
4	网站内容更新	只有不断更新网站内容,才能保证网站的生命力。如何快速、方便地更新网页,提高更新效率,是许多网站面临的难题。然而,信息维护人员为了更新信息而日复一日地编辑网页是一个常见的问题。因此,动态网页设计比静态网页设计更重要
5	制定维护规定	制定相关网站维护规定,使网站维护制度化、规范化;维护留言板,删除违规信息,适当改写转载文章,重点位置突出关键词

(2) 网站内容管理

网站内容建设要有创意和特色,包括网站功能和客户需求,所以需要明确设计网站的目的和客户需求。网站内容管理有三项基本原则:

1) 可用性。确保网站上的所有内容都是为客户群体服务,如汽车咨询、购买和服务。

有价值的东西是客户喜欢这个网站的基本条件。网站应该导航清晰、简洁,容易找到返回主页的标识,链接要有目标,要符合人们的阅读习惯。

2)可搜索性。网站应该能够通过清晰的导航和精确的搜索为来访的客户提供查找信息的便利。

3)专业性。网站内容必须集中在汽车产品的展示和服务上,能够进行精细化和专业化的操作。

网站内容如图 4-1 所示,通常由文本、文档、图片、表格、视频、动画、音乐等元素组成。不同类型的站点可能偏重不同,例如视频网站以视频为主,新闻网站以文本为主。

图 4-1 网站内容展示

从视觉冲击程度来说,视频动画给人的印象最深,其次是图片,最后是文本。网站内容管理的工作内容见表 4-3。

表 4-3 网站内容管理工作内容

序号	管理工作	工作说明
1	编辑	编辑网站外的信息,通常从行业内各种媒体上找到适合本网站的内容和线索,并进行不同程度的编辑;编辑本网站会员发布的信息,从标题的准确性、信息的完整性或真实性进行验证和编辑
2	撰写	写一些相关的文章或信息,并在网站的早期阶段尝试推送原创作品。原创信息会给网站客户带来更好的体验,也有利于搜索引擎的收录。持久的原创内容更容易提高网站的竞争力,并可打造独特的网站品牌形象

(续)

序号	管理工作	工作说明
3	发布	把编辑或撰写好的文章通过管理后台进行推送
4	修改	如果发现问题需要及时修改
5	删除	对不符合本站的内容、违反网站规定、不良违法信息应当及时删除
6	查看	无论是发布、修改还是删除之后，一定要仔细核对检查一遍，以防出现差错
7	整理	定期对整个网站内容进行梳理，分析一些数据，统计成表，方便调用
8	汇总	汇总网站内容，进行内容整合
9	评论管理	始终注意会员的互动信息，信息和评论必须由专人定期处理。垃圾邮件、政治倾向言论和所有恶意评论都要在第一时间删除
10	专题管理	用一件事或一个点进行深入探索，无论是新闻事件还是专业话题，制作"好的话题"不仅有助于客户集中注意力，还可以展示客户在话题上需要的信息，方便客户浏览和搜索，体现网站内容的全面性和系统性，同时也获得了搜索引擎的青睐，带来了更多的客户
11	版权管理	网络监管日趋严格，版权保护越来越受到重视。无论是文章、图片还是音乐视频，如果是转载，必须按照著作权人的要求注明出处。对于明确声明不允许复制的内容，不要心存侥幸，否则可能引发的麻烦将是意想不到的

2. 汽车电子商务网站运维部门管理

（1）网站运维部门管理

在汽车电子商务网站起步阶段，必须简单明了，只做核心功能。在网站发展过程中，应逐步增加辅助功能，再慢慢地做大。核心功能可以打动浏览客户，形成记忆点，促进口碑传播。要做好客户体验，对于一个汽车电子商务网站，促销必须要有竞争力，不能偏离网站的目的，汽车营销是有目的的。例如，如果盲目推广商业网站，网站上就会开设游戏频道来增加服务器访问量，但是这会增加服务器的负载，也没有更多的价值和意义。虽然客户体验是一种包含不确定性因素的主观心理感受，但它是衡量一个网站是否受欢迎、网站运营是否成功的重要指标。只有通过不断调整、实验和创新，才能将网站开发和客户体验做到最好的结合。在网站开发过程中，只有充分考虑了各个环节的客户体验，才能事半功倍。

要做好数据统筹工作，从互联网关系、网站流量、网站互动性、网站营收四大方面对数据进行全面分析和统筹。而流量转化率也是衡量网站流量的一个重要指标。做好网络部门的绩效考核，公正地评价员工的工作业绩、工作能力和工作态度，鼓励员工不断提高工作业绩和自身能力，提高企业整体经营效率和经济效益，为员工薪酬决策、培训计划、职务晋升、岗位轮换等人力资源工作提供决策依据。汽车电子商务网站运维管理绩效考核见表4-4。

表4-4 汽车电子商务网站的运维管理绩效考核

绩效考核内容	绩效考核标准
推广活动发布	包括对外合作和内容发放，以达到品牌曝光率和推广活动参与率得以提升；按以上数据适度调整推广内容工作
官网专题需求	与其他部门沟通，以致需求能按时发布，及时汇报问题
会员通讯	打开率、导流量、使用率、销售量，按以上数据能对内容和优惠提供适当调整

(续)

绩效考核内容	绩效考核标准
社交网站文章	每周发帖量不少于1篇,文章阅读率、文章转发率、官网导流量,按以上数据适度调整微信微博内容,及时汇报及配合其他推广和销售工作
专业知识	是否了解公司产品,掌握本岗位所具备专业知识,掌握业务知识及其他相关知识
分析判断能力	是否能迅速做出正确的分析与判断;判断工作的轻重缓急,合理安排工作优先顺序,确保工作质量
灵活应变能力	能否处理工作中遇到的突发事件
创新度	是否有突破性创新思路,改进工作方法,提出合理化建议
主动性	工作热情是否高,能主动提出问题及解决问题;无需上级监督主动完成工作
团队协作	团队意识是否强,能从大局出发,与他人或部门进行良好沟通、合作;工作时不推诿,能做好工作交接
执行力	是否服从公司安排,及时汇报工作进度并对任务进行追踪反馈
责任心	是否忠于职守,主动承担责任,解决问题,自觉完成各项工作,精益求精,尽善尽美
纪律性	是否遵守公司规章制度,考勤情况如何
产品摄影	能否体现产品卖点,提升产品品质感;产品视觉效果是否真实,是否有色差
后台设置	产品上下架是否及时;优惠活动、图片更新是否正确并配合到推广部所设定的活动时间上下线
库存管理	出入库数据统计准确率,库存是否及时更新,如库存接近缺货要及时提醒相关同事处理
发货管理	发货前是否质检,商品发货错误率,物流成本控制
客户服务	是否有服务意识、销售意识与品牌意识;响应速度,差评次数,咨询转化率,客户服务态度,客户回访,客服资料归档
销售完成率	本月任务_____(万)元,实际销售额_____(万)元
销售增长率	上月销售额_____(万)元,本月销售额_____(万)元
网店维护	网店日常维护,保证网店正常运作,优化店铺及商品排名
产品描述页	是否图文并茂,突出产品特点,且通过率高
Banner制作	能否按时按质完成且通过率高
物料制作	针对市场营销活动或者网站广告部分设计相关的宣传广告,且通过率高
工作完成率	能否按照计划完成设计工作
程序设计开发	能否独立开发程序、功能等
网站运维	能否处理突发事件,维护网站稳定性,确保更新发布时间的准确性
办公室软硬件维护	能否独立调试公司网络、维护计算机、交换机、网线等
公司安排的临时性工作	服从安排,及时准确完成

(2) 网站运营过程中的安全管理

网络中的任何漏洞或疏忽都可能造成损失,所以大多数网站的做法是采用了注册的方法来进行管理,只有经过登录验证的客户才能查看所有产品的显示,实现网上购物和线上支付、下载等功能，包括添加、删除和修改。客户结束网站访问，客户可以自己注销或由网站注销客户对系统的访问权限，这也为客户提供了安全出口。密码检索功能是系统易用性的体现，注册时可以使用手机短信向客户发送验证码的通知，也可以根据注册时留下的问题的正确答案进行修改。

要维护好网站，做好网站的安全管理，必须做好网站 Web 服务器安全、网站程序安全、网站信息安全、网站数据安全等管理工作。

1）网站 Web 服务器安全。在网络环境中，入侵者的许多攻击方法使用了嗅探来获取管理密码，或 ARP 欺骗，所以必须选择一个好的托管提供商。这类服务商的安全管理与防护措施比较完善，许多服务提供商使用了硬件防火墙来防止 CC 攻击。服务器系统的安全补丁应能得到及时更新，必要时可以关闭所有未使用的端口。当然，也可以考虑隐藏端口，但隐藏会导致搜索率降低。

2）网站程序安全。在网站开发过程中应注意程序漏洞，加强 SQL 注入、密码加密、数据备份和验证码使用等方面的安全保护措施。

3）网站信息安全。在互联网上，需要防止犯罪分子发布违法违规信息，避免网站上出现各种色情内容、毒品走私、种族歧视和政治错误言论。其次，要防止网站信息被篡改。对于大型网站来说，如果信息被犯罪分子篡改，造成的负面影响是非常大的。在选择安全防护软件时，必须选择信誉较好的软件。

4）网站数据安全。网站数据库包含新闻、文章、注册客户和整个网站的密码等信息。商业和政府类网站还包含了重要的商业信息。由于网站之间的竞争，竞争对手通过黑客窃取数据，造成商业被动和巨大损失，甚至是毁灭性的灾难。因此，要加强网站的安全管理，保护数据库免受攻击和盗窃。汽车电子商务网站数据安全管理的有效措施如下：

① 在汽车电子商务网站建设和运营过程中，要加强安全措施，制定完善的安全管理制度，增强安全技术手段，确保网站 24 小时正常运行，方便客户访问。

② 对新上线的网站，应当按照工业和信息化部的规定及时完成备案工作，杜绝因未归档导致网站关闭的事件的发生。部分地区性安全网站必须到公安部门指定的地点登记备案，如果在网站的布局中具有文化经营内容，还需要申请办理网络文化经营许可证。而且要注意网站的内容发布应当合法合规，不能有侵权行为的发生，在我国《网络商品交易及有关服务行为管理暂行办法（征求意见稿）》中有明文规定：网络商品经营者和网络服务经营者不得侵犯他人的注册商标专用权、企业名称权等权利；不得利用网络技术手段或者载体，实施损害其他经营者的商业信誉、商品声誉以及侵犯权利人商业秘密等不正当竞争行为。

③ 要明确责任，保障网站的日常维护，并建立相应的工作制度。

④ 网站应定期备份重要文件、数据、操作系统和应用系统，以便紧急恢复。特别重要的部门还应当对重要文件和数据进行远程备份。

⑤ 网站应设置网站后台管理登录密码，要严格控制密码的复杂程度，密码位数不得少于 12 位，严禁将个人的登录账号和密码泄露给他人。除此之外，还要规范人事制度，做好保密义务、数据返还、系统密码更换等必要的安全保密工作。

⑥ 网站应对网站管理和服务器系统漏洞进行定期检查，并根据检查结果采取相应措施。要及时对操作系统、数据库等系统软件进行补丁包升级或版本升级，防止黑客利用系统漏洞和弱点进行非法入侵。

⑦ 必须加强防病毒、防黑客的安全措施，并使用相应的安全软件进行保护，确保计算机内信息、账号、密码的安全可靠。

⑧ 网站应充分预测各种突发事件发生的可能性，制定应急预案。

4.2 实践训练

	实训任务	进行汽车电子商务网页设计
	实训准备	实训计算机、网络、打印机、打印纸等
	训练目标	1. 通过实训能够掌握汽车电子商务网页设计的方法 2. 通过集体协作增强团队意识，经过工作汇报能够提升学生的思维能力、语言组织能力、表述能力
	训练时间	45 分钟
	注意事项	每一位同学都应当积极发言，能够在讲台上清晰地表述出老师提出的问题

任务：汽车电子商务网页设计

任务说明

各个小组制定自己的网上电子商务的定位，按照自己的需求搭建网站的建设模型。

实训组织与安排

教师活动	指导学生在网络中查找相关信息，扩展思路，对不同的网站的架构进行分析，参考各个网页的特色，设计出自己的网页要求、架构、功能等；对学生实训过程中产生的问题进行解答，指导完成任务中要求填写的内容
学生活动	按照任务中的要求填写出需要完成的内容

操作步骤

准备阶段	听取需求，制定建设方案，收集网站所有相关资料
风格设计	对网站进行首页设计，页面模板设计
页面制作	按照确定方案进行制作
程序开发	按照确定方案进行系统程序开发
网站测试	按照确定的方案进行内容填充测试

任务操作

1. 请写下网页的设计思路

名　　称	详　细　说　明
域名	
数据库	
首页设计	
栏目页设计	
内容页设计	
页面制作	
Flash 引导	
FlashBanner JS 特效	
系统功能	
网站 ICON	
网站培训	
免费维护	
搜索提交	
网站优化	

2. 前台页面策划

序　号	网页前台	请写出每项功能的子功能设计思路
1		
2		
3		
4		
5		
6		
7		
8		
9		

3. 后台管理模块策划

序　号	后台管理	请写出每项功能的子功能设计思路
1		
2		
3		
4		
5		
6		

序 号	后台管理	请写出每项功能的子功能设计思路
7		

4. 请在课后使用 Adobe Fireworks 和 Adobe Dreamweaver 制作一个汽车功能展示与说明的网页（关于制作所需的软件请到官网自行下载试用版本安装，关于软件使用的方法请通过自学完成并掌握使用）

网页制作方法参考如下：

1）用 Adobe Fireworks 做一个页面的蓝图，大小尺寸及颜色都按照未来页面实际情况来。这样做的好处就是可以加强页面的整体感。

2）用 Adobe Fireworks 的切片工具切图。

注意：

① 切图前先大致构思好未来网页的布局、表格、框架等。

② 图片尽可能小，对于大面积且有重叠规律的图片，只取其重叠方向的一个像素宽的图片，用来做页面局部背景的图片，这样利用背景的重叠性就可以实现蓝图中的效果并且很大程度上减小了页面的体积。

③ 诸多切片的边界要尽可能多地处于同一横坐标或纵坐标上。

3）导出切片（鼠标放在切片上右键"导出所选切片"），并命名（简单易记易懂的名字可以使你后来的工作事半功倍）。

图片的格式在文件>>>导出预览面板里设置，按照 gif、jpg 的先后顺序，导出格式首先考虑前面的，在满足不了颜色质量要求的情况下再考虑后面的导出格式。

4）用 Adobe Dreamweaver 创建新页面。页面的顶间距（top margin）和左间距（left margin）一般都设为 0，但顶间距（top margin）也可以不是 0，视设计要求而定。

5）按照页面整体的布局，用 Adobe Dreamweaver 插入表格居中，一般宽度为 775。只考虑宽度，先不用考虑表格高度，因为以后插入的图片和表格会将高度撑起来。

6）按照布局的需要可以在整体表格里嵌套表格以达到精确布局。插入图片及背景图片。插入背景图片的时候要注意控制好背景所属单元格的高度和宽度，因为背景撑不起表格，所以需要手工设置 td 的宽度（width）和高度（height）的值。

① 设置高度小于 5 像素的单元格 td 时，Adobe Dreamweaver 无法从设计模式下实现。实现的方法：先在属性面板里将高度（height）的值设置好，接着用鼠标单击该单元格内部，然后将界面切换到代码模式下，此时在闪动的光标附近将会看到" "的代码，删掉它，最后切换回设计模式下检查。

② Adobe Dreamweaver 创建的表格如果设置边框（bordor）的值为 1 时会影响页面美观度。

7）网页完成后，添加进去文字内容及特效，字体的大小和样式可以在选择上文字之后属性面板里修改。

8）文件保存为 .htm 或者其他格式的网页，完成。

4.3 探讨验证

教师活动	组织学生将鉴定结果进行点评，让学生在讲台上对小组成果进行展示；引导学生进行问题探讨
学生活动	将小组完成的鉴定报告对大家进行讲解，并完成老师提出的问题探讨

网页制作成果展示问题记录:

问题探讨

1. 网站的 SEO 优化主要有哪些手段？如何才能更快地实现网站的推广？
2. 比较一下奔驰、宝马等公司的官网，探讨一下页面如何设计才更有吸引力？

4.4 项目小结

本课题的学习目标你已经达成了吗？请通过思考以下问题的答案进行结果检验。

序 号	问 题	自检结果
1	什么是网上市场调研？网上市场调研有哪几种方式？	
2	问卷中的问答题有哪几种类型？	
3	汽车电子商务网站的类型主要有哪几种？	
4	网站的前期策划主要是考虑哪些问题？	
5	什么是网站定位？	
6	什么是 seo 优化？	
7	汽车电子商务网站的维护推广主要包括哪几个方面？	
8	网站运营的内容有哪些？网站维护的内容有哪些？	
9	建好网站最重要的工作是什么？	
10	网站内容由哪些元素组成？	

项目练习

单项选择题：

问题1		汽车企业要以（　）全面服务于客户。
	A	市场为中心
	B	产品为中心
	C	客户需求为中心
	D	以上都对

问题2		（　）是指在互联网上进行简单调查设计、收集资料和并通过筛选、分析调研数据的活动。
	A	问卷市场调查
	B	专家电话调查
	C	网上市场调查
	D	以上都对

问题3		产品查询展示型网站主要以（　）为主。
	A	介绍企业的基本资料、帮助树立企业形象
	B	销售企业的产品、帮助企业促销
	C	展示企业的产品、宣传公司的品牌
	D	以上都对

问题4		（　）是行业、协会信息门户网站建设运营的最通用模式。
	A	VIP
	B	会员制收费
	C	共享
	D	以上都对

问题5		汽车电子商务网站的初始时期（　）。
	A	不宜做大做全，一定要简单，只抓住核心功能，尽量不做辅助功能
	B	做大做全，不能过于简单，功能要齐全
	C	越简单越好
	D	以上都对

问答题：

品牌宣传型网站应当突出哪些功能？

思考与讨论：

1. 网站的页面怎么设计才会更有吸引力？

_____

_____

_____

2. 网站建成后如何进行推广？

_____

_____

_____

项目五 汽车电子商务支付系统

学习目标

- 能够知道汽车电子商务支付类型。
- 能够掌握汽车电子商务平台的支付接口接入方法。

5.1 基础知识学习

电子支付可以即时送达账户，使用方便快捷；可以避免风险，外出时不需要携带很多现金，只要有自动取款机或互联网接入，就可以随时随地充钱或完成交易，不需要找零钱，甚至不需要计数，智能化程度高，不需要服务人员，具有低成本运行的优势；网上支付全天24小时可用，在购买网上商品时可以不出家门就完成网上支付。本课题主要研究汽车电子商务支付方式和电子支付接入方式。

学 生 准 备	学生在正式上课之前，应当做好如下准备： ● 在课前预习老师安排的教学内容，完成老师推送的学习准备。 ● 准备好本次学习范围内需要向老师提出的问题。

5.1.1 汽车电子商务支付类型

 汽车电子商务有哪些支付方法？什么是第三方支付？
为了解答此问题，让我们一起来学习以下内容。

1. 电子支付系统的发展

电子支付系统是指利用银行网络和支付网关，采用安全的数字传输方式，对从事电子商务交易的客户和商户进行货币支付或资金流动的系统。该系统由提供支付服务的中介机构、货币转移管理条例和实现支付的电子信息技术手段组成，新支付方式（包括电子现金、信用卡、借记卡、智能卡等）的支付信息通过网络安全传输到银行或相应的处理机构，实现电子支付。

最早的电子支付方案是由 D. Chaum 于 1982 年提出的，他利用盲签名技术实现了电子支付，可以完全保护客户的隐私。自从电子支付出现以来，其发展已经经历了五个阶段。

（1）发展阶段

第一阶段：银行利用通信网络以电子方式传送账户交易信息和办理结算，提高了记账管理的效率与安全。

第二阶段：银行计算机与其他机构计算机之间的资金结算，如支付工资以及支付水、电、气、电话费等。

第三阶段：利用网络终端为客户提供各种银行服务，如客户在自动柜员机（ATM）进行取款和存款操作。ATM是由计算机控制的持卡人自助服务的专用金融设备，可为持卡人提供取款、存款、余额查询、密码变更等功能。

第四阶段：利用银行销售点终端（POS）为客户提供自动扣款服务。POS是英语销售点的缩写，金融POS系统是银行计算机网络系统，通过公用电话线或网络，在银行计算机与商业网点、收费网点、金融网点之间进行线上业务处理。

第五阶段：电子支付可以随时随地通过互联网直接转账结算。电子支付在这一阶段称为网上支付。目前，国际通行的网上支付工具主要包括电子信用卡、电子借记卡、电子支票和电子现金。

电子支付系统的基本结构包括支付活动参与者、支付工具和支付协议。其中，支付活动参与者包括四个部分：客户、商户、银行和认证中心。电子支付系统的基本结构如图5-1所示。

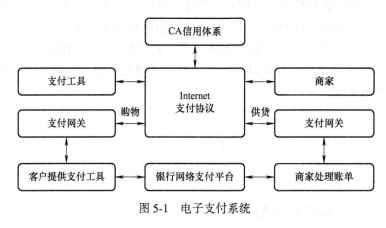

图 5-1 电子支付系统

（2）基本要求

任何商品交易都必须具有商品价值、货币价值、互换性、可用性和安全性。网络对象的线上交易必须保证严格的安全性，交易的安全性有三个基本要求：隐私性、保密性和真实性。

1）隐私性。交易必须保持隐私性和不可侵犯性。我国《网上商品交易及相关服务行为管理暂行办法》规定，网络商品经营者和网络服务经营者对收集的消费者信息，负有安全保管、合理使用、限期持有和妥善销毁义务；不得搜集与提供商品和服务无关的信息，不得不正当使用，不得公开、出租、出售。

2）保密性。在网上交易中，银行账号和密码是非常敏感的信息，保密性极为重要。分布式网络或无线网络的数据连接过程更容易被劫持。我国《网上商品交易及相关服务管理暂行办法》规定，提供网络交易平台服务的经营者应当采取必要措施保护涉及经营者商业秘密或者消费者个人信息的数据资料信息的安全。非经交易当事人同意，不得向任何第三方披露、转让、出租或者出售交易当事人名单、交易记录等涉及经营者商业秘密或者消费者个人信息的数据。

3）真实性。从技术角度来说，为了电子商务的成功，电子商务操作过程中产生的数据和内容必须在客户端和服务器之间进行传输，不能进行更改、销毁或添加、减少、修改、删除等操作，以确保文件的真实性和完整性。从管理角度，以营业执照和组织机构代码的基本信息为基础，整合市场主体身份信息、产品信息、标准信息、检测信息、质量和服务认证、专利、商标、商品条码等相关信息资源。

我国《网上商品交易及相关服务管理暂行办法》规定，通过网络从事商品交易及有关服务行为的自然人，应当向提供网络交易平台服务的经营者提出申请，提交其姓名和地址等真实身份信息。具备登记注册条件的，依法办理工商登记注册。电子商务企业提供身份认证，解决了虚拟实体与真实实体之间的身份对应问题，保证了电子商务操作的证据有效性。

（3）常见付款方式

随着网络技术的不断发展，电子商务作为一种新的经济形态，已经被大众所接受。作为电子商务的重要组成部分，网上支付已经渗透到生活的各个角落，特别是随着网上支付、移动支付、电话支付等多种支付形式的出现。以下是几种常见的付款方式：

1）网银支付：只要有银行卡开通网上银行，就可以进行网上支付。

2）支付宝支付：只要有支付宝接口，客户只要有支付宝账户，就可以使用支付宝支付。

3）财付通支付：只要有财付通接口，客户用 QQ 就可以开通财付通支付交易。

4）易宝支付：易宝支付使用较少，需要配备易趣支付界面，有 Epay 账户的客户可以使用 Epay 支付。

5）手机支付：只要有手机，客户就可以在手机上进行小额支付，这需要商家和运营商的合作。

基于互联网的电子交易支付系统由客户、商户、认证中心、支付网关、客户银行、商户银行、金融专用网络共七部分组成，具体说明见表 5-1。

表 5-1 电子交易支付系统组成

序号	组成	详细说明
1	客户	利用电子交易方式与企业进行交易活动的单位或者个人。通过电子交易平台与商户沟通信息，签订交易合同，并使用自己的线上支付工具进行支付
2	商户	为客户提供商品或者服务的单位以及个人。在电子支付系统中，它必须能够根据客户发出的支付指令向金融机构请求结算，这个过程一般由商户设置的专用服务器来处理
3	认证中心	认证中心是交易各方信任的、公正的第三方中介机构，主要负责为参与电子交易活动的各方签发和维护数字证书，以确认当事人的真实身份，确保电子交易全过程的安全稳定
4	支付网关	支付网关是完成银行网络与互联网的通信、协议转换、数据加密解密，保护银行内部网络安全的一组服务器。它是互联网公共网络平台与银行内部金融专用网络平台之间的安全接口，电子支付信息必须经过支付网关处理后才能进入银行内部支付结算系统
5	客户银行	客户银行是指为客户提供资金账户和网上支付工具的银行。在以银行卡为支付工具的网上支付系统中，客户银行又称发卡银行。根据不同的政策法规，客户银行保证支付工具的真实性，并对每一笔经认证的交易进行支付担保

(续)

序号	组成	详细说明
6	商户银行	商户银行是为商户提供资本账户的银行。因为商户银行是根据商户提供的合法票据运作的，所以也被称为收单银行。客户向商户发送订单和支付指令，商户离开收到的订单，将客户的支付指令提交给商家银行，然后商户银行向客户银行发送支付授权请求，并在客户银行之间进行结算
7	金融专用网络	金融专用网络是银行内部和银行之间进行信息交换的封闭式专用网络，通常具有较高的稳定性和安全性

2. 电子支付系统类型

目前，电子支付系统有以下三种类型：

1）大额支付。大额支付系统是中国人民银行根据支付结算的需要，运用现代计算机技术和通信网络开发建设的。它可以高效、安全地处理银行办理异地、同城各种支付业务，以及资金结算和货币结算的市场交易资金清算应用系统。大额实时支付系统业务比其他结算方式更快、更准确、更安全，是目前国内最快的结算方式之一。大额支付主要处理银行间大额资金转移，通常，付款的发起人和收款人是在中央银行开户的商业银行或金融机构。

2）小额支付。小额支付是指在一定时间内对多次支付交易进行净额结算，并对资金进行净额清算。小额支付技术是为小额、快速、方便的支付而设计的，主要处理预先授权的定期贷记（如工资单）或定期借记（如公共设施的支付）。小额支付交易系统需要 24 小时保持连续运行，为跨行、跨区域的收付业务提供清算服务，能够大规模批量处理服务，并在全国范围内运行。

3）网上支付。网上支付是指 POS 机和 ATM 系统，支付工具是银行卡（信用卡、借记卡或 ATM 卡、电子现金等）。其主要特点是金额小、业务量大、交易资金净额结算（但 POS 机和 ATM 机的支付需要实时信用）。

3. 电子商务支付方式

目前，在电子商务交易过程中，根据不同的支付程序，主要有支付网关模式、网上银行模式、第三方支付、移动支付四种电子商务支付方式。

（1）支付网关模式

支付网关模式是指客户或商户向银行支付网关发送支付指令，然后通过银行后端设施完成支付的业务模式。在这种模式下，商业银行分别建立支付网关。在网上银行支付模式和支付网关模式下，系统由客户系统、银行网站、网上银行中心、业务数据中心、银行柜台、认证中心等组成。

1）客户系统是客户进行线上交易的客户端集成环境，用于完成认证介质登录和访问网上银行系统。

2）银行网站是网上业务的窗口，提供客户和网上银行中心之间的连接。

3）网上银行中心位于银行端，包括交易服务器、安全认证和加密系统等，交易服务器起到支付网关的作用，负责在应用层转发客户系统和业务数据中心之间的通信，并查询客户证书的合法性和有效性。

4）业务数据中心是网上银行的核算中心，存储所有客户的账户信息。

5）银行柜台可授权进行网上业务交易，接入业务数据中心，完成一般开户、存取款交易。

6）认证中心可以完成客户公钥和私钥的生成，以及证书的签发和取现，负责网上银行中心和客户证书的签发、验证、撤销和维护。

(2) 网上银行模式

网上银行是一种网上虚拟银行柜台，又称网络银行、电子银行。它是通过互联网技术为客户提供开户、销户、查询、对账、行内转账、跨行转账、授信、网上凭证等服务的银行，还可提供投资、理财等一系列传统服务，使客户在家中可以安全、方便地在互联网上管理自己的账户和投资。该模式要求电子商务商户在银行开立结算账户（汽车行业电子商务也是如此），客户在银行开立支付卡，银行卡中必须有存款。

网上银行至少需要由四个部分组成：商户系统、电子钱包、支付网关和安全认证。后三者是发展电子银行业务的必要条件，是电子银行业务运行的基本技术要求。

电子支付过程主要包括支付的发起、支付指令的交换和清算以及支付的结算。电子支付的一般流程如图5-2所示。

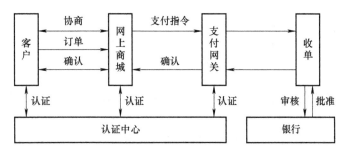

图 5-2　电子支付的流程

典型的电子支付流程如下：

1）客户浏览电子商务网站，选择客户喜欢的产品，并向商家提出购买请求。

2）商户将对客户验证的订单进行数字签名，并将其提交给支付系统。

3）支付网关调用支付接口，要求客户填写账户信息。

4）客户用支付系统的支付网关公钥对账户信息进行加密，并传输到支付系统的支付网关。

5）支付系统的支付网关对客户提供的用于数据转换的账户信息进行核对，通过金融专网或专线发送至金融机构，请求对客户账户信息进行验证。

6）金融机构将验证结果和客户用于支付确认的信息传送给支付系统。

7）支付系统将客户支付确认信息从金融机构传递给支付确认系统，并要求支付确认。

8）支付确认系统收到需要确认的信息后，对支付确认进行预处理，然后根据事先选择的确认方式通知客户（实时确认、分时确认）进行确认。

9）客户根据选择的确认方式填写相应的确认信息，填写完毕后提交支付确认系统。

10）支付确认系统对金融机构和客户提交的支付确认信息进行比对，如果一致，则确认下一步；否则返回。最后，支付确认系统将确认结果返回支付系统的支付网关。

11）确认成功，并通过电子邮件通知客户其付款请求已获批准，资金已从其帐户中提取；否则，将通过电子邮件通知客户其付款请求未被批准。

12）如果确认成功,则将金融机构返回的数字签名结果发送给商户,并通知商户发货;否则通知商户交易失败。

13）确认成功,要求金融机构转移资金。

14）金融机构返回带有数字签名的转账信息,完成交易。

(3) 第三方支付

第三方支付是指具有一定实力和信誉保证的独立机构,采用与各大银行签订合同的方式,通过银行支付结算系统的接口,方便交易双方的交易。如图5-3所示,在交易中,买方购买货物后,使用第三方平台提供的账户支付货款,第三方通知卖方货款到账并发货,买方验货后可以通知第三方付款,第三方把钱转到卖方的账户上。

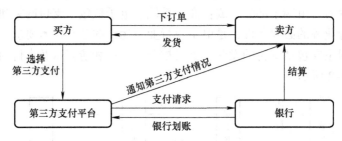

图 5-3　第三方支付

传统的支付方式是直接支付。其中,现金结算和票据结算是通过面对面结算来完成交易,汇款结算中的电汇和网上直接转账也是一步到位的支付方式。在实际有形市场中,异步交换权可以通过额外的信用担保或法律支持来实现。双方想在不见面的情况下达成交易,如果没有信用保护或法律支持,将造成巨大的交易风险。

第三方是买卖双方支付资金的"中间平台",买方将购买价款支付给第三方。第三方提供安全的交易服务,其运作的实质是收付,在人与人之间设立中间过渡账户,以便控制和制止资金的转移,只有当双方达成一致才能确定资金的去向。第三方承担中介保管和监管职能,是一种支付托管行为。第三方机构可以是发行信用卡的银行,也可以是银行以外具有良好声誉和技术支持能力的机构,持卡人或客户与银行之间的支付也通过第三方进行。

第三方机构与各大银行签订相关协议,使第三方机构与银行能够以某种形式交换数据、确认相关信息。这样,第三方机构就可以在持卡人或客户、各银行和最终收款人或商户之间建立支付流程。支付宝第三方支付模式的典型业务流程如图5-4所示。

第三方支付给交易带来了极大的便利,但也存在诸多风险,客户信息泄露、假卡诈骗、网上诈骗、套现等网络犯罪案件迅速增多,第三方支付服务已成为银行卡犯罪高发点。由于互联网交易的特点,新的高风险客户权益保护也更加困难。因此,有必要对第三方支付行业的风险进行详细的分析和识别,采取措施加强对第三方支付金融风险的防范。

(4) 移动支付

移动支付是指允许客户使用移动终端对其消费的商品或服务进行支付的一种服务方式。包括整个移动支付系统提供商、移动支付系统运营商、移动支付服务提供商。

移动支付的主要特点是可以随时随地支付,交易时间短。手机银行是指通过GSM网络将客户手机与银行连接起来,利用移动接口直接完成各项金融管理和支付服务的虚拟银行。目前有短信手机银行和STK卡手机银行。使用移动支付,客户必须在银行开通手机银行服

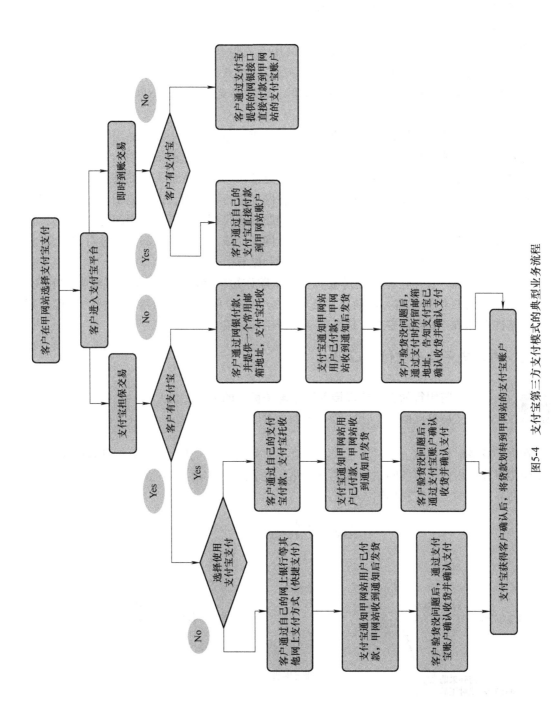

图5-4 支付宝第三方支付模式的典型业务流程

务，将银行账户绑定到手机上，商户必须在银行开立结算账户。通过支付网关和网上银行支付相对较快，客户的支付可以实时转入商户账户，大大加快了资金周转；另一方面，支付过程中的数据也在一定程度上采取了加密等措施以保障付款的安全性。由于手机本身计算能力有限，安全性无法满足高要求，目前主要用于不需要高安全性的小额支付。

移动支付系统起源于信用卡支付系统，信用卡支付系统有五个参与者：商户、收单机构、信用卡机构、发卡机构和客户。不同的移动支付方式有不同的流程。根据其核心技术原理，上述移动支付模式可分为三类：NFC 支付、二维码支付、基于 NFC 技术和生物识别技术的混合支付。

付款通过第三方中介进行，客户的付款不直接支付给商家。一旦产品出现问题，客户可以及时收回退款，避免损失。这种方式很容易被大家接受，是目前最常用的支付方式。付款结算关系到买方是否有信誉，能否按时付款；卖方能按时收回资金，可促进企业经营良性循环。对于一个完整的线上交易，它的支付应该在网上进行。然而，由于电子虚拟市场尚处于演进过程中，网上交易仍处于起步阶段，许多问题尚未得到解决，如信用问题、网上安全问题等。因此，许多电子虚拟市场交易并非完全在网上完成。很多交易都是通过对网上交易的理解信息进行匹配，然后用传统的方式进行支付和结算。

周边环境中也一直存在各种支付威胁。除了欺诈短信和新病毒，手机系统漏洞和免费 WiFi 也会导致客户信息泄露，威胁客户支付安全。安全问题是影响移动支付的关键因素。安全包括许多环节，如存储安全、传输安全和身份验证安全。

5.1.2 汽车电子商务支付接口接入

如何将银行的支付接口接入汽车电子商务的网站后台？
为了解答此问题，让我们一起来学习以下内容。

在电子商务时代，线上支付不可或缺。电子商务网站支付接口目前分为外贸电子商务网站支付接口和国内电子商务网站支付接口，外贸电子商务网站的支付流程如图 5-5 所示，国内电子商务网站的支付流程如图 5-6 所示。

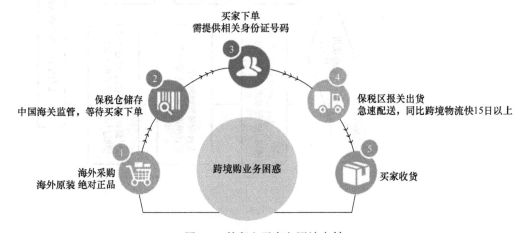

图 5-5　外贸电子商务网站支付

图5-6 国内电子商务网站支付

资金必须通过银行处理，商户可以与商业银行签订合同，成为商业银行的特约商户。银行提供相关技术接口，为网站添加相关接口程序，并将客户的相关支付从银行转账，实现个人账户收款。银联线上支付是中国银联与商业银行联合推出的集成化、综合性、开放性的网上支付平台，全面支持各类银联卡，方便、快捷、安全可靠、通用性强。随着中国人民银行发放第三方支付牌照后，各第三方支付公司可直接与商业银行签订合同，向商户提供支付通道。第三方支付公司的准入门槛低、费率低、效率高、技术开发简单，有许多商业网站接入了线上支付接口。

电子商务网站支付接口主要包括传统的第三方支付接口和新兴的聚合支付接口。常用的第三方支付接口有支付宝、微信支付、京东支付、QQ钱包、百度钱包、易宝支付、快钱支付、拉卡拉等，而第四方支付接口则是聚合了多个第三方支付接口的支付平台。

电商网站支付接口申请流程如下：

1）电子商务网站在第三方支付公司或第四方支付公司注册账户，并联系客服协商费率和接口细节。

2）提供企业信息：统一社会信用代码证（或提供营业执照、组织机构代码证、税务登记证复印件）、法人身份证扫描件、开户许可证，个人提供身份证扫描件。《统一社会信用代码证》如图5-7所示。

3）提供域名和网站ICP备案，备案信息必须与提供的信息一致。

4）提供法人或个人转账时使用的银行账户。

5）等待支付公司对信息进行审核。审核通过后，支付接口即被发出，商家将根据接口文件顺利进入电子商务网站并进行测试。

图5-7 统一社会信用代码证

网关支付：银联网上支付网关是中国银联和各商业银行为持卡人提供的综合性互联网支付工具。支持的主要支付方式有输入卡号支付、网银支付、小额支付（IC卡支付）、客户登录支付等，可为持卡人提供国内外网上购物支付服务。

无跳转支付：为满足符合条件的大型网上商城对便捷线上支付的需求，银联专门为商户网站提供现场支付模式。持卡人无需跳转到其他网页（第三方线上购物）即可完成支付过程。它可以广泛应用于各种线上支付场景，如线上购物、机票预订、线上订购旅游服务，以及公共设施支付，如物流配送和可追踪的低风险商户。

企业网银支付：银联为B2B电子商务提供线上支付清算对账服务接口。银联线上支付网关的申请流程如图5-8所示。

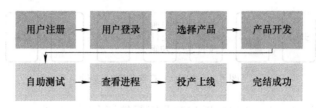

图 5-8　银联线上支付网关申请流程

首先是注册。如图 5-9 所示，打开网站 http：//open.unionpay.com 至进入商户技术服务页面，单击左上角"注册"，注册为商户技术服务平台客户后，可以获得测试证书并测试"商户测试编号"等参数，进行自助测试各种产品的用例，查询测试交易，获取测试交易对账文件等功能。

图 5-9　银联线上支付网关注册页面

在商户技术服务页面单击"登录"，输入页面显示的注册客户名、密码、校验码，单击"登录"按钮，登录成功。

然后进行访问方法选择。银联网上支付网关是中国银联和各商业银行为持卡人提供的综合性互联网支付工具。主要支持卡号录入支付、客户登录支付、网银支付、小额支付（IC 卡支付）等，为持卡人提供国内外网上购物支付服务。

B2C 支付网关支付产品主要适用于持卡人在商户网站的 B2C 购物和支付场景。持卡人单击银联网上支付图标，跳转至银联页面，完成支付信息录入，最终完成支付。从个人计算机发起的交易是 WEB 网关支付交易，从移动终端发起的交易是 WAP 网关支付交易。

B2B 支付网关产品主要适用于持卡人在商户网站的 B2B 支付场景，如图 5-10 所示。持卡人单击银联网上支付标识，在银联网上支付网关完成支付信息录入，完成支付。

在选择要激活的产品下，单击"技术集成"，选择"01 开发手册"查看，使用银联开发工具包进行开发或选择"02 商户"进行自主开发。

图 5-10　银联线上支付网关的支付场景

在商户技术服务平台页面单击"产品介绍",在产品介绍页面选择一个产品查看详情,进入详情页面,点击"技术集成",如图 5-11 所示。

图 5-11　银联线上支付网关的支付技术集成

产品开发结束后,开始自助测试。如图 5-12 所示,单击下面页面的所述文本,会跳转到相应的页面,客户可以选择查看和下载所需的文件。

图 5-12　银联线上支付网关的支付自助测试界面

客户登录后,进入"我的测试→我的产品"查看被测产品,查看测试进度。测试进度为 100% 后,网站电子商务网银支付功能接入完毕。

5.2 实践训练

	实训任务	银行支付接口接入实战
	实训准备	实训计算机、网络、打印机、打印纸等
	训练目标	1. 通过实训能够掌握支付宝电子支付接口接入方法 2. 通过集体协作增强团队意识，经过工作汇报能够提升学生的思维能力、语言组织能力、表述能力
	训练时间	45 分钟
	注意事项	每一位同学都应当积极发言，能够在讲台上清晰地表述出老师提出的问题

任务：银行支付接口接入实战

 任务说明

为自己的网站接入支付宝结算功能。

实训组织与安排

教师活动	指导学生虚拟注册支付宝，申请网上支付跨行清算系统功能接入，最终完成网站支付接口的模拟接入
学生活动	按照任务中的要求填写出需要完成的内容

 任务操作

操作准备
1. 模拟支付宝开通与使用：注册—开通网上银行—购物与支付。
2. 模拟客户注册：注册—开通支付宝—编辑个人信息—开通手机—修改社区资料。
3. 了解诚信通功能与使用。

知识准备

支付宝目前提供了担保交易、标准即时到账、双功能等几种接口，只是在功能上有些差异，网站集成方式是一样的。目前支付宝支付类型有 App 支付、手机网站支付、计算机网站支付。

计算机网站支付

1) 企业或个体工商户可申请，需要上传法人身份证正反面照片、银行对公账户、银行开户许可证。
2) 提供真实有效的营业执照，且支付宝账户名称需与营业执照主体一致；网站接入支付宝要通过支付宝实名认证审核，然后按照要求提交营业执照。
3) 网站能正常访问且页面信息有完整的商品内容。
4) 网站必须通过 ICP 备案，个体户备案需与账户主体一致（团购类网站不支持个体工商户签约）。

汽车电子商务网站的支付宝接入分为三个阶段，如图 5-13 所示，在网上查找支付宝接入的相关说明，并请在图中填出每一个阶段的任务。

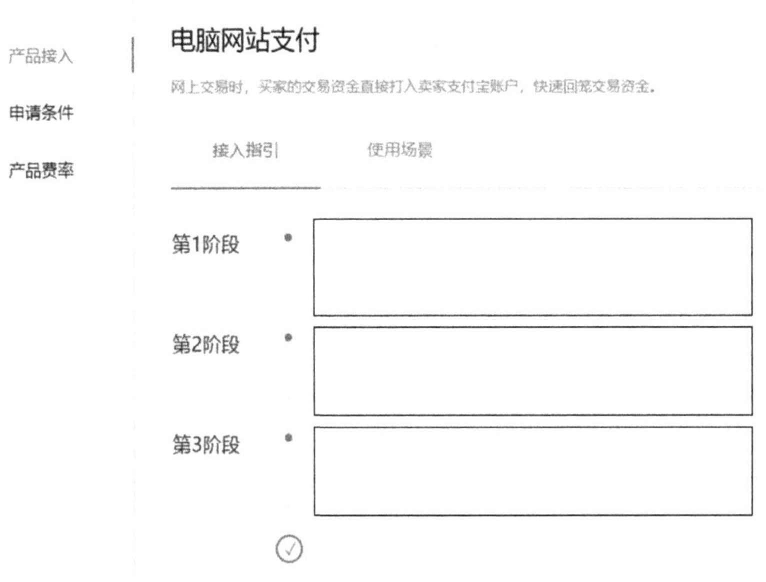

图 5-13 请列出各个阶段应当完成的任务

如图 5-14 所示，在申请时，需要如实完成下面的填写。

图 5-14 基础信息填写

填入个人信息，完成后进入下一步，如图 5-15 所示。

联系人信息 联系人信息将用于接收签约后的重要通知，如确认协议、到期提醒等。

* 姓名：请填写联系人姓名

* 电子邮箱：请填写电子邮箱

* 手机号码：18888888888　　获取验证码

下一步　　遇到问题？我要反馈

图 5-15　个人信息填写

如图 5-16 所示，信息提交后，支付宝的工作人员将进入审核阶段。

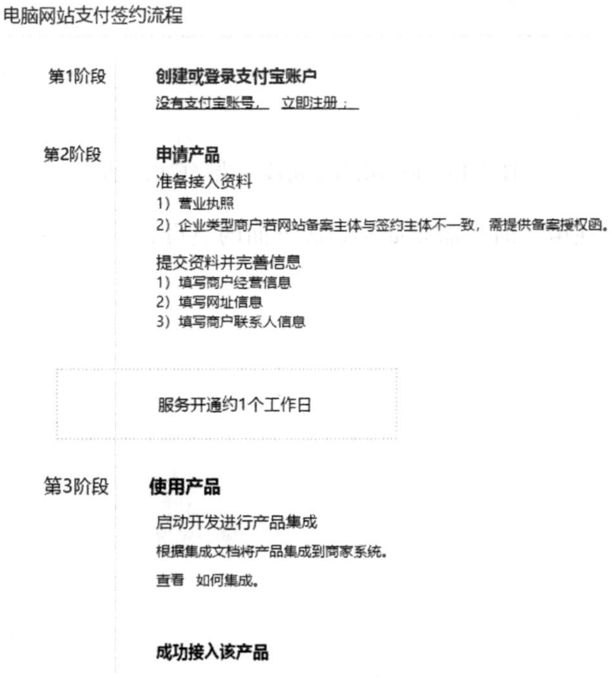

电脑网站支付签约流程

第1阶段　**创建或登录支付宝账户**
没有支付宝账号，立即注册；

第2阶段　**申请产品**
准备接入资料
1）营业执照
2）企业类型商户若网站备案主体与签约主体不一致，需提供备案授权函。

提交资料并完善信息
1）填写商户经营信息
2）填写网址信息
3）填写商户联系人信息

服务开通约1个工作日

第3阶段　**使用产品**
启动开发进行产品集成
根据集成文档将产品集成到商家系统。
查看　如何集成。

成功接入该产品

图 5-16　审核阶段

第三个阶段的操作步骤：

操 作 步 骤	步 骤 说 明
第一步	

操作步骤	步骤说明
第二步	
第三步	

1）下载服务端 SDK。为了帮助开发者调用开放接口，我们提供了开放平台服务端 SDK，包含 JAVA、PHP 和 .NET 三个语言版本，封装了签名 & 验签、HTTP 接口请求等基础功能。请先下载对应语言版本的 SDK 并引入开发工程。

2）接口调用配置。在 SDK 调用前需要进行初始化，代码为：AlipayClient alipayClient = new DefaultAlipayClient（URL，APP_ID，APP_PRIVATE_KEY，FORMAT，CHARSET，ALIPAY_PUBLIC_KEY，SIGN_TYPE）。

关键参数说明：

配置参数	示例值解释	获取方式/示例值
URL	支付宝网关（固定）	https://openapi.alipay.com/gateway.do
APP_ID	APPID 即创建应用后生成	获取见上面创建应用
APP_PRIVATE_KEY	开发者私钥，由开发者自己生成	获取详见上面配置密钥
FORMAT	参数返回格式，只支持 json	json（固定）
CHARSET	编码集，支持 GBK/UTF-8	开发者根据实际工程编码配置
ALIPAY_PUBLIC_KEY	支付宝公钥，由支付宝生成	获取详见上面配置密钥
SIGN_TYPE	商户生成签名字符串所使用的签名算法类型，目前支持 RSA2 和 RSA，推荐使用 RSA2	RSA2

接下来，就可以用 alipayClient 来调用具体的 API 了。alipayClient 只需要初始化一次，后续调用不同的 API 都可以使用同一个 alipayClient 对象。

第四步是接口调用，调用流程如图 5-17 所示。

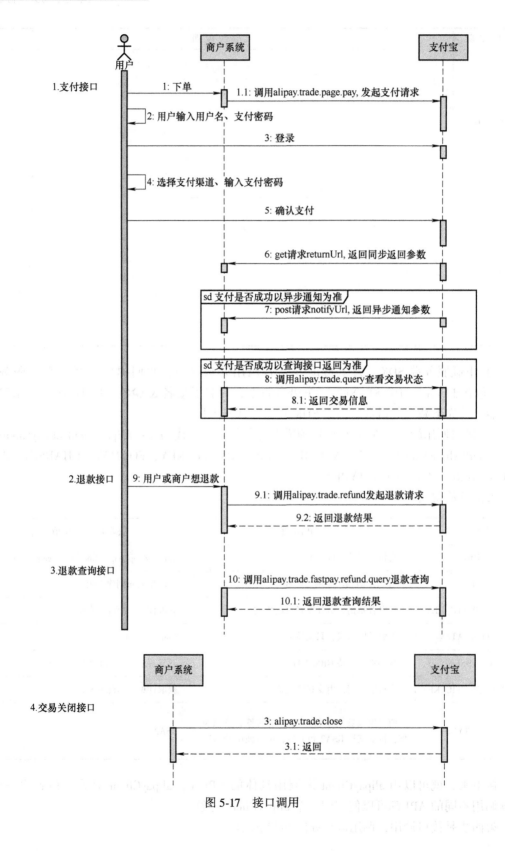

图 5-17 接口调用

支付接口:

接口类型	接口介绍有操作说明
商户系统请求支付宝接口	
退款接口	
交易关闭接口	
退款查询接口	
查询对账单下载地址查询接口	
SDK接入	

SDK接入内容编写完成后单击"下一步"进入审核,核定通过后还需要进行收付功能的测试,等收银的钱到达账户后,就可以正常使用了。支付宝的网站接入工作结束。

5.3 探讨验证

教师活动	组织学生将实训结果进行点评,让学生在讲台上对小组成果进行展示;引导学生进行问题探讨
学生活动	将小组完成的任务对大家进行讲解,并完成老师提出的问题探讨

 问题探讨

1. 当网站接通了银行支付功能后会产生哪些风险?怎么防范这些风险?
2. 上网浏览国内几家大型商业银行的网上银行,了解其开展业务项目及采取的安全支付方案,说说它们各自的业务特点与服务特色。

5.4 项目小结

本课题的学习目标你已经达成了吗？请通过思考以下问题的答案进行结果检验。

序号	问题	自检结果
1	什么是电子支付？	
2	电子支付的优点有哪些？	
3	电子支付的发展经历了几个阶段？	
4	电子支付系统的基本构成有哪些？	
5	电子支付有哪些类型？	
6	什么是联机支付？有哪些类型？	
7	什么是支付网关？什么是网上银行？	
8	什么是第三方支付？	
9	什么是移动支付？	
10	电商网站支付接口申请流程是什么？	

项 目 练 习

单项选择题：

		电子支付系统是实现网上支付的基础，电子支付系统的发展方向是（　　　）。
问题1	A	单一支付工具
	B	兼容多种支付工具
	C	国家指定支付工具
	D	以上都不对
		支付活动参与主体包括（　　　）四个部分。
问题2	A	客户、商家、银行和认证中心
	B	客户、银监会、银行和认证中心
	C	客户、商家、银行和董事会
	D	以上都不对
		电子支付的类型有（　　　）三种。
问题3	A	大额支付、小额支付和联机支付
	B	支票支付、汇票支付和联机支付
	C	大额支付、小额支付和柜台支付
	D	以上都对

问题4		第三方是买卖双方在（　　）的资金支付"中间平台"。
	A	缺乏信用保障或社会道德支持的情况下
	B	缺乏信用保障或法律支持的情况下
	C	具有足够信用保障或法律支持的情况下
	D	以上都对
问题5		移动支付主要特点是（　　）。
	A	可指定支付，交易时间短
	B	可随处支付，交易时间短
	C	可即时审核，交易时间短
	D	以上都对

问答题：

电子交易支付系统由哪几个部分组成？

思考与讨论：

1. 第三方支付存在哪些风险？应如何避免？

2. 银联线上支付接入的方法是什么？

项目六 汽车业务网络运营

学习目标

- 能够掌握汽车售后服务网络运营方法。
- 能够掌握新车销售网络运营方法。
- 能够掌握二手车交易网络运营方法。
- 能够掌握汽车保险理赔网络运营方法。

6.1 基础知识学习

网络运营是汽车企业经营战略的一个组成部分,以互联网为基本手段实现网上经营环境的各种活动。网络运营的内容有很多,包括网站宣传推广、网络营销管理、网站的改善与优化、更新维护、网站的商业化操作等。本课题主要阐述汽车销售、售后、二手车、汽车保险理赔等网络运营。

学 生 准 备	学生在正式上课之前,应当做好如下准备:
	• 在课前预习老师安排的教学内容,完成老师推送的学习准备。
	• 准备好本次学习范围内需要向老师提出的问题。

6.1.1 汽车售后服务网络运营与智能终端应用

如何做好汽车售后服务网络运营?
为了解答此问题,让我们一起来学习以下内容。

1. 汽车售后服务网络运营

汽车售后服务的内容比较多,除了汽车维修服务,还涉及汽车金融服务、汽车保险、美容、置换、二手车等业务。在售后服务中,感知价值、客户期望和客户满意三个变量之间呈正相关的关系。客户投诉是客户不满的一种后续行为,售后人员应及时处理客户投诉并减少客户投诉。如果客户对投诉后的处理结果感到满意,则将产生第二次消费;如果客户对投诉后的处理结果不满意,则意味着公司将失去这个客户。此外,公司在行业中的声誉、企业社会责任、品牌影响力、企业道德等也是影响客户满意度的因素。

基于以上服务变量关系,要突破现状,就要付诸新的举措。虽然汽车售后的网上服务不能和普通商品一样具有统一的销售和服务流程,但它可以为客户提供电话、传真、电子邮件、远程协助、远程诊断、系统管理等服务，建立有效的反馈机制，实现在网络上与客户即时沟通，提供指导和答疑，让客户得到贴心的服务，这大大减轻了售后人员的工作压力。

在汽车服务过程中，客户对服务内容和服务质量的认识和感知是客户满意的基础，而服务质量是影响服务感知质量的关键。服务感知质量是客户对服务的全方位评价，客户的服务体验和期望也会影响客户对服务质量的感知。通常，客户对服务质量的感知受到质量标准、服务质量评价、服务质量标准化管理和过程控制四个方面的影响。汽车售后服务具有实质性的服务内容和客观规范的服务内容，以及感性的服务内容、过程和结果。汽车售后服务满意度对持续消费和其他可能的消费有着非常显著的影响，甚至对前端汽车的销售有着不可忽视的影响。同时，售后维修的质量直接影响到品牌公信力，随着对品牌建设和售后业务的重视，售后质量管理已经成为一项重要指标。

互联网的快速发展，不仅为广大客户提供了便利，也产生了巨大的客户黏性和依赖性。对于汽车等特殊的传统产业来说，互联网的本质是一种工具，不可能完全取代实体。然而，依托智能网络平台可以优化和提升汽车售后市场乃至整个产业链的服务。这样，制造企业、服务提供商和客户之间的联系就会更加紧密，其服务过程中产生的海量数据就不会被休眠，这样需求响应就可以实时进行，对应的服务就可以更准确地推送到客户手中。

（1）汽车电子商务对汽车销售业务的帮助

基于互联网的优势，网上汽车电子商务在集客和销售方面发挥着很大的作用，其营销模式为广大的客户提供了以下三方面的技术服务和支持：

1）呼叫中心和网上技术服务与支持。客户可以通过呼叫中心和企业网站来获取技术服务支持，以及产品、技术支持、维修保养等信息，也可以进行投诉，甚至可以获取汽车贷款、租赁等方面的信息。

2）网上线上讨论。企业可以开展客户论坛，通过广大消费者对企业产品、服务等各个方面的广泛探讨来了解企业在技术服务与支持方面的不足，积累经验，同时对客户提出的要求和建议给予及时的回复。

3）搜索服务。企业可以在网站上为客户提供交互式的界面，客户可以通过模糊搜索来获取产品、服务、各级经销商等相关信息。

（2）汽车电子商务对汽车售后服务业务的帮助

目前，汽车售后市场的电子商务有两种模式：一种是提供纯产品和服务销售，另一种是通过互联网解决车主的问题（例如远程诊断服务）。当前客户的流动性越来越大，汽车售后市场正在从传统模式向数字化经营模式转变。消费者也希望在实体零售商店、移动应用程序、网站和其他环境中获得全方位的无缝体验。

汽车工业正在向智能化、网联化、电动化、共享化方向发展。为了获得流量，企业会不惜重金投入市场，以迅速赢得客户，但汽车维修的优势在于为客户提供更专业的技术和专业的设备设施、厂家的技术支持，专业的问题解决方法和技术的积累、温馨的服务环境和关怀等。由于很多电子商务公司的服务能力和服务质量有限，依赖补贴进行增量转化的客户无法挖掘其短期潜在价值。

例如，为了吸引商家进入网站，某汽车维修网投入大量资金补贴维修店或服务站。但商家缴纳的进场费却差很多，当资金不够支付补贴时，该汽车维修网的扩张便会陷入停滞。同时，该汽车维修网也要承担汽修配件的配送费用。当资金流出现问题时，该汽车维修网也就失去了昔日的活力。

汽车售后电子商务运营的重点是依托互联网、大数据、云计算技术，开拓线上线下资源，实现便捷的服务平台，同时通过品牌化、标准化的线下网点为客户提供良好口碑与服务体验。其中，基于服务场景实现线上线下的真正对接成为电子商务网络运营成功的关键环节。

汽车经销商在互联网上开展网上售后服务，车辆服务的效率不仅响应速度快、接待满意率高、成本低，而且可以大大减轻服务人员的工作强度，为客户和企业节约时间和空间。线上售后服务的内容主要包括帮助客户解决产品使用中的问题、排除技术故障、提供技术支持、提供产品改进或升级信息，以吸引客户对产品和服务的反馈。

为了更好地吸引客户，不仅可以在网上发布促销活动广告、分析市场公关信息，通过网络组织车主活动，还可以利用微信平台、电子商务平台，对个性化网络空间进行深入挖掘，挖掘潜在客户在新媒体体验方面的认知，促进新业务发展，扩大品牌影响力。当产品遇到问题时，客户也希望能像下单一样，从网站上得到方便有效的解答。

现代汽车售后服务越来越受到重视，每个商家都有专门的部门负责网上售后服务。同时，也有各种监管和法律部门来保护客户权益。通过电子商务网站，可以直接购买配件，输入汽车品牌地址，告诉它想要什么样的服务，很快就能得到一项服务的价格，包括修车的人工成本，材料费等，如果客户满意，则可以直接在网上预约服务，也可以通过电话联系售后部门，选择合适的时间和地点来修车。电子商务的出现可以更方便地解决传统行业难以控制的问题。从客户的角度来说，他们也需要透明化的汽车售后服务，从而达到省钱、省时、更方便的目的。

售后服务是维护客户权益的最后一道防线，也是维护产品自身声誉的有力保障。售后服务忠诚度主要针对质保期满后客户的大规模服务流失，预测客户流失趋势，针对不同流失趋势采取不同的营销策略，以此来留住客户，维护客户关系。在这种情形下，通过电子商务系统可以更好地满足客户那些隐性的诉求，而这些看不到的需求也是传统模式下，服务人员比较难处理的工作，而通过客户的上网习惯就很容易把握住客户的兴趣点与关注点，例如客户对质量的要求以及对维修价格的敏感度等。如果汽车行业想打造自己的品牌，体现自己的维修质量，那么服务的价格取决于售后服务的态度和反应速度。而电子商务模式可以更快地知道客户的基本需求，并能快速、准确地把握住机会。这样，客户不仅得到了满意的服务，还增强了对购买品牌的认同感，从而实现多赢局面。

例如，北京的京宝行宝马 4S 店（图 6-1）在其官网的售后服务板块推出了宝马新车保修与三包服务，承诺自在店购车之日起，可享受到修正与材料质量和制造工艺有关的车辆缺陷，及相关的救援服务等。同时还推出 3 年质保到期、在延保服务期内，出现质量问题时，宝马 4S 店将承担保修范围内发生的维修费用，并且可灵活选择延保期限，将保修期延长至 7 年。为解决在店进行二手车交易的后顾之忧，在二手车交易时还可获得更高的评估价值。

图 6-1　4S 店

(3) 汽车售后服务网络运营注意事项

以上介绍了汽车售后服务网络运营的优势，下面我们来了解一下汽车售后服务网络运营中需要注意哪些要点：

1) 要增加客户信息收集功能，需要确定其目标客户并了解客户的买车过程。因此，我们需要收集客户信息，这些信息为如何更有效地接近和服务客户提供了重要线索，并可以帮助企业跟踪客户服务、整理和分析客户忠诚度。

2) 收集车辆维护后的使用信息，主要是产品性能、质量等方面的相关信息。

3) 充分利用管理软件来分析和维护客户信息。客户信息管理软件提供了录入、修改、查询、分析、分类等功能，能够为企业提供准确的客户需求信息，以帮助企业或经销商为客户提供个性化服务。但是，在收集信息的同时，一定要注意对客户隐私信息的保密，防止不必要的损失。

4) 企业需要做好客户数据的统计和分析，根据客户反映的信息，整理数据有助于汽车厂商在未来为客户提供更好的产品和服务，及时了解当前客户需求，统计当前客户保持率、客户流失率等。

对于存留客户，应当细分为几个价值级别进行分析，例如从多方面了解客户维护习惯、客户存留和客户流失的原因。数据分析的核心是 KPI（如客户年平均保养次数、客户平均年行驶里程、客户平均保养单价等）与维度（如地区、车型、车龄等）的交叉组合分析。根据分析结果，企业可以总结出不同地区、不同车型的客户行为差异，以及客户维护习惯和客户流失保持率随车龄的变化趋势。通过对大量数据的分析，可以帮助汽车企业在宏观上掌握自己的客户保持率，为制定营销策略提供战略参考。

2. 基于主动服务的智能化汽车售后服务网络系统终端应用

智能网络服务平台集智能化、网络化、大数据于一体，不仅包括原始设备制造商提供的车辆状况知识，还包括经销商、服务提供商提供的服务知识和车辆维修知识、互联网上的保险和常识等。在智能网络服务平台上，服务门户既能够自动生成解决方案的专业知识库，又能提供来自汽车制造企业和经销商对客户咨询提供的专业解答，并且更具有专业性和个性化。

在传统的经营模式下，作为汽车维修保养服务的主要提供者，经销商只能满足汽车消费者"基本满意"的要求。由于现在科技的飞速发展和行车安全问题的日益突出，使得客户对汽车售后服务要求更高，这个诉求也为经销商甚至整个汽车行业的业务发展提供了巨大的空间。智能网络服务平台的作用如下：

1) 通过智能网络服务平台获取车联网信息、位置信息、社交媒体数据等，汽车售后服务商可以更好地了解消费者，增强车主和客户的黏性，从而帮助业务拓展和推广。

2) 通过智能网络服务平台可以识别个人客户和群体，分析消费倾向，对海量数据进行语义识别，识别行为相关性。汽车售后服务商可以根据客户位置信息分析客户的消费习惯，并在分析市场服务历史数据后，根据路径，及时联系需要检修车辆的客户，从而有效控制售后服务市场。例如，根据车主和客户的每次保养和维修记录，根据维修时间或客户的具体需求和情况，准确预测并热情提醒后续维修时间和所需服务项目。

3) 通过智能网络服务平台，汽车售后服务商可以掌握更多的数据，有效整合汽车配件、停车场等信息以及综合能源、保险、旅游、度假等相关领域的资源，选择合适的对象，结合合适的时机,从而精准推送相应的服务项目,提供更多的增值服务。

4)通过与智能网络服务平台形成供应链联盟,可以通过供应链采购系统直接下单。电子商务网络营销大大降低了商家的营销成本,并惠及客户,从而高质量、快速、全方位地满足车主和客户的个性化需求。

要实现汽车售后主动服务,特别是在汽车健康检测和故障预警方面,首先要实现与现有的汽车主动服务保障系统对接,使个人信息流与汽车系统信息流相匹配,从而实现人车一体化。现有的主动安全系统包括:防抱死制动系统(检测轮速和调整制动压力)、紧急制动辅助系统(根据制动作用预测制动意图)、电子制动力分配系统(计算轮胎摩擦力的力值,分配相应的制动力以避免倾斜和翻车)、盲点检测系统(检测视觉盲区内的行人、物体和车辆)、电子稳定程序(主动干预危险信号以实现平稳驾驶)、巡航系统(实时检测车辆与周围物体的距离,提供保持距离的参考信息)、车道偏离报警系统(监控车道偏离,协助车主纠正不良驾驶习惯)、胎压监测(实时检测胎压,异常胎压报警)等。通过与上述主动安全系统的有效对接和集成,并分析客户和车辆的历史数据,可以知道客户偏好,完成客户画像。在此基础上,可以实现对车辆的实时监控,预测未来服务项目和时间。

一个完善的汽车售后服务网络平台可以为客户提供主动服务,主动服务是建立一个能够实时监控、处理客户行为与需求的平台,并根据其中捕获的数据提取客户行为特征,从而预测客户所需的服务类型,主动评估客户、推测服务需求、预测服务时机等,并以此来提高客户满意度。主动服务是客户需求多样性和主动性的产物,大众化、统一化的产品和服务远远不能满足客户的需求,只有个性化、定制化的服务才能赢得客户的青睐,客户的消费行为也才能呈现出一定的规律性。如果有效地利用这一规律,就可以逐步推导出为客户构建个性化服务模型,提供个性化与定制化的服务。

通过智能网络平台,可以完善包括手机在内的客户接触点,响应客户虚拟生活需求,并可充分整合内部平台客户数据。基于大数据、云计算等新兴技术整合外部客户信息,洞察客户需求,全面提升汽车服务相关业务效率。同时,它基于汽车产业价值链的整合,能为客户提供整车解决方案。以客户需求为中心建立起捆绑式业务和盈利业务,可以增强客户黏性,并促进汽车制造企业、经销商的盈利业务能力。

为了实现主动服务,服务系统首先要建立客户信息模型,即跟踪客户行为,学习和记忆客户兴趣,通过描述客户兴趣建立个性化的客户模型。客户需求可以通过人机交互方式获取,也可以通过书签挖掘获取信息需求,挖掘访问记录,监控客户行为,获取客户需求和兴趣爱好。对于智能场景中的汽车服务网络应用层面,手机可以通过蓝牙连接,实现语音拨号、短信阅读等通信功能。同时,可以通过手机客户端实现各种信息服务。

在以前,车主们大多使用 USB 或蓝牙将接入互联网的手持设备与汽车的控制系统连接起来。手持移动设备仍然是唯一承载应用程序的运营终端,汽车只是在连接后用作演示工具,例如仪表、客户界面、语音控制、扬声器等。但现在,车载移动互联网应用和手持设备更多的是信息流通和互助,信息广泛通过各种硬件平台获取,如 PC、手机、传感器、GPS等。手机需要连接到车载系统,将手机中存储的位置信息发送到车载导航系统,完成导航的使用。最重要的是它还可以独立于手持设备工作,互联网接入和应用控制完全由汽车智能终端控制。

由于驾驶汽车对驾驶员的注意力要求很高,在实现前端交互时,终端应包括自然语言识别技术和无盲点触控技术。在语音识别方面,需要有一个车载噪声模型来消除无用噪声的影响(如发动机噪声、车轮噪声、风噪等),通过交互式语音应答(IVR)和数据通道来减少无网络情况下事件处理的障碍,通过提供方言识别技术来消除语言识别的障碍。无盲点触控技术可以让驾驶员在不需要用眼睛看屏幕的情况下,通过触摸屏幕上的任何位置就可以实现不同的操作。

要实现以上智能服务,需要积极收集客户信息和标准值,通过企业电子商务平台、客户关系管理联络中心、客户服务支持中心等渠道建立汽车配件信息、汽车服务信息、国家政策法规信息、汽车服务行业标准规范等知识库。知识库包含主流汽车品牌、汽车种类、车型和各种部件的数据,还包括当地甚至全国汽车服务商的位置和服务项目信息,以及汽车配件供应商的相关配件、价格信息。此外,还应征集汽车维修、保养、技术鉴定、维权等相关领域专家的相关信息,为具有代表性的汽车售后问题提供解决方案。利用神经网络、模糊聚类等方法,根据汽车售后服务行业客户的消费行为特征对客户进行细分,并根据标准将大量客户划分为不同的类别,将底层数据组织成服务规则数据库、客户本体数据库和客户行为特征信息数据库,然后对这些数据库进行选择、预处理和转换,得到主题数据仓库,存储与客户相关的个性化信息。

通过智能网络服务平台,可以有效杜绝造假行为,保障客户的安全,并提供有效的售后维权。商家在智能网服务平台注册前需要验证资质,才能实现厂家防伪验证。当客户需要通过服务平台接受线下服务进行系统验证时,可以查询售后服务中使用的配件的真伪,甚至是参数等信息。智能网络服务平台还可以帮助客户选择优质服务网点,为整个服务提供过程透明化,使客户放心消费,并切实保护消费者的合法权益。

借助网络信息化优势,通过建立通用智能网络平台,整合现有车辆和客户信息资源,能提取客户特征、推断客户偏好、匹配服务项目等,为客户提供更及时、更准确的服务。而优质、便捷的汽车售后服务可以帮助汽车制造企业改进汽车的设计,帮助服务商优化汽车售后服务项目和质量,帮助客户更深入地了解汽车信息,改善客户习惯。这不仅涉及汽车概念和产品的转变,还涉及与整个产业链各个方面的合作,包括汽车制造企业、内容提供商和经销商。智能服务不仅是一个机遇,而且充满了挑战,成为一个产业的发展新方向。利用智能网络平台,对静态客户基础数据、动态驾驶数据、汽车各部位损耗进行测量、读取和整合,推断客户使用行为特征,构建客户画像,并利用协同过滤推荐算法确定客户与客户之间的关系,同时结合实时路况、天气等相关数据,根据最近邻技术计算客户的兴趣与偏好,预测客户所需的服务项目和服务机会,对构建自动化、智能化、网络化的汽车售后服务创新模式具有积极的建设性意义。

6.1.2 汽车互联网销售与智慧营销

如何做好新车销售网络运营?
为了解答此问题,让我们一起来学习以下内容。

1. 新车的互联网销售

互联网是推动汽车文化营销的强大助推器,这是世界汽车工业百年发展的成果。与传统营销方式相比,网络营销具有虚拟性、交互性、便捷性、服务性等特点。

汽车信息网站平台可分为行业网站、门户网站汽车频道、汽车垂直网站、汽车企业网站等。网络营销的目的是让更多的潜在客户更快、更全面地了解品牌和产品，并通过对品牌的关注来激发购买欲望，产生强大的吸附力，从而达到更高的销量和最具性价比的营销推广。特别是线上4S店网络营销整合平台，可以模拟线下汽车销售的全过程，让购车双方在不出户的情况下，实现线上看车、选车、咨询、订单生成。在此过程中，我们将借助互联网、图形、文字、音视频等优势，与客户充分探讨需求，完成线上定制，充分满足汽车客户的个性化需求。将网络独有的3D显示和互动功能发挥到极致，突破时间和空间的限制，可以轻松便捷地完成选车、购车的全过程。同时有可能享受线下4S店没有的各种特价优惠。

汽车是相对复杂的产品，互联网是消费者在购车前获取汽车信息的主流渠道，客户可以随时线上观看、评价和交流，不受时间和空间的限制，能全面了解产品和品牌。线上4S店可利用网络平台的优势，与客户建立互动共赢的营销模式。利用互联网了解新闻趋势，网上购物，交流和分享信息。

网络营销最大的优势和核心资源是强大的互动性，不仅能让商家和客户互动，也能让客户和客户互动，通过多重互动共同来促进客户对产品和品牌的认知和理解。客户与客户之间的沟通与互动，可以产生巨大的口碑效应，通过客户口碑传播，提高汽车产品和汽车品牌的知名度和影响力，可以树立汽车品牌形象。所以，网络营销的主动性和互动性将给汽车行业的营销模式带来一场全新的革命。在传统的店内汽车销售中，要求销售人员具备较强的沟通能力，发现沟通技巧，并将其运用到与客户的沟通中，让客户有一个愉快的沟通过程，让客户逐渐认可你的观点。熟练的沟通可以提高销售的成功率，帮助销售人员取得更好的销售业绩。

无论是面对面销售还是网上销售，要提高销售成功率，都要充分了解客户的需求。根据客户的需求有序介绍，并耐心地为客户解惑，让客户有购车的欲望。不同的人对汽车有不同的要求，所以有必要利用背景数据统计分析消费者的线上关注热点。此外，对于大多数客户来说，买车是一个相对重要的决定。因此，在购车过程中出现犹豫或出现诸多问题的现象非常普遍。在促销过程中，电子商务网站应为客户提供可以消除后顾之忧、解决困难的网上客服，让客户放心地做出购车决策，提高网上订车率和实际销售成交率。

在当今数字化和互联网时代，汽车行业的网络销售趋势是不可避免的。例如，很多汽车企业通过阿里巴巴和京东建立了网上4S店，并利用自己的产品资源和资金实力开通网络。营销数字化平台都是大数据环境下新的营销模式，通过嫁接和平台建设，汽车制造企业与客户有了更直接的沟通渠道。

汽车制造企业可以通过网络渠道提供一系列优惠措施，增加销量，挖掘新客户，还可以通过网络渠道获取消费者购物习惯数据，分析客户购买习惯，做好客户关系管理（CRM）。此外，线上销售渠道还可以显著降低线下销售过程中产生的运营成本，让客户真正感受到网上销售的便捷性和经济性关系到客户的利益。降低的销售成本不仅增加了汽车制造企业的盈利能力，同时也降低了客户的支付成本。网络营销的目的在于企业与客户的深度沟通，使企业获得客户的认可，满足客户显性和隐性的需求。汽车商品经营企业建立网上电子商务平台或网上营销商城，可以实现以下多个功能。

（1）网络车辆展示

向客户提供汽车展示是实现销售的第一步。在传统的展示方式中，利用实物进行展示需要大量的人力、物力和空间，展示的信息、辐射面、展览时间都极为有限。网络车辆展示突破了时间和空间的限制，在很大程度上克服了传统展示的缺点，因其信息量大、展示形式多样、成本低、可交互强等优点而越来越受到人们的青睐。例如，汽车之家使用 AR 技术开发了一个线上车展（图 6-2），它将 AR 技术与汽车元素完美结合。客户在汽车之家网站上选择了喜欢的汽车后，手机以 AR 动画的形式展示该车，除了 360°观察车外，还可以开灯、换颜色或进入车内观察车内环境。此外，AR 线上展示还可以模拟汽车的行驶环境，让客户通过屏幕就能体验快速驾驶的感觉。如果连接到一个更大的显示终端，则可以愉快地完成虚拟试驾。

图 6-2 汽车之家的 AR 汽车场景虚拟展示

（2）网上汽车市场

如图 6-3 所示，网上汽车市场主要为经销商和客户提供汽车报价、购车指南、汽车法规、车型介绍、进口车、国产车、汽车保养、二手车、车险、汽车论坛、违规查询、车市分析、汽车维修、汽车改装、降价信息等。网上车展不仅可以向客户展示一家公司的多个产

图 6-3 网上汽车市场

品，还可以将多家公司的产品集中在一起，形成一个网上汽车市场，可以提高汽车展示的效果，给汽车交易带来极大的便利。例如，某汽车网为全国汽车企业提供专门的线上车展服务，帮助参展商提供制造商主页、公司简介、产品服务、质量保证体系、销售区域、联系方式等六个方面的内容。随着电子商务的发展，网上汽车市场将成为一种重要的营销模式。通过网上汽车市场，人们可以实现个性化、便捷、高效的购车。同时，商家也可以省钱，比如减少场地占用面积等。网络的优势在于拥有丰富的信息、实时交付、低成本以及突破时间和空间的限制等，能使客户从网上销售模式中获得更多的利益。

(3) 网上配件购销

线上配件采购一直是许多企业投入大量人力物力的环节。汽车配件经营管理网络覆盖了汽车配件经营的全过程，从产品仓储、零售、批发价格的确定，按型号、编号等分类管理，最后到发货、结算、甚至核算、注销。在传统的采购方式下，由于采购对象数量有限，有地域限制，采购效率和采购成本很难达到理想水平。配件电子商务采购的实施，可以大大缩短采购周期，提高采购的准确性和效率，降低采购成本，扩大采购范围，减少无效库存，保证库存的合理性。对于经销商来说，网上零配件购销方式减少了很多费用，包括人员、管理、营销等方面的费用，节省下来的费用可以使客户在汽车配件价格上受益。对于汽车配件制造商来说，互联网可以更方便地收集客户在购买汽车配件过程中提出的各种问题，并及时将这些信息反馈给汽车配件制造商。在此基础上，制造商可以分析客户的购买意向，从而尽快生产出符合市场需求的汽车配件。这样既节省了时间和费用，又抓住了市场机遇。其次，利用互联网信息和便捷服务，制造商可以及时了解配件销售商的库存和销售情况，从而调整自己的生产和汽车配件配置计划。

(4) 潜在客户开发和客户服务

连接手机无线应用和线上数据，可以为客户提供全方位的产品和服务信息。由于网络独特的实时交互性，客户可以随时随地访问企业的最新信息。在网上介绍产品、提供技术支持、查询订单处理信息，不仅可以大大减轻客户服务人员的工作量，而且可以让他们有更多的时间与客户接触，开发更多的新客户，有效地改善公司与客户的关系，提高客户满意度。

(5) 提供线上知识共享

客户查询内容的主要功能包括：产品信息查询、追溯报告查询、追溯地图查询、意见反馈、预警信息等。经常访问汽车网站的客户可分为三类：第一类客户是已经计划购车并希望购车的人，他们通过网站了解最新产品信息，要注意及时跟进帮助他们做出正确的购车决定。第二类客户是那些已经买车并想了解汽车各方面情况的人，对于这类客户，应提高专业认可度，增强客户信任度。第三类客户是没有购车的人，但对汽车知识有浓厚兴趣，这类客户可能是潜在客户，需要培育这一领域的市场。因此，优化网站服务结构，注重软文本的质量，注重方便、快捷、实时，提高可视化查询界面的效果，为客户提供专业的知识服务，对这三类客户具有重要意义。

(6) 网上销售平台

汽车网络销售模式如图6-4所示。汽车企业可以利用该网站建立网上销售平台，鼓励客户在网上直接订购汽车配件、维修用品、工具和设备，依托全链系统对客户进行直销和配送，并通过互联网延伸客户服务。通过网上销售，客户可以对车型、颜色、内饰等进行特别定制，最大限度地满足个性化消费需求，并可以大大缩短客户收到货物的时间。

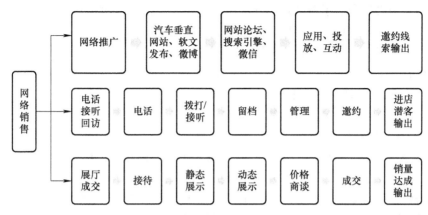

图 6-4　汽车网络销售模式

（7）提高内部管理水平

利用 ERP、CRM、DMS、OA 等软件系统嵌入电子商务网站，可以实现企业现代化的、高效的智能管理。企业标准化管理体系涉及企业管理的方方面面，电子商务可以起到加强内部管理、规范经营管理模式、促进组织体系各组成部分规范化管理的作用。在财务管理方面，电子商务可以实时掌握企业各方面的销售和库存情况，分析和优化资金流向，减少坏账、呆账，缩短账期，提高整个运营系统的资金周转率。

（8）加快新产品的开发和生产

随着电子商务的快速发展，网上购物已经成为一种新的消费时尚。制造业企业采用网络直销渠道和传统零售渠道相结合的混合渠道销售产品，给新产品的开发和推广带来了机遇和挑战。在移动互联网时代，快速开发新产品已成为企业保持竞争优势、获取新利润来源的重要手段。汽车行业的激烈竞争，使得依靠传统的降价策略生存越来越困难，新产品开发的能力和速度直接影响到公司的竞争地位。电子商务战略能力、管理能力、技术资源对新产品开发速度有正向影响，新产品开发速度对企业绩效也有正向影响。通过网络远程协作获取技术支持，不仅可以节省大量的技术成本，还可以大大缩短开发时间，提高对市场的反应能力。

（9）提高物流配送效率

物流配送在汽车工业中占有极其重要的地位。随着符合人体工程学的企业级可穿戴和手持智能终端的出现，工人可以更快、更容易、更准确地扫描和跟踪货物。在配送中心与供应商、配送中心与经销商、配送中心与客户、经销商与客户之间建立畅通的网络化物流配送渠道，实现配送任务的协调，可大大提高配送效率、降低配送成本。在日常管理中，企业必须实时了解库存信息，防止供应不足导致无法及时发货，或积压库存。库存积压大，库存压力就会增大，容易造成企业资金问题。因此，利用科技手段加强仓库的可视化管理是必不可少的，纸质数据表将被能够提供实时存取和数据的移动手持智能终端和平板电脑所取代。

4S 店网络营销必须高度重视以下几个问题：

1）要做好网络营销，厂商必须考虑网络营销环境，从战略管理的角度确定产品、价格、网页、促销、渠道等策略，以满足线上客户的需求。互联网与其他媒体的区别在于，互联网是互动的，通过互动营销策略提供满意的客户服务，是网络营销成功的关键。企业应结合自身实际情况，结合具体的应用策略，使其营销更有利于公司的发展。

2）网络营销必须全面了解和理解互联网技术和大数据集成对销售的促进作用。在网站上发布一些吸引眼球的视频，可以无形中吸引和捆绑客户，或者建立一个线上社区，了解客户需求，掌握大量互联网客户信息，寻找新的商机，为自己的品牌增值。

3）必须有一支专业的队伍，需要有一定的投入、耐心、毅力。借助互联网无限的平台优势，在圈子、家庭、社交网站上积极宣传，积极寻找客户。

4）有效地收集客户参与网上营销活动所需的信息。客户信息的收集包括客户的真实姓名、性别、年龄、联系方式、购车顾虑、需要了解的问题、购车的时间等。买车不同于买电脑，买车最重要的是客户的体验，而不仅仅是依赖图片或视频。客户集约化前后，客户信息必须完全录入 CRM 数据库，并有专人负责维护、跟踪、清理、反馈。

5）网络营销需要足够的耐心。在网上发布帖子、产品图片、车辆参数、销售地址和电话信息只是最基本的任务，需要更多的沟通和与同事进行深入的互动研讨。

对于网站上保留了真实信息的客户，可以通过电话沟通来识别和判断其是否是潜在客户。如果是潜在客户，可以为客户提供申请试驾的功能。如果潜在客户对试驾满意，购车者可以直接从网站订车，在网上支付订金，在交车时支付购车费用。利用互联网技术，将 4S 店逐步转变为负责接单、收款的服务部门，并将主要精力投入到客户服务（维护保养、保险理赔），培养客户忠诚度。

网上销售是通过网络与客户对话，最终达到销售的目的，所以需要不断地优化网站来更好地传播自己的品牌。在帖子或网上商城里一定要有丰富的内容吸引客户，以图文形式编辑成微文章、试驾体验、驾车出游等手段，全面展示产品优势。美观、视觉、深情、引人入胜的可读性主题可以抓住客户的心，使他们产生共鸣。可以在网页中嵌入更多动画元素，例如，可以通过 AR 或 VR 虚拟场景开发虚拟模型的线上展示，尝试用 Flash 制作一款可以人工控制各种数据的模拟测试车来模拟汽车在不同环境下的测试，在不同的速度下测试不同的驾驶方式，让客户更好地了解车辆性能，吸引一些不打算买车的网友关注，激发消费者的购买欲望。

2. **基于智慧营销的互联网销售平台**

互联网时代的发展加速了智能时代的到来，智慧营销的基础是充分利用大数据。它是汽车行业的关键营销策略，同时也给汽车行业实现更好的营销带来了机遇和挑战。在大数据时代，如何实现汽车数字化营销是汽车 4S 店智慧营销的重要组成部分，包括与消费群体的精准接触和潜在客户的高效转化。在智慧营销时代，构建基本框架是基础，多媒体通信是渠道，大数据是工具的使用。它可以帮助汽车企业实现对竞争、客户、业务转型的洞察，进而形成以数据为中心的营销体系，方便为客户提供全生命周期的营销体系，形成智慧营销。

智慧营销是传统营销模式与现代科学技术相结合的产物，具有可感知、高精度和高效率三大特点。感知性是指智慧营销能够充分感知消费者的需求、不同消费者群体的偏好，挖掘潜在消费者的需求；高精度意味着针对特定客户和特定人群实施不同的智慧营销策略，满足不同消费者的消费需求；高效率就是通过有效的投资获得高回报。在互联网飞速发展的今天，企业需要更多的智慧营销解决方案来解决当前面临的一系列问题。物联网、云计算等科技的发展，为网络营销的智能升级提供了一定的基础条件。先进的科学技术与先进的智慧营销理念相结合，形成了以客户为中心，以战略为导向，以科学技术为辅助手段的新一代智慧营销体系。

在互联网时代，应依托新技术、互联网、大数据等，结合经典营销理论，从企业内部文化平台到外部环境分析和工具优化，进行相应的营销体系升级。对于智能汽车营销而言，互联网在打造文化基础平台、优化营销模式、拓展营销渠道等方面发挥着非常重要的作用。作为一种实用的工具，互联网一方面可以帮助我们为汽车企业收集数据，完成受众洞察，绘制客户画像，实现精准营销；另一方面，它可以有效地进行媒体沟通，节约汽车企业的运营成本，节省客户了解信息的时间。

智慧营销是充分利用移动互联网、物联网、大数据、云计算等基于柔性生产和数据供应链的新型营销模式，将消费者融入企业产销环节，实现了全面的业务整合。与传统的4S销售模式和汽车电子商务销售模式相比，智慧营销更加注重数据交换，基于入市的感性准入服务，准确获取客户数据，有效扩大潜在目标客户群，绘制准确的客户画像，确保信息准确传递，采用人工交互技术满足消费者需求，改善消费者体验，建立无障碍展厅，吸引客户，提升客户口碑，提升品牌效应。

针对汽车销售过程中因客户获取困难、跟进不及时、客户资金流失、执行不力等导致销量下滑的问题，专门的信息系统可以提醒销售顾问注意客户的要求，主动解决问题，提高工作效率，及时跟进，减少客户流失。同时，管理系统会根据完成进度，将额外的客户资源或未完成的客户资源分配给高效的销售顾问，防止客户流失。在互联网时代，不断利用大数据进行改进，鼓励形成有效的管理体系，有助于改变以往销售顾问的懒散和消极，提高员工的工作积极性和工作规划性。

汽车作为一种涉及生活方方面面的特殊产品，可以应用于各行各业。在网络碎片化渠道方面，简短而富有感染力的广告创意能在第一时间抓住消费者的注意力。据统计，80%的消费者会对有影响力的广告留下深刻印象，增加购买欲望。在社交媒体渠道方面，在小视频盛行的全民娱乐时代，在社交软件圈地的社交时代，汽车创意互动广告的定向投放将产生消费者的品牌认知度。在跨界组合渠道方面，如汽车+体育赛事、汽车+综艺娱乐、汽车+美食、汽车+旅游探索等，深入挖掘品牌内涵，打造互补的品牌组合点。从交易客户的渠道来看，交易客户无疑是4S店最宝贵的资源。它代表着4S店品牌形象的提升和建设，已经成为一块行走的广告牌。

新技术的出现是互联网时代的主要特征，面对层出不穷的智能汽车，触感和视觉化已经成为消费者对新车展厅的主要要求。如今，虚拟现实技术已经到来，有形展厅的实现提供了有效的途径。在建设高科技展厅的同时，可以配备手机互动、全息投影、VR眼镜、物理触控等现代技术，将营销推广从单一枯燥的口头展示转变为有形、可视化的展示。它带给了消费者一种难以形容的购车体验，带给消费者惊喜、感动、震撼，真正实现体验营销和情感营销，给人留下难忘的回忆，达到消费者心中的共鸣效应让科技温暖人心。

结合互联网，运用虚拟现实、智能机器人等技术，打造一个全面的客户体验展厅，可以让客户充分满足感官体验。虚拟现实技术采用空间模拟效果，利用计算机对体验者进行全方位的视觉、听觉、触觉模拟，让体验者沉浸在场景中，随心所欲地操作目标项目，在操作时，计算机可以根据设定的程序进行计算，把人们带入一个全新的虚拟世界。

使用智能机器人可以更好地实现数据交互，当客户进入展厅时，第一次感受到智能迎宾机器人的接待。该机器人基于深度学习多目标跟踪算法，能够实现人脸识别和自然语言交互功能。在此基础上，它具有情感计算能力和较强的类人智能，形成完整的情感交流和自然和谐的人机交互。展厅内的机器人可以自动跟踪客户移动，分析客户特征、在店停留时间、重点区域停留时间等，在大数据背景下，无论客户登录国内哪个智能展厅，都可以纳入数据分析，机器人可以扫描客户的表面肖像，了解客户的真实愿望和需求。

此外，通过智慧营销平台，消费者还可以亲自定制自己的特色车。随着个性化时代的到来，私人定制有着广阔的发展空间。现有的汽车配置选项局限于有限的选项范围，例如有限的车辆颜色和内饰类型等。无障碍展厅可根据客户喜好，在法律允许的范围内进行配置，包括车灯、格栅、车轮、特殊功能扶手以及相应的姓氏雕刻等专属标志。

实施智慧营销策略，不仅要注重吸引客户、完成销售，更要成为维护和连接客户与4S店的纽带和桥梁。通过建立交易客户关系管理平台，对每个交易客户的信息进行汇总管理，及时录入系统，建立定期客户回访制度。通过与客户的及时沟通，可以发现4S店在开发建设中存在的不足。另一方面，我们可以及时洞察客户的购买意向和爱好，通过热情周到的营销策略，赢得客户忠诚度，提升企业品牌，维护客户情绪，形成品牌形象和客户共鸣，扩大4S店的销售和经营。

6.1.3 二手车交易网络运营

如何做好二手车交易网络运营？
为了解答此问题，让我们一起来学习以下内容。

二手车交易网络的作用是促进二手车企业和大众消费者的交流，确保消费者可以在最短的时间内购买到合适的汽车。在网络经营模式下，能够确保经销商充分发挥其作用，提供高质量的二手车、优良的服务，建立诚信，进而实现二手车交易。二手车电子商务平台主要包括拍卖模式、寄售模式、购销模式、交易咨询模式、第三方评估模式。二手车网上交易模式如图6-5所示，通过网络将车辆的营销活动传递给客户，在网上直接提供各类二手车资源信息查询，并能与客户沟通。通过该平台，可以收集市场信息，进行市场调研，获取客户潜在的市场和购买需求，然后根据数据的统计分析客户的情况，为服务和运营提供更准确的定

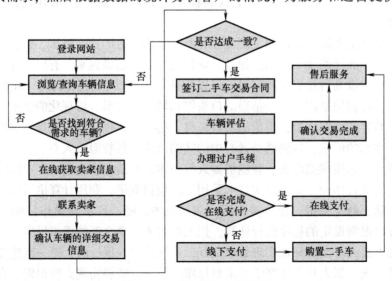

图6-5 二手车网上交易模型

位。网络营销提供了一个开放的环境,让客户足不出户就可以浏览二手车市场信息,这种更快、更人性化的营销模式已经被越来越多的人接受。

传统的销售主要是销售自己公司的商品,公司赚取进价和销售价之间的差额,获取利润的方法较为简单。而二手车线上交易方式增加了公司的业务,创造了一种新的利润和收入方式,可以更好地为客户服务。二手车网络平台交易的模式不仅拓宽了商家的销售渠道,也为车主出售车辆提供了便利,这同时解决了部分二手车库存量不足的问题。如果商家自己的库存中没有客户喜欢或想要的车,可以在网站中搜索车源,从别的商家进货,商家与商家之间建立起线上联盟的互利共赢方式,使得客户的购买过程变得更加快捷便利。

网上营销可以通过二手车信息的发布、交易、收集、售后服务形成,构成一个完整的营销渠道。对于电子商务的诚信问题,客户一直比较敏感,所以需要建立起二手车经营交易信用体系,利用互联网收集所需的行业和产品信息,并建立自己的网站发布信息,加强与客户的信息联系。企业通过在网站上建立论坛、发布电子邮件地址等方式收集客户信息。客户也可以通过电子邮件为产品销售和企业发展提供有价值的意见。同时,通过论坛等形式,客户还可以与已经拥有汽车的网友进行交流,为购车、用车提供参考。

汽车电子商务中最常用的平台是 B2B、B2C、C2B、C2C 等,C2B、B2B、B2C 三个过程也可以称为二手车的上架、流通和消费阶段。基于 B2B、B2C、C2B、C2C 的二手车电子商务模型如图 6-6~图 6-8 所示。

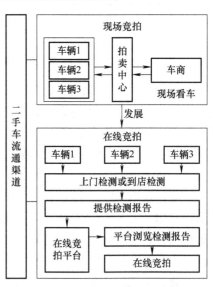

图 6-6 B2B 主体交易模型

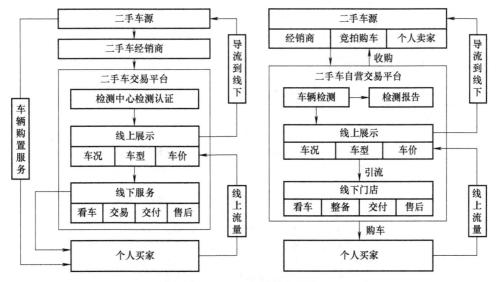

图 6-7 B2C 交易服务模型

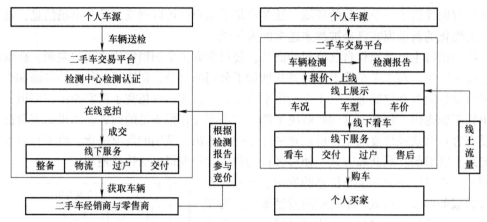

图 6-8 C2B、C2C 交易服务模型

因为流通环节太多，流通成本高，汽车销售商和购车者这两个终端环节的需求往往被严重忽视。例如，在 C2B 的信息链接中，它会比 C2B 的价格更低。如果卖方不能得到一个公平的价格，他就会放弃销售，这在客观上造成了整个市场的低效运行。在 B2C 环节，C 对车辆的了解不如 B，由于缺乏车辆信息追溯机制和全面的售后保障服务且缺乏信任，导致需求萎缩。

汽车行业近 70% 的利润来自分销和售后服务环节，作为二手车产业链中的一个环节，无论是 C2B、B2B，还是 B2C，只要能用好互联网工具，不断巩固自己的核心竞争力，都能在市场上占有一定优势。

二手车的产品属性与新车不同。由于不同的车况和保养条件，它的每辆车都是独立的产品。因此，不能像新车一样统一定价销售，必须形成一套价格机制。与新车相比，C2C 二手车交易需要节点合作，包括信息搜索、分析、对接、车辆质量检测与评估、交易过程安全、售后保修等。除了大数据支持外，每个节点还需要第三方的介入。

二手车网络营销方式与其他业务的网络营销方式相同，主要包括网络品牌推广、网站推广、信息发布、网络传播、网上销售、网上礼品促销、客服、线上调研、论坛营销、社交平台营销等多种方式。具体说明及实施方法见表 6-1。

表 6-1 网络营销实施方法

序 号	基本功能	宣 传 方 法
1	网络品牌推广	1) 注意网站建设与网络品牌建设的联系，尽量增加搜索引擎索引的网页数量 2) 通过网站优化设计（包括重要关键词搜索的排名位置和标题、摘要信息对客户的吸引力等），提高网页在搜索引擎搜索结果中的效果，获得比竞争对手更有利的地位 3) 使用关键词竞价广告来提高网站搜索引擎的可见性 4) 使用搜索引擎定位排名法进行品牌推广 5) 多品牌、多产品系列分散网络品牌战略 6) 利用电子邮件与客户沟通，保持客户满意，这对增加销售额有直接的作用 7) 根据营销策略的需要，设计并发布相应的网络广告，如根据不同的节日设计相关的形象广告，并使用多种表达方式将其放置在不同的网络媒体上 8) "病毒式"营销对线上品牌推广也是有效的 9) 建立公司自己的线上社区，如论坛、聊天室等

(续)

序号	基本功能	宣传方法
2	网站推广	1）使用线上广告平台进行有效的网站推广，常见的网络广告形式有横幅广告、关键词广告、分类广告、赞助广告、电子邮件广告等 2）可以在各种线上黄页、分类广告、留言簿、论坛、聊天室、新闻组、博客网站、供需信息平台和行业网站上发布促销信息 3）使用特定和临时的网站推广方法，例如通过在各种媒体上发表文章来推广网站 4）通过有奖问答、网上优惠券、有奖调查、比较购物和购物搜索引擎等方法进行网上购物网站推广 5）利用论坛群发邮件软件、QQ群邮件群发软件、邮件群发软件、搜索引擎登录软件等软件来大量发帖，可以达到多方位的效果
3	信息发布、网络传播	1）使用电子邮件或其他消息传递系统向客户发送相关信息 2）根据客户的具体信息需求，对其进行定制，通过使用代理服务器定期搜索或按客户指定的时间间隔搜索客户感兴趣的信息，然后将结果推送给客户 3）收集信息以形成频道内容并将其推送给客户，减少互联网上重复和无关信息的传输，避免垃圾邮件对网络资源的大量占用
4	网上销售	1）成为网上零售商的供应商，在专业电商平台上开设网店，与其他电商网站以不同形式合作 2）自己建立一个以销售为导向的网站 3）开一个网上商店
5	网上礼品促销	1）不要选择次品或劣质产品作为礼物，只会适得其反 2）明确促销目的，选择合适的能吸引客户的产品或服务 3）注意时间和时机，注意赠品的及时性，在发生公关危机的情况下，还可以通过开展免费礼品活动恢复公关危机 4）注意预算和市场需求，礼物必须在可接受的预算之内
6	客户服务	1）规范文明用语，不直接挂断电话，避免客户产生负面情绪，要有热情和耐心 2）避免给客户留下服务不好的印象，要及时弥补服务中的不足 3）制订切实可行计划，用具体行动来解决客户问题 4）以客户为中心，从客户的立场提供个性化、高价值的服务 5）建立服务体系和考核激励机制，提高企业内部员工的服务意识，提高服务质量 6）在销售产品前向客户提供一系列活动，如市场调研、产品设计、提供使用说明书、提供咨询服务等
7	网上调研	1）电子邮件调查 2）网上小组调查 3）主动浏览访问
8	论坛营销	1）自建论坛 2）注册并入驻知名社区 3）设置多人参与带动人气与互动 4）在每个大型论坛发布帖子、回复帖子 5）规划与策划营销主题和内容 6）利用好论坛签名 7）不在论坛上乱发广告
9	微信营销	1）将公司拍摄的视频、图片或宣传短信发送给微信好友，有利于以二维码的形式发送优惠信息，让客户积极宣传公司，激发口碑效应，促进产品与品牌的传播 2）运用"视频、图片"营销策略，开展微信营销，为潜在客户提供个性化、差异化的服务

(续)

序号	基本功能	宣传方法
10	QQ营销	1）建立相关产品和服务的QQ群，与客户及时沟通，同时进行宣传 2）将卖家的联系方式和卖家的产品链接到QQ的表面，并嵌入到QQ网站中，要注意服务商的沟通技巧，使用适当的广告标语，以达到最大的受众群和最大的曝光效果 3）利用好QQ图片、QQ远程工具、QQ视频、QQ文件传输、QQ群营销、群公告、群相册、群聊、群名片、群邮件、新人报告、群动态、群社区、群分享、群活动等工具进行推广
11	博客营销	1）推销自己 2）推广公司文化、品牌，建立沟通平台 3）以产品营销为目的，撰写博客文章，达到销售产品、获取订单的目的 4）文章的撰写必须要有一定的深度，应具备一定的专业水平或行业知识 5）文章要通俗易懂 6）在文章中用巧妙的方法插入广告 7）要及时分享，例如分享博客文章到微信或QQ、微博等
12	微博营销	1）建立自己的官方微博，并利用分享功能来扩大产品的知名度 2）利用一些大型门户网站开通微博分享功能 3）要注意微博的定位、准确与专业，注重个性化。注意内容的定时、定量和有针对性的发布，并加强互动 4）要严格控制内容、质量和传播时间，防范负面风险
13	电子杂志宣传	1）可以选择一些有影响力的独立创刊电子杂志 2）自己制作电子杂志，以电子邮件或下载链接的形式分发给客户
14	网络广告	1）Flash动画广告 2）图片广告 3）横幅广告、竖幅广告、旗帜广告 4）媒体广告 5）文本链接广告 6）电子邮件广告 7）按钮广告 8）浮动广告 9）插播式广告（弹出式广告） 10）视频广告、路演广告、巨幅连播广告、翻页广告、祝贺广告、论坛版块广告 11）定向广告

二手车电子商务是通过互联网或其他数字媒体渠道进行二手车信息传播和交易的一种形式，突破时间和空间的限制，借助丰富的二手车资源，形成网上二手车信息互动机制。二手车电商品牌战略推广计划如图6-9所示。

利用互联网技术，提供从验车、成交、取车、付款、过户、物流等一系列完整的配套服务，能让二手车交易更加便捷。二手车电子商务拥有广泛的目标客户群，通过车检、网上支付、汽车物流、主动线下商务网络布局，能实现二手车在全国范围内的广泛流通。在二手车电子商务的运营中，网络化经营管理规范的目的是提升品牌影响力、树立买卖双方诚信、提升销售业绩的动力。二手车网络营销平台建设需要完成以下任务：

1）二手车信息更新与线上服务。一个好的网站必须做好内容的质量，一个好的二手车交易平台或网站需要定期或不定期地更新内容，以不断吸引更多的客户，增加流量；要让客户在第一时间看到有价值的信息，产生新的吸引力，并保持相关平台的客户咨询工作，避免信息发布延迟或客服响应滞后，造成潜在新客户流失。

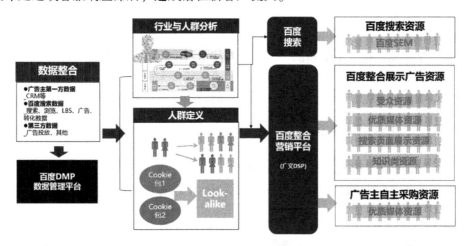

图 6-9　品牌战略宣传方案

2）线上活动和促销的网络营销策划。网络营销策划是网站推广和网上销售的重要手段，二手车交易网络营销策划包括口碑营销、事件营销、社交软件营销、新闻传播、社交平台传播、整合营销等，组织策划网络营销活动，促进人员推广。同时，确定运营公司战略规划的季度和月度相关活动计划，确保二手车品牌活动和线上流量。

3）线上广告和营销。向市场推广自己的二手车信息，推广自己的公司和文化，利用客户评价影响潜在客户的决策，做好日常更新工作以及维护公司形象、维护营销内容、分析目标客户、制定营销目标、细分客户等工作。

4）网站维护与特色功能开发。网站的稳定性决定了网站能否长期稳定运行，及时调整和更新网站内容。网站维护包括：网站策划、网站设计、网站推广、网站评估、网站运营、网站整体优化等，网站建设的目的是通过网站进行网络营销，实现二手车网上交易。

5）网络信息管理与企业风险控制。网站的运营存在一定的风险，主要包括二手车产品项目规模风险、商业影响风险、网上支付风险、技术风险、管理风险、信息传递风险。二手车市场的恶性竞争甚至会造成犯罪事件，要防范互联网的开放性和安全漏洞带来的安全风险。这对网上二手车交易的经营者和客户也有着不可忽视的影响。

另外，从法规上来说，如果网站中发布一些音乐、小说等消遣类文章，还需要有网络文化经营许可证，要避免给自己公司的正常经营带来意外风险。应避免一些侵权事件的发生，特别是肖像权、著作权，例如影音文件、流行小说、摄影等，这些类型的内容如果不能促成二手车等产品的销售，反而可能会因侵权行为给公司的经营带来危机，则干脆不要使用。如果确实需要，尽量使用原创的素材。

对于二手车评价体系来说，首先，评价体系必须具有覆盖所有车型和标准数据的准确性。一个高质量的二手车评价系统必须满足检测的所有要求，它还必须拥有所有车型的数据，这些数据要包括所有市场的二手车信息。其次，评价体系的车况评价和评分算法要与时俱进，并根据市场需求灵活调整。二手车的系统检测与评价应准确分配车况上相应关键点的权重，并在此基础上完成综合车况评价。车况各关键点的权重分配和分值往往由相关部门直接确定，以确定最终二手车评价体系的实际水平。一般来说，系统的数据越全面，评价的准确性就越高。二手车检测评估技术正不断向流程化、标准化方向发展，为二手车网上流通创造了便利条件。

通过二手车网络平台，还可以借助 VR 技术作为支撑，让人们轻松体验看车的过程，帮助人们了解、学习和掌握二手车知识。人工智能技术帮助机器人拥有与人类相似的智能和思维，在某些情况下取代销售人员完成销售，也能给生活带来便利。移动互联网的快速发展极大地拓展了企业的营销渠道，使企业能够在很短的时间内以很低的成本抢占市场。

6.1.4 汽车保险理赔网络运营

如何做好汽车保险理赔网络运营？
为了解答此问题，让我们一起来学习以下内容。

1. 汽车网络保险特征

保险电子商务（E-insurance）是指保险公司或线上保险中介机构利用互联网及相关信息技术进行保险销售和提供保险服务的商务行为和活动，又称网上保险。其主要业务是完成保险产品的网上销售和服务，实现网上投保和承保保险服务，包括网上理赔、银行将保费转入保险公司等保险活动。车险网上营销的选择范围广，成本较低，且具有没有地域限制、保护隐私等诸多好处，能最大限度地满足客户的个性化需求。

在车险业务中，除了保险销售外，续保能力也是保险业务的核心竞争力。一般来说，汽车保险为期一年。对于保险公司来说，续保业务是保险公司快速发展的重要基础。客户忠诚度的下降会对保险公司的发展造成明显的障碍，客户保留成本在总成本中占有重要地位。因此，提高车险续保能力是提高核心竞争力的重要基础。此外，对于保险公司来说，改善车辆续保可以有效提高保险公司的运营效率，而拓展新客户的成本也越来越接近续保客户的维护成本，提高续保业务比重对降低车险整体运营成本具有重要作用。

基于保险业严峻的形势，如何实现差异化服务和个性化，必须基于准确的客户需求分析和数据，为客户提供业务创新、服务产品创新和更具创新性和周到性的服务，以提升客户满意度，这些构成了大数据时代的保险基础。

对于保险行业来说，车联网正成为改变车险行业的一支生力军。与保险业车联网发展最相关的两个核心词汇是 UBI（基于驾驶行为的保险）和 OBD（车载诊断）。在费率市场化改革的关键时刻，车联网与保险的双赢关系将给车险费率市场化改革带来一定的变化。

在国内财产保险网上销售市场中，车险网上销售有着较大的市场。如图 6-10 所示，早在 2010 年，中国平安就在淘宝网上建立了自己的旗舰店。但其销售产品大多以短期险为主，如交通意外险、国内旅游险、境外旅游险等。目前，保险产品已扩展到相对复杂的车险领域，包括第三者责任险、机动车损失险等险种，以及车上人员责任险、机动车盗抢险、单独玻璃破碎险、车身划痕险等附加险种。

图 6-10　网上汽车保险

目前市场上有保险公司推出的互联网保险与第三方网上互助平台两种网络保险。保险公司推出各类财产险、寿险等快速线上保险业务项目，实现保险理赔服务，实现保险信息咨询、保险方案设计、投保、赔付、承保、保单信息查询、保险权利变更等整个保险流程的网络化运营，不同于传统的保险代理人营销模式；保险公司或保险中介机构以互联网为工具，实现内部和外部的网络化管理，为客户提供通过互联网购买保险产品的服务，使保险公司、保险公司和保险中介机构，与客户管理机构之间进行信息交互。

(1) 网络保险的主要特点

与传统保险方式相比，网络保险主要具有以下特点：

1) 网上保险节省了代理、宣传和营销的成本，大大降低了运营风险、管理成本和产品费率。通过互联网销售保险或为客户提供保险服务，可节省传统保险营销的 58%～71% 成本。

2) 扩大保险公司和保险中介机构的业务范围。

3) 颠覆单纯依靠传统销售人员促销的模式，不必担心在销售中误导客户。客户可以放心地购买自己满意和合适的保险。

4) 提供了有价值的互动交流工具，客户可以享受个性化服务。互联网使保险更容易，信息流更快，也使客户理赔不再像以前那样困难。

5) 产品信息更加真实透明。所有产品信息，如保障类型、保险范围、保险费和免责条款，都可以轻松地一目了然。网上购买保险也可以做到货比三家，消费者可以自由选择适合自己的保险产品。

6) 为客户提供了一个便捷的工具，可以直接用鼠标点击完成线上产品咨询、将电子保单发送到邮箱等。网上保险业务不受时间和地域限制，全年可提供全天 24 小时不间断的全球营销服务，覆盖范围广。相比常见的线下和电话保险模式，网上保险更方便、灵活、高效。

7) 严格的系统集成管理，客户信息数据在管理上更加安全，能够更有效地保护客户隐私。

网络保险平台的建设不仅包括网站建设，还要包括公司内部信息系统的建设。一般来说，建立以客户为导向的网站的主要目的是宣传公司、销售保险、了解客户需求。因此，面向客户的网站建设应始终以为客户提供优质服务为目标。

(2) 网络保险的主要业务内容

1) 在网站上不仅要有公司自身介绍的信息，还要有保险公司和保险中介机构的形象宣传、产品推广等功能，还有销售人员的个人形象等。

2) 车险网站应提供车险行业新闻、保险案例分析、专家讲座和基本保险知识。可为客户提供介绍、财务状况、车险产品类型及费率、车险新闻、政策法规、监管要求、车险介绍知识、国内外车险专题、培训教材等。线上服务可以帮助客户获取丰富的车险信息，方便客户"货比三家"，还可以增强客户购买保险产品的决心。

3) 提供分析和购买保险产品的服务。客户可以很容易地获得从初步到精确、从综合到分险种的需求分析。在充分进行需求分析的基础上，客户可以自行比较购买各种保险产品或套餐，也可以简单描述自己的个人情况，使用保险需求评估工具对其进行分析，定制保险方案，让客户全面享受个性化服务。

4）通过网络营销渠道，消费者可以随时随地线上购买车险，完成网上申请、网上承保、网上支付保险费、网上获取保单。在网站系统中，客户不仅能完成保险购买，还能完成退保、理赔、投诉，并可以提交反馈信息和建议。

5）网上车险理赔服务不仅要提供理赔程序、注意事项、纠纷解决方式等服务，还应能查询所需证件和保险联系电话等，同时还可提供便捷高效的车险网络举报服务系统，及时反馈客户投诉，并提供将赔款转入客户指定账户的服务。

6）通过线上交流服务，客户不仅可以向车险专家咨询任何有关车险的问题，并得到及时的答复。保险公司和车险中介机构（如4S店）也可以通过线上交流服务，在某些市场推出新的保险产品时，征求客户对某些车险产品的意见，进行市场调研。

2. 网络保险经营模式

网络保险经营模式有官方网站模式、第三方电子商务平台模式、网络兼职代理模式、专业网络中介代理模式、专业互联网保险公司模式、移动APP模式等。

（1）官方网站模式

官方网站模式是指保险公司或保险中介机构建立的在互联网金融产品交易平台上直接展示自有品牌、服务客户、销售产品的独立互联网网站。官网上销售的保险没有中介和中介代理的费用，保险价格低廉，客户可以直接线上快速完成保险，承保流程更快，优势明显。客户购买时不受时间和空间的影响，不受线下销售渠道的限制，只要有条件上网，任何人都可以随时随地了解和购买。从理论上讲，该模式扩大了客户群的范围。

（2）第三方电子商务平台模式

第三方电子商务平台保险销售模式是指车险在第三方电子商务平台上的销售模式，或者是车险在第三方电子商务平台上销售的分销模式。第三方电子商务平台网络化程度高，流程相对专业。

（3）网络兼职代理模式

网络兼职保险代理是指保险人在从事自营业务的同时，根据保险人的委托，向保险人收取保险代理费，在保险人授权范围内通过互联网办理保险业务。根据我国保险监督管理委员会的规定，只有取得经纪许可证或全国保险代理许可证的中介机构才能从事互联网保险业务。由于大量垂直专业网站不符合上述监管要求，所以通常以技术服务的形式利用兼职代理资格与保险公司开展合作。

（4）专业网络中介代理模式

除资金和网络系统安全要求外，互联网保险公司中介机构网上销售代理机构还必须申请网上销售保险许可证。对于网上产品采购，传统代理渠道、专业代理、保险经纪、兼职代理等优势已逐渐被取代。专业中介机构网站做大做强后，可以吸引巨大的客户流和现金流，利用保险风险数据、算法模型和基于大数据的分析，进一步强化产品和价格优势以获得与合作保险公司深入合作的机会。

（5）专业互联网保险公司模式

专业互联网保险公司的业务实体按业务主体分为三类：一类是车险与寿险相结合的综合性金融互联网平台；一类是以车险或寿险为核心的互联网营销平台；还有一类是纯互联网模式，这类公司在收集数据、汇总和分析数据方面有其固有的优势。

(6) 移动 APP 模式

移动 APP 模式是网络模式的衍生物，它比传统的计算机互联网网站模式更具可操作性，更符合时代潮流，移动 APP 模式应该是未来互联网保险业务模式的重要发展模式。移动 APP 模式的盈利计算公式为：

APP 利润＝客户使用量×付费客户转化率×单个 APP 利润×使用时间

3. 网上车险理赔服务

网上购买车险可享受价格优惠，网上车险理赔服务也非常快捷。网上车险申请流程如下：

首先打开保险官网，在网站首页找到车险栏目，并选择汽车所在的城市；然后按照提示输入车牌号、联系方式、保险生效日期等信息；然后在下一页输入该车的详细信息，就可以选择车险的险种了。在这个界面中，可以根据自己的需要选择车险的险种，也可以直接选择网上车险推荐的险种或性价比高的险种。

确定保险类型后，车险计算器将很快显示出准确的车险报价；然后进入下一个界面，按照提示输入客户的身份证号码以及是否通过网上银行缴费；然后确认所有信息，通过网上银行或信用卡无卡支付，以及支付宝、快钱、财付通等第三方方式支付保险费用，从而完成车险网上投保流程；最后，在家等候车险的工作人员递送保险单就可以了，保险按保单上的日期生效。对于网上车险理赔，保险公司的网上车险提供全国范围的赔偿服务，无论车险在哪里，只要拨打车险电话就可以完成理赔。

网购保险前，一定要明确购买目的和意愿，不要因为低价诱惑而盲目下单。在网上购买保险时，要注意条款和保险责任的明确，防止保险公司拒赔。如果有纸质保险单应妥善保存，包括保险合同和保险费收据，甚至包括通话录音或记录，为纠纷发生后的责任认定做准备。

6.1.5 汽车配件电子商务网站的运营管理

如何做好汽车配件网络营销？
为了解答此问题，让我们一起来学习以下内容。

1. 汽车配件电子商务渠道与业务经营内容

汽车配件按集成度分为配件、配件总成、系统和模块化系统配件。售后备件通常根据需要分为普通备件、定期维修备件、重要部件、易损件、非易损件等。常用备件使用频繁，有可能损坏。这些零件功能简单，寿命短，包括制动片、传动带、火花塞、灯泡、刮水器、轮胎、喇叭等。

（1）定期保养的零件分类

1）必须定期更换的零件，包括制动液、发动机冷却液、机油、机油滤清器、汽油滤清器、空气滤清器滤芯、花粉滤芯、火花塞、发动机正时带等。

2）需要检查或添加的油液，包括变速器油、冷冻机油、风窗玻璃清洁剂、制动液、动力转向液等。

3）需要检查或更换的零件，包括机电零部件、离合器片、前后制动器摩擦片、传动带等。

（2）市场渠道

根据汽车配件市场的特点和不同的商业模式，配件的市场渠道可分为三类：

1）传统流通模式。传统的流通方式是指我国通过批发商、经销商到客户的传统流通方式。

2）汽车制造商的售后服务模式。这种售后服务模式主要是指代理的售后服务体系，其流通方式和流通规模一般由代理决定。

3）价值链的纵向整合模式。其经营主体是集流通、终端于一体，包括快修连锁、汽配超市、汽配大卖场等。

（3）汽车配件运营管理

汽车售后配件经营的基本业务建设与普通贸易公司的管理模式相同。但是，除了采购、仓储、销售、物流等基本业务环节外，售后配件的运作还必须有技术信息和订单预测的支持，保障索赔管理、客户服务和投诉管理等配套业务环节。各业务环节能否高效运作，反映了公司的售后配件服务水平。

1）售后配件采购管理。汽车售后配件采购管理是汽车配件管理的重要组成部分，目的是在保证质量的前提下，以适当的价格、适当的时间从适当的供应商处采购适当数量的零件。汽车配件采购过程是一个信息流、物流和资金流相互作用的过程，核心是确定何时、与谁、以何种方式进行互动。

2）售后配件的库存控制。库存在汽车售后配件供应链中起着极其重要的作用，由于汽车配件的意外消费，必然会出现波动。因此，库存是满足客户技术需求和需求波动的重要手段。

3）售后配件仓库管理。仓库管理是汽车售后配件管理的重要组成部分，为汽车配件的销售和服务提供了物质基础。一般来说，汽车售后配件的仓库管理包括配件仓库的入库、保管和维修、出库、库存和安全管理，各个环节的管理质量将直接影响仓库管理的质量。

4）售后配件配送管理。汽车售后配件配送是根据客户的订货要求和时间安排，在物流仓库内对货物进行分拣、加工和配送，然后将准备好的货物交给售后人员的过程。其宗旨是安全、准确、优质的服务和低廉的物流成本。总的来说，配送包括三个环节：库存、理货和配送。配送的形式也有很多，主要的配送环节一般都是通过委托可靠的第三方物流来完成的。

5）售后配件销售。汽车配件销售是实现企业利润的关键环节，是通过企业销售渠道来实现的。销售渠道是指通过产品从生产者转移到客户而获得所有权的一切商业组织和个人，即连接产品从生产者到客户流通过程中所经历的各个环节而形成的渠道。

6）售后配件及售后服务。随着市场竞争的加剧，越来越多的汽车配件企业开始重视客户关系管理。售后部分的客户关系管理包括客户文档、客户分析、客户分类、与客户保持沟通、建立反馈沟通机制等诸多内容。随着汽车售后市场的繁荣，无论是消费者还是汽车经销商和汽车制造商，汽车配件索赔都会成为一个值得特别关注的问题。

7）售后配件信息管理。汽车售后配件管理已经进入信息化管理时代，一般包括配件仓库管理、库存管理、基础信息管理、财务管理、统计查询等管理信息系统。实施售后配件信息化管理，有助于加强汽车企业的发票管理，提高运营水平，建立高效的供应链，减少库存，降低成本，提高对客户和经销商的服务能力，同时也为企业经营决策提供科学依据。

2. 汽配电子商务网站的运营管理

（1）前台业务子系统

汽车配件电子商务网站分为前台和后台两部分。

系统的前台业务子系统是系统与客户交互的界面，它利用浏览器等工具与买家和客户进行数据交换和交互。首先，客户通过浏览器登录汽车配件电子商务系统首页，当客户没有进行注册操作时，也可以浏览和查询网站上的产品，但不能将选中的产品添加到购物车中，也不能进行其他相关的会员操作。

汽车配件电子商务系统的非会员客户可以申请注册成为会员。注册成为会员后，即可享受系统提供的商品购物活动、会员服务等功能。注册会员客户登录后，即可进行商品购买，享受会员服务。在购物过程中，客户可以浏览页面上的所有商品并选择所需商品，当客户选择某个产品时，可以将该产品添加到购物车中，然后继续购买其他产品。客户可以随时查看当前购物车中的产品，也可以修改购物车中的产品数量或删除产品，客户还可以清空当前购物车中的所有产品。客户确认购买产品信息后，可以点击购买产品，然后确认订单信息。确认订单后，客户可以提交订单并完成购物。在注册会员服务中，客户可以维护个人信息、修改个人账户密码和查看以前的订单信息。

1）订单管理。订单管理的主要功能见表6-2。

表6-2 订单管理主要功能

序号	功能模块	相关说明
1	支持的订单类型	在汽车配件网站内，客户可根据自身对汽车配件的需求，在汽车配件网站内对心仪的汽车配件进行网上下订单，订单中存在详细的汽车配件信息、数量以及购买价格
2	订单查询	客户可通过汽车配件电商网站内的订单基本信息查询订单、地区或下单人、订单状态或处理人查询等不同方式，对汽车配件订单进行查询搜索，订单查询结果内存在客户的收货地址、姓名、联系电话等重要信息
3	订单流程管理	客户下单之后，可查看与设置汽车配件订单支付、汽车配件订单配送、汽车配件订单完成等
4	订单信息与状态	客户可以查看汽车配件订单内主要存在的内容，包括：订单汽车配件信息、订单支付状态、订单配送状态、订单支付人信息、订单内汽车配件收件人信息、汽车配件发票信息等
5	订单明细管理	准确表示出在汽车配件订单内的明确信息，包括订单内汽车配件名称查看、汽车配件数量、订单总金额和物流等，同样可对订单信息进行修改处理
6	订单单据打印	客户对于汽车配件订单中购买的汽车配件清单、支付单等单据可以打印，订单单据内容中包括关于汽车配件以及客户的相关信息
7	退货订单处理	汽车配件网站内的管理人员可对订单进行退货管理，通过对汽车配件退货订单的审核、确认、对货入库、客户退款等操作，完成对汽车配件的退货过程
8	退款单处理	客户不满意的汽车配件，客户可以通过汽车配件的退货单，申请退款或使用预存款进行退款提现等退款处理

2）支付管理。支付管理的主要功能见表6-3。

（2）后台业务子系统

汽车配件电子商务系统的后台业务子系统是汽车配件系统管理员对系统进行管理的接口。系统管理员根据角色和分工的不同分为超级管理员、系统管理员、商品管理员、会计管理员。管理员登录系统进行管理时，系统会根据管理员的分工进入相应的管理系统。

表 6-3 支付管理主要功能

序 号	功能模块	相 关 说 明
1	支付方式管理	网站内的支付方式包括：配件站内线上支付、汽车配件货到付款、银行转账汇款、邮寄汇款、第三方支付工具等。在自身汽车配件网站内支付端口与支付接口相互联系，网站配件系统应实现多种常用线上支付方式
2	支付规则管理	汽车配件经销商或者客户应当选择自身汽车配件网站支持的支付方式，遵循汽车配件电子网站内部的支付规则
3	线上支付接口管理	汽车配件网站系统应当支持第三方支付接口以及银联接口，汽车配件网站内满足的支付接口越多，网站内的汽车配件支付方式也就越简便

其中，超级管理员拥有系统的最高权限，不仅可以设置和管理系统的所有功能，还可以管理其他角色中管理员的身份。系统管理员主要负责汽车配件电子商务系统的管理和维护，同时还负责客户的管理，包括客户认证和信息维护。

商品管理员主要对汽车配件电子商务系统中销售的商品进行管理，包括对新商品上市、定价、数量、库存等相关信息的管理，以及对旧商品的剔除等操作。商品信息需要随时更新，确保汽车配件电子商务系统中销售的产品信息的及时性。会计管理员主要负责在收到买方客户订单和付款后，根据客户订单内容及时备货和发货，以及会计数据的管理和维护。

1）汽车配件管理。汽车配件管理的主要功能见表 6-4。

表 6-4 汽车配件管理主要功能

序 号	功能模块	相 关 说 明
1	汽车配件分类管理	汽车配件系统应有快捷、简便的汽车配件添加程序，同时同步汽车配件编辑系统，方便在添加汽车配件后，对添加的汽车配件进行编辑，支持系统对淘汰或无用的汽车配件信息进行删除操作，保证汽车配件库存管理系统的统计有效
2	汽车配件库存管理	支持在后台库存管理中对汽车配件进行快速的查找与搜索，依靠汽车配件的分类编号设列表方便查找管理；支持汽车配件仓库系统列出尚未在仓库中储存的汽车配件的快速查找；允许存在未上架的汽车配件批量存入仓库和批量上架的操作；同时汽车配件仓库系统列出仓库内缺少的汽车配件，以方便仓库管理员对缺少的汽车配件批量增加库存，使得先前缺少的汽车配件可以重新进行销售，同时支持对批量增加的汽车配件进行编号处理
3	汽车配件在平台中导入导出管理	对于新入库的汽车配件的信息进行后台系统的导入，录入新的汽车配件的相关信息，同时保证汽车配件在进入仓库时的配件信息完整录入；可以通过汽车配件库存系统对汽车配件信息进行导出，并对导出的汽车配件信息进行查看与应用，对于系统导出的汽车配件信息在管理员处可重新导入是对其进行信息更新
4	前台汽车配件客户评论与咨询管理	在前台客户可以对购买的汽车配件进行评论，客户评论将会在通过系统审核的前提下发布在前台网站；客户可以通过前台展示的评论对需要购买的汽车配件产生进一步了解；在客户想加强对需要购买的汽车配件的了解时，系统应可以提供专业的技术人员对客户的疑问进行解答

2）汽车配件下单后的管理。汽车配件管理的主要功能见表6-5。

表6-5 订单管理主要功能

序号	功能模块	相关说明
1	为前台浏览提供配送信息	通过汽车配件网站的后台系统记录，对客户浏览的汽车配件信息进行记录与分析；在客户浏览汽车配件时，对其浏览的汽车配件相关信息进行推送；在客户结束网站浏览后，后台系统将保存其之前的浏览信息，在客户下次进行网站汽车配件浏览时对客户推送其上次浏览的汽车配件信息
2	售后客服对客户要求商品换货与退货的交流	在进行汽车配件电子商务网站的后台运营时，必然会遇到客户对网站内的汽车配件商品不满的情况，这时就需要网站内的售后客服人员对客户在商品方面产生的不满进行道歉以及寻找相应的解决方式，减少客户产生对汽车配件电子商务网站不良印象以及不好的评论

3）物流配送管理。送货方式多种多样，例如客户取配件、系统后台快递配件，系统会根据客户的意愿定制配送方式。同时，通过汽车配件电子商务网站系统可以建立配件配送规则，客户通过网站支持的方式选择配件的配送方式，交货价格可根据交货区域适当调整。同时，可在网站内查询所购汽车配件的交货状态，也可通过第三方物流软件或平台查询汽车配件的交货状态。

4）后台系统管理。对于后台系统，可大致分为系统权限管理、系统安全管理、系统配置管理和系统接口管理，见表6-6。

表6-6 汽车配件电子商务网站运营管理后台系统管理

序号	功能模块	相关说明
1	权限管理	后台权限权利分为客户和角色的管理、权限的设置、机构的管理、机构权限的管理以及机构分类
2	系统安全管理	包括身份认证、客户权限管理、数据加密处理、数据备份、安全管理等
3	系统配置管理	通过配置管理与分配系统实现自动部署
4	系统接口管理	通过系统对这些接口的建立，使得客户可以通过系统建立的接口完成在汽车配件网站上的包括支付在内的一系列操作，主要包括邮件接口、支付接口、物流接口、短信接口

3. 售后配件的影响因素

与传统的市场交易方式相比，汽车配件行业在实现电子商务模式方面具有以下优势和问题：

1）缩短生产周期，减少中间环节，有效降低了成本价格。

2）提供多样化、精细化的购物选择，人性化的服务，更便捷的物流配送。

3）维护服务目标。在新车型产品项目立项前，在调查分析产品市场竞争力的同时，还要调查竞争对手的售后维修服务能力，全面保证产品的竞争力，这一目标在产品设计和维修零件的制定中起着至关重要的作用。

4）维修能力。一般来说，由于设备和维修技术人员能力的差异，企业各区域汽车维修服务站的维修能力会不一致。作为汽车厂商，在界定售后配件时，必须综合评价各地区服务站的能力，既不能过高，也不能过低。

5)销售历史配件。配件销售是衡量指标难以确定的因素,一般新车型的配件销售也难以预测。这个时候,往往是通过分析以往同类车型中类似配件的销售情况,来确定一些长期没有维修要求的配件,并及时处理。

6)汽车事故中零件的损坏率。许多汽车配件的正常磨损率相对较低,但在汽车事故中,大部分配件都可能造成损坏,尤其是车身钣金件。在确定这部分售后配件时,要充分分析各种碰撞事故的影响。

7)配件修理费。一般来说,它包括配件本身的价格和维修工时费用。配件本身的价格会受到地区、运输、管理等因素的影响,比如国产配件和进口配件的价格差异会非常大。

8)产品设计结构。产品设计框架与售后维修零件之间相互影响,在产品设计的早期阶段,设计工程师需要根据售后工程部基于维修服务目标的维修水平要求,将配件的维修性集成到产品设计过程中,以满足后期的维修服务。

9)附件的可用性。供应商能否供货是制约售后配件确定的关键因素,这主要取决于汽车制造商与配件供应商之间的商业协议。

现阶段,汽车配件行业的电子商务大多还是基于门户网站进行的,但随着社会的进步和经济的发展,我国汽车配件电子商务市场也将逐步走向规范和成熟。

6.2 实践训练

	实训任务	汽车销售网络营销实战
	实训准备	实训计算机、网络、打印机、打印纸等
	训练目标	1. 通过实训能够掌握汽车销售网络营销与宣传的方法 2. 通过集体协作增强团队意识,经过工作汇报能够提升学生的思维能力、语言组织能力、表述能力
	训练时间	45分钟
	注意事项	每一位同学都应当积极发言,能够在讲台上清晰地表述出老师提出的问题

任务:汽车销售网络营销实战

任务说明

利用网络推广的优势做一次新车促销活动的宣传推广。

实训组织与安排

教师活动	安排各小组的学生策划新车促销方案,并提供相关技术性指导;要求每组的促销活动自定,并安排学生将成果进行展示,点评学生的活动方案
学生活动	按照任务中的要求填写出需要完成的内容

 任务操作

请在下列表中列出相应的工作计划。

步骤			操作要点及实例	执行计划
1. 寻找潜在客户	微信	订阅号	内容策划与推送、互动活动吸粉、留粉	
			关注成为粉丝之后,后期再圈养到微信群	
	自媒体	内容发布	今日头条、一点资讯等自媒体平台,注册帐号发布软文内容	
	搜索引擎	创建百科词条	百度百科	
			360 百科	
			搜狗百科	
		付费推广	搜索推广	
			网盟推广	
	宣传门户平台	发布品牌及产品新闻发布/软文报道	搜狐、新浪、网易	
		seo 推广	搜狐、新浪、网易、天涯、猫扑	
	分类信息网站	发布信息	58 同城、百姓网、赶集网等	
	官方网站	线上沟通	营销 QQ	
			百度商桥	
		流量统计	CNZZ、百度统计	
		站内软文更新	各个栏目内容	
		官网内容布局优化	规划和优化内容布局	
		官网软文内容站外发布	公司博客、论坛、分类信息网、自媒体平台等发布官网最新软文和新闻报道	
		提升官网流量	提高收录、权重、访问量	

步骤	操作要点及实例			执行计划
2. 引流	微博	发布信息和蹭热点	开通新浪微博申请蓝 V 认证标识	
			微博推广	
	社群营销	微信群	加群、加好友	
		QQ 空间	把 QQ 空间装扮成企业官网	
		QQ 群	加入目标 QQ 群并加其他人为好友	
	论坛类	针对目标客户进行互动	百度贴吧、豆瓣	
			搜狐社区	
			新浪论坛	
			网易论坛	
	问答类	针对企业品牌类提问和回复	百度知道	
			知乎	
			360 问答	
			搜狗问问	
			天涯问答	

请为新车型上市写一篇引流软文（800 字以内）。

6.3 探讨验证

教师活动	组织学生将实训结果进行点评，让学生在讲台上对小组成果进行展示；引导学生进行问题探讨
学生活动	将小组完成的实训总结对大家进行讲解，并完成老师提出的问题探讨

 问题探讨

1. 在论坛里面用哪些方法发帖才更有吸引力？
2. 如何打造微博热点？
3. 请说说如何在微信或 QQ 群里进行车辆营销？

6.4 项目小结

本课题的学习目标你已经达成了吗？请通过思考以下问题的答案进行结果检验。

序号	问题	自检结果
1	网上售后服务的内容主要包括哪些？	
2	网上售后服务有哪些优势？	
3	在汽车售后服务网络运营中需要收集那些信息？	
4	使用客户信息管理软件的好处是什么？	
5	AR 网上车展的优点是什么？	
6	网上车市服务的类型有哪些？	
7	网络营销要注意哪些问题？	
8	二手车电商平台服务模式有哪些？	
9	网络营销手段有哪些？	
10	网络车险的主要业务内容有哪些？	

项目练习

单项选择题：

问题1		汽车售后电子商务操作的重心是以（　　）为基础。
	A	互联网、报表、云计算技术
	B	日统计、大数据、云计算技术
	C	互联网、大数据、云计算技术
	D	以上都不对

问题2		数据分析的核心是（　　）。
	A	客户流量分析
	B	KPI 的交叉组合分析
	C	客户需求分析
	D	以上都不对

问题3		在传统的店内汽车销售中，要求销售人员具备（　　），发掘出沟通交流中的技巧。
	A	较强的观察能力
	B	较强的辩论能力
	C	较强的沟通能力
	D	以上都对

问题4		网络营销提供了一种（　　）的环境，足不出户就可以浏览二手车市信息。
	A	开放式
	B	封闭式
	C	可视化
	D	以上都不对
问题5		网络保险包括（　　）。
	A	面向客户的网站建设和构建公司内部的信息系统
	B	面向政府的网站建设和构建政府内部的信息系统
	C	面向企业的网站建设和构建企业内部的信息系统
	D	以上都不对

问答题：

汽车售后网络运营的关键点是什么？

思考与讨论：

1. 如何在网络上转化客户？

2. 网上汽车保险与传统汽车保险有哪些不同？

项目七 基于电商模式的汽车商品供应与物流管理

学习目标

- 能够知道汽车商品经营供货渠道。
- 能够掌握汽车电子商务物流管理方法。

7.1 基础知识学习

典型的汽车行业供应链一般由采购部、物流部、制造部、生产单位和设备工程部门组成。在运行形式上,构成了一条从初级供应商、二级供应商、一级供应商、总装厂、分销商、经销商到最终客户的物流和信息流网络。本课题主要阐述汽车商品的供应链、销售渠道以及汽车电子商务的物流管理。

学 生 准 备	学生在正式上课之前,应当做好如下准备:
	• 在课前预习老师安排的教学内容,完成老师推送的学习准备。 • 准备好本次学习范围内需要向老师提出的问题。

7.1.1 汽车商品经营供货渠道

 什么是供货渠道?汽车商品经营供货渠道有哪些?
为了解答此问题,让我们一起来学习以下内容。

供货渠道也称为进货渠道,是指进货的途径和方法。经销商通过社会网络或代理商引进需求的商品,以达到增值销售的目的。供货渠道又分为长渠道和短渠道。根据中间商介入的层次,可以将进货渠道按级数来进行划分,主要有零级进货渠道、一级进货渠道、二级进货渠道、三级进货渠道。通常渠道越长,进货的成本就越高。

进货渠道主要有实体进货渠道和网络进货渠道两种类型。

实体进货渠道是指从实体生产厂家或线下实体采购渠道进货,其优势是面对面交易,诚信可靠,更容易了解商品属性,也是当前主要的进货方式。其缺点是进货渠道长,进货成本高,效率低,跨区域进货增加车旅费用及额外成本,同时对商品的种类有局限性,众多的商品可能需要到不同的区域进货。

网络进货渠道从订货、买货到货物上门无需亲临现场,既省时又省力,省去租店面、雇员工及储存保管等一系列费用,其价格较一般实体进货渠道的同类商品更便宜、进货效率更高,且不受时间限制,随时可以在网上获得大量商品信息,还可以买到当地没有的商品。另外，网上支付较传统现金支付更加安全，可避免现金丢失或遭到抢劫。其缺点是由于不能当面交易，质量难以保障。

进货货源渠道由批发市场、厂家进货、网店代销三种渠道组成。对于汽车商品的经营，经销商不再仅指品牌授权经销商，而是获得汽车资源并进行销售的经营者，例如车企直接向消费者卖车，其扮演的就是经销商的角色。

1. 供应链

供应链是指原材料供应商、制造商、分销商、零售商和最终客户通过与上下游的联系而参与产品生产和流通的网络结构，涉及材料采购、材料加工和成品交付给客户的网络。汽车商品供应链管理包括原材料和零配件的供需、采购、制造和装配、实物仓储和库存查询、订单录入和管理、渠道分销和最终交付。供应链不仅有价格成本，还有各方面的成本，车辆生产管理和配件采购是其中最关键的环节，是实体工厂降低汽车生产成本的捷径。

汽车供应链具有典型的供应链组织模式，汽车制造企业是供应链的核心企业，供应链系统涉及的主体包括原材料供应商、多层次配件供应商、汽车制造商、分销商、维修服务站、汽车客户、第三方物流公司和物流分供应商。从汽车制造企业的角度来看，汽车物流一般可分为进口配件的入厂物流、国产配件的入厂物流、厂内物流、厂间物流、整车配送物流、售后零配件物流、国际采购和出口物流、零件物流及相关逆向物流等。

供应链不仅包括物流组件，还包括运营和计划流程。汽车产业供应链以核心企业为中心，通过对信息流、物流、资金流的控制，从接收客户需求信息、制订生产计划、采购等环节入手，供应商生产零件并通过物流将其转运至装配厂。在装配厂，车辆在车身区域成型，运输到喷漆区域，然后通过装配区域，最后进行质量检查。整车生产完成后，通过工厂运送到经销商处。汽车经销商将汽车交付给最终客户。核心企业监控供应链过程，从而形成一个功能网络链，将客户、汽车制造商、汽车经销商和汽车服务提供商连接成一个整体结构模型。

其中，配件物流是售后服务市场的主体，其意义与汽车制造和销售同等重要。配件物流的特点主要体现在配件种类多、运输批次小、实际效率要求高；需求分布广，区域分布不均、不稳定；需要个性化、专业化的装卸运输方式。同时，不同的产品规格、包装要求、标准化水平和供应商交货要求也不尽相同。因此，配件供应链规划必须充分了解汽车配件的特点、更换周期和使用寿命、销售频率等综合因素，运用价值分析、需求预测等手段，针对不同的配件制定相应的供应链需求计划。一辆汽车的配件涉及的行业主要包括化工、电子、机械加工等。对于汽车配件供应商来说，汽车配件的质检报告应定期共享，以便管理者全方位保证配件的来源。当发现零件有问题时，可以及时提出一些反馈问题。

以上介绍了主机厂生产的供应链。对于车辆在出厂后，从经销商的角度讲，大多数汽车经销商都有新车营销、零配件供应、维修服务和信息反馈等功能，这些功能被称为"4S"功能（加上二手车业务就是5S）。汽车营销网络一般由一级营销网点和二级营销网点组成。一级网点从汽车厂到经销商，二级网点从经销商到零售商。在流通体系中，一级网点少，即分销商少，而二级网点多，即代理商或零售商多。经销商主要负责从汽车生产厂采购商品，然后批发给零售商，即负责汽车中转运输业务，不具备零售功能。营销系统中的一级网点负责批发业务，二级网点负责零售业务。汽车商品销售渠道可能的战略选择如图7-1所示。

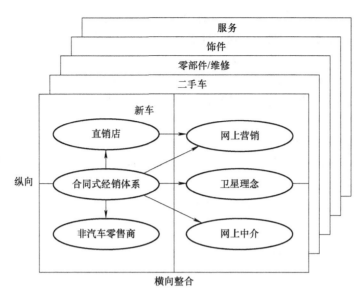

图 7-1 汽车商品销售渠道可能的战略性选择

通过图 7-1 可以看出，企业之间的竞争就是供应链与供应链之间的竞争。客户对汽车的购买需求越来越多样化，汽车制造企业的供应链系统不仅要满足客户不断更新的需求，而且要保证供应产品的质量，稳定供应，控制价格。供应链是一个包括供应商、物流和客户的系统，供应链管理要求组成供应链系统的各成员企业协同运作，共同应对外部市场复杂多变的局面。

在汽车制造成本中，最重要的是采购成本。汽车的生产和供应除了应对市场需求的变化外，还需要优化供应链，以降低汽车企业的生产成本。车辆信息和供应商信息的传播还可以提高车辆质量，增加对市场的整体了解，有利于整个品牌的推广。在供应商质量管理方面，选择供应商必须经过严格的检查，并做好风险评估。深入到整个零件开发过程中。从开发阶段到样品生产，再到小批量试安装，再到量产阶段，全过程都涉及跟踪。最后，每个零件都必须经过生产零件批准流程，即生产零件批准流程。所有问题都必须解决，在最终获得全部批准后，供应商才可以批量生产和供应，这是一套完整的程序。这个过程既是一个开发过程，也是一个采购过程和一个质量控制过程，在供应链的每个阶段，最终客户的实际需求都会被传递回来。

供应链的稳定性取决于上游供应服务系统的稳定性。供应链渠道协调对供应链采购、生产和分销系统的成功运行起着越来越重要的作用，也是实现供应链管理目标的重要手段，包括数量折扣、转让价格、特许权使用费、折扣等。

供应链管理绩效评价从本质上衡量了供应链的整体运行状况、供应链成员与供应链企业之间的合作关系，涉及三个方面：供应链中各公司的内部绩效评估、供应链外部合作系统绩效评估和供应链整体绩效评估。不同的供应链模型结构对绩效评价有重要影响，如利润、成本、时间、客户服务、柔性、可靠性等指标。供应链管理主要涉及需求、计划、订单交付、供应和退货五个方面。其主要领域包括产品工程、产品技术保证、采购、生产控制、库存控制、仓库管理、配送管理；辅助领域主要包括客户服务、制造、设计工程、财务、人力资源、市场营销。

供应链管理的实现是将供应链中的所有节点企业（如供应商、制造商、分销商等）联系起来，与零售商进行优化，使生产物料能够通过生产和配送环节以最快的速度改变，成为增值产品，以满足消费需求。其主要方法有快速响应（QR）、有效客户响应（ECR）、电子订货系统（EOS）、企业资源计划系统（ERP）等。通过信息网络和组织网络，可以实现生产与销售的有效衔接，实现了物流、信息流、资金流的合理流动，最终以合理的价格、合适的产品及时交货。

要想在供应链管理中取得成功，必须认识到所有参与者都有共同的利益。制造企业与所有合作伙伴合作，共同寻找降低成本的机会。过去供应链的发力来自制造过程，先生产商品，再推向市场。如图 7-2 所示，现代的供应链管理应以客户为中心，以市场需求为驱动力，为客户创造更多价值，根据客户需求组织生产。

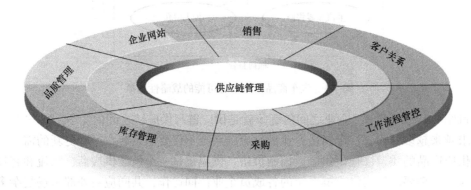

图 7-2　供应链管理

在供应链管理模式中，所有环节都被看作是一个整体，链上企业除了自身利益外，还应共同追求整体竞争力和盈利能力，实现双赢与信息共享。转变企业的业务流程，使每个节点企业都有自由处理物流和信息流的能力、组织和适应能力。

2. 销售渠道

所谓销售渠道是指分销渠道、直销渠道和中间渠道。分销渠道是指产品在适当的时间和地点以正确的数量发货，中间环节包括各种批发商、零售商和商业服务组织。在西方经济学中，分销的含义是建立销售渠道，即通过一定的渠道将产品销售给客户。例如，在连锁店的销售渠道中（图 7-3），分销是产品从生产地转移到销售地点的过程，产品必须通过一定的分销方式才能到达客户手中。

直销渠道是制造企业直接向客户销售产品的渠道，制造企业和客户之间没有中间环节。这种直销模式不是完全意义上的直销，但它打破了渠道的束缚，把所有的销售管理部门都当作销售终端。其优点是直接面对客户，有利于品牌经营理念的贯彻，信息反馈及时、迅速。间接渠道是制造企业与客户或客户之间不同的中间环节，企业与消费者之间的购销关系是通过中介实现的。目前常见的汽车销售渠道链主要分为制造企业、中间商、品牌专卖店、综合汽车产业园、汽车交易市场、网络营销。

汽车产品销售渠道的功能主要包括：汽车产品销售功能、汽车产品投放功能、车辆实现储运功能、汽车市场预测功能、结算和财务通讯功能、服务功能、风险承担功能、自我管理功能、汽车产品推广以及客户产品使用信息反馈。

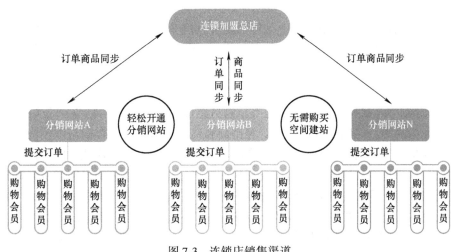

图 7-3 连锁店销售渠道

(1) 汽车销售渠道的类型

1) 金字塔模式。金字塔模式是汽车销售中常用的渠道类型。该方法应用在一个系统内或一个领域内，面向高、中、低端产品的客户群，与客户的市场定位紧密联系。企业搭建的金字塔应该是一个系统，而不仅仅是产品的不同价位。不同档次产品的客户群必须明确，低价产品才能渗透市场，吸引消费者的眼球，建立以客户为中心的产品体系设计，关注客户偏好和购买力，并及时调整价格策略。

2) 扁平分布模式。渠道扁平化是优化分销渠道水平的过程，是企业利润最大化的目标，在企业自身条件下，运用科学的管理方法和高科技技术，使生产者能够使用最短、最有效的渠道。对终端消费者的销售包括新渠道的扁平化和原有渠道模式的扁平化。这种扁平模式取消了各级代理商，由负责协调区域销售事务和贯彻品牌经营理念的地区办事处取代，制造企业直接向专卖店供货，减少中间环节，降低营销成本。

3) 汽车连锁超市模式。新的汽车销售模式是以汽车连锁超市为基础，通过整合全国各地的资源，多品牌经营，灵活的跨区域分销，主要以本地畅销车型为主，非主营车型随时调配，以避免库存积压。全国连锁汽车超市模式可以协助汽车制造企业完成全网建设，实现点对点的经营和销售，帮助经销商缓解销售压力。

4) 直销模式。直销模式是制造企业不经过中间商，直接向客户销售产品，这是一种减少中间环节和销售成本的销售模式。直销直接面向客户，可以减少仓储面积，消除坏账，不存在经销商和相应库存带来的额外成本，可以保护公司和客户的利益。产品利润的一部分可以从代理商、分销商、广告商转移到直销商身上，有效缩短了渠道，拉近了与客户的距离，迅速将产品交付给客户，加快了资本运作。同时，直销可以更好地将客户的意见和需求快速反馈给公司，这有利于企业战略的调整和策略的转变。

5) 旗舰店模式。旗舰店是指集成了某一品牌的各种综合功能的专营专卖店。旗舰店的建店模式主要有三种：代理商建店、厂家直接建店、集成商建店。旗舰店是一种有规模化趋势的商业模式，对自身实力和产品要求较高。

(2) 制造企业与中间商的关系

在汽车产品渠道中，制造企业与中间商在新产品开发活动和分销渠道设计中的关系如下：

1）汽车制造企业。汽车制造企业每年都要开发汽车新产品，新产品的出现对分销渠道有着显著的影响。而分销渠道又会显著影响新产品成功的概率。对于许多汽车制造企业来说，现有的分销渠道是其新产品获得认可的主要决定因素，如果在新产品开发中不考虑渠道因素，可能会带来灾难性的后果。

2）中间分销中介机构。中间分销是汽车制造企业生产的产品由独立于公司的中间商销售，大致可分为两类：经销商和代理商。经销商和代理商通过签订合同与汽车制造企业建立关系。不同的是，经销商和厂家签订购销合同，代理商和厂家签订代理合同。代理商不拥有产品所有权，只承担产品销售工作。在委托代理销售过程中，市场销售网络所需资源全部由代理商提供和筹集，代理商收取一定的佣金作为回报。批发商和零售商也有新的产品开发活动，他们做出的任何关于扩大产品线的广度和深度的决定都可能需要新的渠道安排。

3）经销商品牌专营。品牌专营模式是一种中介模式，汽车制造企业和分销商签订特许经营合同，经销商出资设立加盟店，并负责品牌专营店的运营。厂家没有专营店的所有权，但依靠非常详细的资料，只能通过特许经营合同的条款来进行管控。因此，品牌专营不仅保证了生产企业的经营控制权，而且充分利用了中间商的资源和销售能力。汽车品牌专营多采用4S店分销的方式，即以特许经销商或特约经销商为基础，集新车销售、零配件供应、维修服务、信息反馈处理以及品牌二手车置换等业务于一体，但受厂家分销渠道模式控制。

4）总代理。这是一种中介模式，汽车制造企业授权代理协议中指定的委托人，作为在指定区域的全权代表，负责销售汽车制造企业所有汽车的经销活动。在指定区域内，总代理有权代表客户签订销售合同，处理货物等商业活动，也有权代表客户进行一些非商业活动。总代理与汽车制造企业也可以存在股权关系、从属关系或合作关系。

5）区域机构。这是一种中介模式，区域代理商获得"代理产品"的所有权，然后将其分销到不同的地区，而代理商是代理制造企业进行销售。目前使用这种模式的厂家较少，汽车经销商需要承担产品无法销售的风险。

6）特许经销。这是一种中介模式，4S店是典型的加盟经销商。中国特许经营协会对特许经营的定义是：特许人以特许经营合同的形式将自己的商标、商号、产品、专利、专有技术和商业模式授予被特许人，被特许人应当按照合同的规定，在特许人统一经营模式下从事经营活动，并向特许人支付相应费用。所以，汽车产品的特许经营是特许人与被特许人之间的契约关系。特许人有义务在被特许人的业务中对其所售产品提供协助和培训；被特许人由特许人在一个共同的商标、商业模式和流程下管控，并且被特许人利用自己的资源对其业务进行投资。

7）汽车交易市场和汽车超市。这两种形式是在相对集中的地方经营多个厂家和品牌的车辆。严格来说，汽车交易市场和汽车超市是两种不同的商业模式。汽车交易市场是汽车市场的一种，它由市场经营者通过收取租金的方式为各类汽车经销商提供经营空间，其特点在于能够整合市场资源，提供多样化的汽车产品，促进销售。汽车超市最典型的特征是一家经营管理，超市里有很多厂家和品牌的车，统一经营，统一定价，统一结算。

8）网络营销。在互联网上开拓市场的最大优势是可以突破时间、空间和地域的限制，可以直接有效地与世界各地的客户进行交流。其运营的重点是打造智能终端应用软件。使用现有社交媒体应用程序的优势在于可以快速向客户推广营销内容，传播效率高。应用程序的优势在于可以独立控制应用程序资源，拥有独立的操作权限，以及内容灵活，有强烈的客户体验感，结合了社交媒体应用程序和公司开发的应用程序的优势。例如，在互联网上，客户可以根据自己的爱好任意订购，也可以直接与厂家定制所需的汽车产品，满足客户的个性化需求，他们可以纵向或横向比较同一车型的价格和性能，从而购买到更满意的汽车产品。这种线上销售方式可以为厂商节省大量的人力物力，能够及时了解客户的喜好和意向，根据客户需求设计汽车产品，实现订单式生产。在互联网汽车营销方面，要注重"线上线下"业务的融合，建立线上智能终端，实现线上线下服务一体化的互联网销售体系，让客户线上线下结合起来进行选择。

9）租店的经营模式。它是指一些小规模经销商（通常充当二、三级代理商）租用一些车市摊位或店面，向直接客户销售汽车。对于经销商来说，这种模式投资规模小，风险低，灵活性强，但利润空间小。

3. 产品生命周期

产品生命周期是指产品完成试生产并投放市场直至被淘汰并退出市场所需的时间。其长度受汽车客户需求变化、汽车产品升级速度等多种市场因素的影响。如图7-4所示，汽车产品的生命周期表明了一种产品在一段时间内所处的不同市场阶段。它描述了产品在导入、成长、成熟和衰退过程中，产品销售和利润的变化轨迹。根据市场规律，汽车的生命周期分为四个阶段：导入期、成长期、成熟期和衰退期。

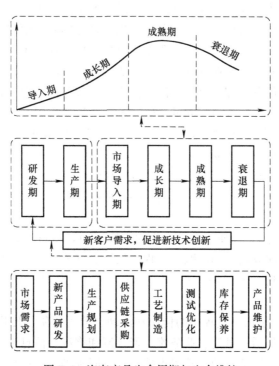

图 7-4 汽车产品生命周期与生命维护

1）导入期。在此阶段，新车型产品上市，汽车销量缓慢增长。刚开始时，客户对新车的技术状况和功能配置仍不了解，除了一些追求新奇的客户，几乎没有人真正购买新车。此阶段产品批量小，制造成本高，广告成本高，产品销售价格高，销售量极为有限，企业通常无法盈利。

2)成长期。当新车型进入导入期销售成功后,进入成长期。新车型的需求和销量迅速上升,生产成本大幅下降,利润迅速增长。此时,生产效率和市场占有率都很重要。新车型从导入期转入成长期,销售曲线和利润曲线均快速上升。

3)成熟期。在成熟期,市场销售会缓慢地增长或下降。成长期过后,随着购买产品人数的增加,市场需求趋于饱和。在这个时候,销售增长一直很慢,直到下降。由于竞争加剧,广告成本增加,利润下降。成熟期新车销量基本稳定,利润开始下降。

4)衰退期。在此阶段,销售额急剧下降,利润逐渐趋于零甚至是负增长。由于更新换代的车型进入市场,以及消费习惯的改变,汽车销量和利润持续下滑,同时替代品和新产品出现在市场上。此时,成本较高的企业将因无利可图而停产,这种车型的生命周期将逐渐结束,在市场上的渗透率会迅速下降,最终会完全退出市场。

7.1.2 汽车电子商务物流管理

 汽车电子商务物流包括哪些?应当如何管理?
为了解答此问题,让我们一起来学习以下内容。

1. 汽车电子商务物流认识

物流是一种古老的传统经济活动,伴随着商品的产生而产生,随着商品生产的发展而发展。现代物流是指利用现代信息技术和设备,实现合理化的服务模式和先进的服务流程。物流配送的质量是消费者评价电子商务满意程度的重要指标,在电子商务活动中起着极其重要的作用。物流业由运输业、仓储业和分销业等组成,其基本功能包括运输、储存、装卸、包装、配送、流通处理和信息处理。物流业的主供应链一般包括四个过程:物流、业务流、信息流和资金流。这四个过程有各自不同的功能和不同的流通方向。

1)物流。物流配送是指为满足客户的需求,以最低的成本,根据实际需要和相关信息,进行运输、储存的过程。将货物从原产地配送装卸到客户预定地点,这一过程包括包装、流通处理、配送、信息处理等。其具体内容包括客户服务、需求预测、订单处理、配送、库存控制、运输、仓库管理、工厂和仓库的布局和位置、装卸搬运、采购、包装、情报信息等。

2)业务流。商业流通是物质及其等价物的交换活动和物质所有权的转移。业务流程主要是在供应商和客户之间双向流动的购销过程,如接受订单、签订合同等。目前的商业流通形式包括传统的商店销售、上门销售和邮购,以及通过互联网等新兴媒体购物的电子商务形式。

3)信息流。信息流是物流过程中的传递和流动,分为收集、传递和处理三个过程。电子商务中的任何交易都包括信息流、业务流、资金流和物流。信息流是流通系统的神经,不仅包括产品信息的提供、促销营销、技术支持、售后服务等,还包括报价单、付款通知单等商业贸易单据,以及交易方的支付能力和付款方式、支付信誉、中介信誉等。

4)资金流。资金流是指货币的流通。客户确认购买商品后,将资金转入商家账户,资金流动的方向是通过零售商、批发和物流、制造商等从客户流向供应商。银行是任何电子商务资金流动的核心机构,任何网上交易的资金流都可以分为交易环节和支付结算环节两部分。

汽车物流是集现代运输、存储、装卸、包装、配送、物流信息于一体的综合性管理，是与原材料供应商、制造商、批发商、零件经销商、物流公司和最终客户沟通的桥梁，实现商品从生产到消费各个流通环节的有机整合。对于汽车企业来说，汽车物流包括生产计划的制订、采购订单的下达和跟踪、物料清单的维护、供应商管理、运输管理、进出口、货物接收、仓库管理、物料交付和在制品管理、生产线管理、整车管理、交付等。

企业的物流管理已经从依赖单一的业务流程转变为整合物流、信息流、资金流等资源，实现了各种资源的互补。通过整个供应链的协同运作，提高企业的物流管理效率，从而促进企业持续健康发展。供应链的优化是实现利润增值链的关键。在汽车工业中，配件的采购物流、销售物流和生产物流是三个非常重要的环节。

电子商务物流是指物流配送企业运用网络化的计算机技术、现代化的硬件设备和软件系统、先进的管理方法，要求企业严格、守信地按照客户的订货要求，进行一系列的分类、配送、分拣、分工、配送等。电子商务物流是将商品交付给各类客户的过程。

电子数据交换是一种在公司之间传输订单和发票等操作文件的电子方式，采用国际公认的标准格式，通过贸易、运输、保险、银行、海关等行业信息等计算机通信网络，实现相关部门或公司、企业之间的数据交换和处理，完成中心的全过程交易。

现代物流吸收和借鉴了系统科学、管理科学和电子计算机技术等最新技术。在电子商务物流系统的录入中，通常采用自动识别技术（如条码技术、磁条/卡技术、光学字符识别、系统集成、射频技术、语音识别和视觉识别等）、计算机、光学、机电等技术来完成。常用的识别技术包括文字识别技术、语音识别技术、条码识别技术、磁识别技术、指纹识别技术等。物流配送中心管理信息系统如图 7-5 所示。

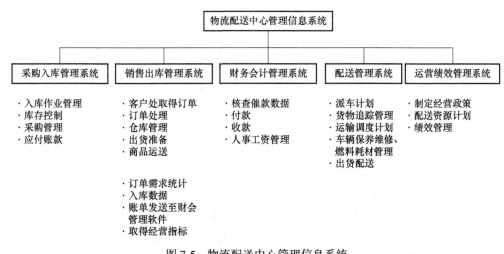

图 7-5 物流配送中心管理信息系统

在进行网上交易时，如果客户通过互联网订购和付款，无法及时送货上门，就无法满足客户的需求。因此，需要一个高效的物流配送系统来保证交易的顺利进行。电子商务物流主要利用地理数据功能完善物流分析技术，集成车辆路径模型、最短路径模型、网络物流模型、配送集合模型、设施定位模型等。物流行业的配送必须具有较强的服务绩效。传统物流类型分为企业自营配送物流模式、第三方物流、第四方物流、一体化物流和电子商务物流。

随着现代物流技术的发展，许多有实力的公司已经开始了虚拟配送和智能配送业务。

（1）企业自营配送物流模式

企业自营配送物流模式是指企业利用自身的物质条件进行独自经营的物流，物流配送的每一个环节都由公司自己准备和组织，实现对内、对外货物的配送。其典型是连锁企业的配送，连锁企业建立自己的配送体系完成企业的配送业务，包括配送到企业内部各个领域和门店，配送到企业的外部客户，例如京东商城的配送模式。如图7-6所示，企业自营物流可以将物流、资金流、信息流"三流"结合起来，形成一个整体供应链，将网站前端和后端的库存管理和物流配送联系起来。这种模式有利于企业供销一体化，系统化程度较高，缺点是建立一个分销系统的成本相对较大。

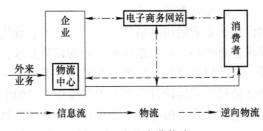

图7-6 企业自营物流

随着物联网技术的快速发展，现代物流可以利用物联网技术改善客户体验，利用数据库和数据挖掘技术系统地存储和管理客户数据，并利用各种数据统计分析工具对客户数据进行分析，提供各种分析报告，如客户价值评价、客户满意度评价、服务质量评价、营销效果评价、未来市场需求等，为企业的各种经营活动提供决策信息进行信息挖掘，并通过历史数据挖掘分析用于预测和准备每个仓库的货物。

（2）第三方物流

第三方物流是指生产经营企业以合同的形式将原自行办理的物流活动委托给专业物流服务企业，同时通过信息系统与物流企业保持密切联系的一种物流活动。为了实现对整个物流管理的控制，物流运作与管理方法是一种契约关系。根据合同的要求，物流经营者提供多功能、全方位的综合物流服务，并利用合同管理所提供的所有物流服务活动和流程。第三方物流联盟的发展也明确了每一个物流企业都以合同的形式存在着联盟参与者的权利、责任和利益是相互关联的，不同的物流客户有不同的物流服务需求。第三方物流需要根据不同物流客户在企业形象、业务流程、产品特点、客户需求特点、竞争需求等方面的不同要求，提供有针对性、个性化的物流服务以及增值服务。从事第三方物流的物流运营商由于受到市场竞争、物流资源、物流能力等因素的影响，也需要形成核心业务，不断加强其所提供物流服务的个性化和特色化，以增强其在物流市场上的竞争力。从物流设计、物流运作流程、物流技术工具、物流设施到物流管理，都必须体现专业化能力和专业化水平。

（3）第四方物流

第四方物流是供应链的集成商，整合和管理公司内部及配套服务商拥有的资源、能力和技术，专门为第一、第二、第三方规划、咨询、物流信息系统、物流服务、供应链管理等活动提供了一套完整的供应链解决方案，通过信息技术、集成能力等资源获得一定的利润。第四方物流是由物流业提供的综合物流，包括金融、保险、多站物流配送安排，需要整合三方物流，必须满足以下三个条件：
1）第四方物流必须不是物流的利益相关方。
2）第四方物流必须能够实现信息共享。
3）第四方物流必须能够整合所有物流资源。

第四方物流是第一方、第二方和第三方帮助者、解决方案集成商和行业创新者，真正突破了第三方物流发展的局限性，为客户提供供应链解决方案和最佳物流服务，形成最佳物流计划或供应链管理计划。第四方物流具有专业的物流供应链技术，拥有丰富的物流管理经验、供应链管理技术、信息技术等，缺点是无法提供实质性的物流运输和仓储服务。

（4）一体化物流

一体化物流是指将原材料、半成品、成品的生产、供应、销售等环节整合为一个有机整体，实现流通与生产的引导与促进关系。物流一体化管理的目标是将市场、分销网络、制造过程和采购活动联系起来，以实现高水平的客户服务和低成本，获得竞争优势。一体化物流可以考虑到整个物流过程和影响这一过程的各种环境因素，对货物的物流进行整体规划和运作。一体化物流分为垂直一体化物流、横向一体化物流和物流网络，目前应用最广泛的是垂直一体化物流。

1）垂直一体化物流。垂直一体化物流要求企业将提供产品或运输服务的供应商和客户纳入管理范围，作为物流管理的中心内容，要求企业对从原材料到客户的各个环节进行物流管理，企业需要利用自身条件，与供应商和客户建立和发展合作关系，形成合力，获得竞争优势。垂直一体化物流的思想为解决复杂的物流问题提供了方便，坚实的技术基础、先进的管理方法和通信技术使这一理念成为现实，并在此基础上继续发展。

2）横向一体化物流。横向一体化物流是指同一行业的多个企业通过物流渠道的联合运用，获得规模经济，提高物流效率。它将原材料、半成品、成品的生产、供应、销售有机地结合起来，实现对流通生产的引导和促进。横向一体化物流必须有一个物流需求和物流供给的信息平台，必须有大量的企业参与和大量的货物。其优势在于降低企业物流成本，减少社会物流过程中的重复劳动。

3）物流网络。物流网络是垂直一体化物流和横向一体化物流的综合体。当综合物流的各个环节同时也是其他综合物流系统的组成部分时，以物流为纽带的企业关系就会形成网络关系，即物流网络。实现物流网络化，需要采用先进的信息技术，将一批优势物流企业、生产企业、中小物流企业结成联盟，共享市场，使物流系统成为生产企业与物流企业之间多方位、交叉、相互渗透的协作有机体。

（5）新零售数字物流

新零售产业生态链如图7-7所示。新零售以客户为中心，依托互联网，利用大数据、人工智能等先进技术，对商品的生产、流通、销售过程进行升级改造，重塑商业结构和生态系统，整合线上服务、线下体验和现代物流的新零售模式。客户需求的变化正在形成新的趋势，不仅购买的产品本身非常重要，购买场景、过程等体验也被看重。客户希望在任何时候、任何场景都能享受到高效便捷的购物体验。新零售市场的参与者需要更好地了解客户，为不同的客户提供他们需要的商品和服务。

数字物流，又称"第五方物流"，是指在仿真与虚拟现实、计算智能、计算机网络、数据库、多媒体、信息等支持下，应用数字技术来表达物流所涉及的对象和活动，以信息化、网络化、智能化、集成化、可视化为特点的处理与控制技术体系，应用互联网技术支撑整个物流服务链，并能结合相关执行成员，为企业的物流需求提供高效的服务。新型物流需要满足客户个性化、碎片化的需求，更准确、快捷地交付产品，提供体验式服务。从数字化角度看，新型物流需要以全产业链大数据为基础，优化升级为智能化、自动化，利用智能化设备实现智能仓储、智能交通、智能物流等全方位服务。

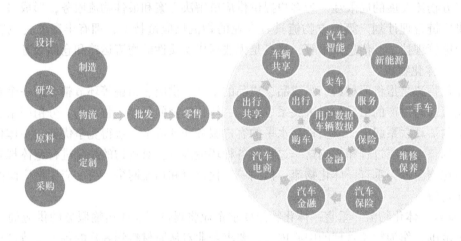

图 7-7　新零售产业生态链

数字化是新零售的核心驱动力。产业生态链重塑后，传统的由内而外的供应链序列将被颠覆。企业的研发、生产、营销、物流等活动都将受到客户数据的驱动。决策的基础要求企业对整个价值链进行数字化改造，包括对大数据、新技术、新平台、新金融、新制造等进行全面升级，这将重塑供应链的各个环节，具有创新能力的企业将主导市场先机。

（6）虚拟配送

随着科学技术的进步，电子商务配送模式可以在虚拟环境中建立虚拟配送中心，采用虚拟配送模式，也称为交叉对接配送模式。虚拟配送模式是指货物到达虚拟配送中心仓库后，直接在平台上交付给客户而不进入仓库，大大降低了物流成本。但为了防止各种特殊情况造成运输车辆的迟滞和延误，必须在当地建立一个小型的配送中心或租用仓库作为周转场所进行临时存储。整个虚拟配送过程如图 7-8 所示。

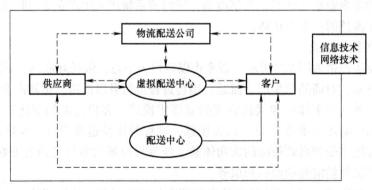

图 7-8　虚拟配送过程

虚拟配送模式的关键是整个配送系统的联系信息实时准确，各个环节的协调配合必须准确，这需要先进的计算机技术和网络技术的支持。具体来说，供应商使用条形码技术来标记所有货物，并根据计算机优化的包装策略进行装载。供应商、需求方和物流分销商可以通过全球定位系统准确地知道货物的位置，并做好相应的准备工作。虚拟物流配送中心利用计算机技术、网络技术和通信技术，利用外部物流资源开展物流代理业务。它可以有也可以没有在物流配送过程的每个环节所需的各种硬件设施，如仓库、运输和包装。它只需要拥有完善的信息收集、处理、处理和监控网络系统，通过信息网络，就可以与供应商、需求方和第三方专业物流配送公司建立广泛的联系。

（7）智能配送

如图 7-9 所示，智能物流配送管理系统是以智能交通系统及相关信息技术为基础，以电子商务为手段的现代物流服务体系。物流智能配送系统是以现代信息技术（网络技术、通信技术和计算机技术）为基础，将配送活动的要素联系在一起，目的是解决实际配送中由于道路、交通、时间等条件的限制而导致的配送规划难题。

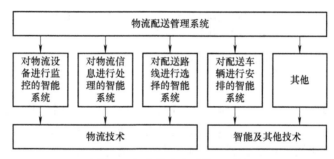

图 7-9　智能物流配送管理系统

为保证货物在运输、配送过程中各个环节的安全，通常采用电子锁安全系统，使车门自动打开报警显示，便于管理部门在控制中心对线上送货车进行直观监控。高机械强度钢制 RFID 电子锁取代了传统的一次性密封。物流配送人员携带手持设备（内置 GPRS、GPS、RFID、条码模块）实时接收电子锁状态，通过手持设备内置 GPS 模块接收车辆实时位置，管理平台实时监控车辆轨迹。在车辆运行过程中，配送管理系统可以对车辆进行全程监控和管理，实时了解车辆的运行状态和位置。送货车到达目的地后，运营商使用手持 PDA 读取配送点的 RFID 标签，并将信息发送到管理系统。管理系统向 RFID 电子锁发送解锁命令，完成电子锁的解锁过程。

2. 汽车电子商务物流管理

（1）汽车电子商务物流管理基础

现代物流管理是一门以系统论、信息论和控制论为基础的专业学科。物流管理是应用管理学的基本原理和科学方法，对物流活动进行计划、组织、指挥、协调、控制和监督，实现各种物流活动的最佳协调与配合，以降低物流成本，提高物流效率、经济效益。物流管理包括物流活动管理、物流系统管理，以及物流活动的职能管理。

1）物流活动管理。物流活动由物资包装、装卸、运输、仓储、流通加工、配送、物流信息等任务组成，管理内容包括运输、仓储等。

物流活动的构成见表 7-1。

表 7-1 物流活动的构成

序号	构成要素	物流活动的构成要素说明
1	包装	保护物品，方便储运，包括产品的工厂包装，生产过程中的在制品和半成品的更换，物流过程中的包装、分装等
2	装卸搬运	装卸是指选择装卸搬运方式和装卸机械，改变某一物品的储存状态和位置，以提高装卸物品的灵活性和可运输性，提高装卸效率
3	运输	实现物资的空间流动，选择运输方式，确定运输路线，确保安全、快速、准时、廉价地将货物运送到目的地
4	储存保管	保养和维护物资，保管和使用中应注意物资的保管和存储
5	流通加工	弥补流通或生产过程中加工不足和资源的合理利用，在物流过程中进行一些辅助加工活动
6	配送	配送是包装、装卸、搬运、储存和运输的一体化，是通过这些活动达到传递物品的目的，包括合理选择配送方式、不同的物品配送方式、确定配送中心地址、设施结构等，内部布局及配送运营管理等
7	废旧物的回收与处理	废旧物资的回收处理是指对在生产和消费过程中产生的大量废弃物进行的一系列收集、分类、加工、处理等活动
8	情报信息	情报信息的收集、处理、传输、存储、检索、利用和研究，将促进物流的整体功能

2）物流系统管理。物流系统管理是由生产、制作、加工、储存和传输物流信息组成的系统，涉及人、财、物、设备、方法和信息等要素管理。最基本的物流系统是由包装、装卸、运输、仓储、流通加工和信息等一个或多个子系统有机地结合在一起的，每个子系统可以根据空间和时间划分为更小的子系统。为满足客户对所需物资的需求，保证质量、数量、及时性、安全性、低成本的运输、储存、包装、装卸，为客户提供信息、技术和售后服务，需要不断地优化整个物流系统，节约资源，提高工作效率，降低成本。

3）物流活动的职能管理。物流活动的职能管理是对物流计划、质量、技术、经济等职能的管理。物流的基本功能是指物流活动应具备的基本能力，通过物流活动的最佳有效组合，形成物流的整体功能，以实现物流的最终经济目标。物流功能包括包装、装卸、运输、仓储保管、流通加工、配送、回收、处理废弃物以及与功能相关的信息等。典型物流系统的组成部分包括客户服务、需求预测、分销系统管理、库存控制、物料处理、订单处理、备件和服务支持、工厂和仓库位置、位置分析、采购、包装、退货处理、废物处理、运输管理、仓储管理。

（2）运输成本与仓储成本的互动关系

汽车商品物流成本控制的目的是加强物流管理，促进物流合理化。物流是否合理取决于两个方面：客户服务质量水平和物流成本水平。降低企业物流成本是保证现代物流效益的关键。物流成本如图 7-10 所示，物流运输成本在物流总成本中占有非常重要的地位。

物流管理的本质要求是追求实效，即以最少的消耗获得最好的服务和最佳的经济效益。积极有效的物流管理是降低物流成本、提高物流经济效益的关键。做好物流管理，可以实现合理的运输，降低中间装卸、运输、仓储、损耗等成本。运输成本与仓储成本之间的互动关系如图 7-11 所示。

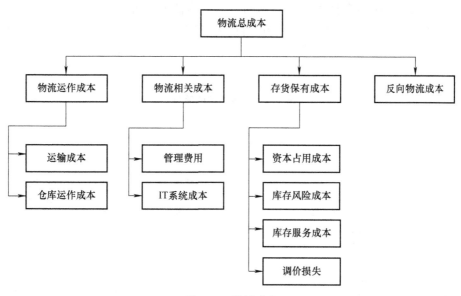

图 7-10　物流成本

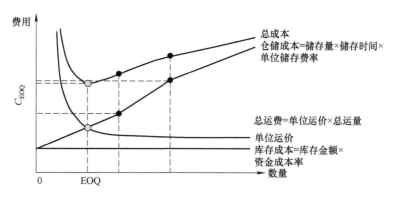

图 7-11　运输与仓储成本的互动关系

企业物流成本按功能分为仓储作业成本、库存成本、运输成本和管理成本四大类。

1）仓储作业成本包括装卸成本、检验成本、物流加工成本、补货成本、库存仓储成本和验收成本。

2）库存成本包括存货占用资金的利息。将存货占用资金的利息计入物流成本，这是现代物流与传统物流成本计算的最大区别，它把降低物流成本和加快资金周转结合起来。

3）运输成本包括公路运输及其他运输费用和货主费用，货主费用包括运输部门操作和装卸费用。

4）管理成本又称物流管理成本，包括订单处理成本和采购处理成本。企业物流包括供应环节、生产环节、销售环节、回收环节、处置环节等多个环节，其中最重要的是供应物流环节和生产物流环节。

企业物流的流程见表 7-2。

企业加强物流管理，可以不断优化物流系统，减少库存积压，降低总成本，增加利润。通过内部物流系统的改造提升物流管理水平，可降低物流成本和库存成本，提高库存周转速度和资金回收率。利用信息技术实现数据的快速准确传输,可以提高仓库管理、装卸、运输、采购、订货、配送、订单处理等环节的自动化水平,实现分装、包装、仓储、运输一体化,以及流通加工。制造企业可以方便地利用信息技术与物流企业进行沟通与协作,并在短时间内迅速完成。

表 7-2 企业物流的流程

要素名称	服务功能	主要技术
运输	在途驾驶员信息 路途引导 电子付费服务 运输车辆管理 紧急事件与货物安全 危险预警 货物跟踪	地理信息系统、条码技术、电子数据交换、计算机网络、射频技术、全球定位系统、IC 卡技术、传感器技术、全球移动通信系统
存储	货位管理 自动补货 存储安全	条码技术、计算机网络、射频技术、传感器技术
包装	自动识别、包装	条码技术、计算机网络
装卸搬运	自动分拣、分货	条码技术、计算机网络、人工智能
流通加工	作业管理	计算机网络
物流管理	订单管理 客户管理 设备管理	电子数据交换、计算机网络、人工智能、客户关系管理、全球移动通信系统

物流是由制造商的产品流程,通过物料采购和物流配送,垂直延伸到供应商和客户的集成供应链。在构建内部物流体系时,必须从战略高度审视物流发展问题,构建企业核心发展能力,科学系统地分析和评价企业的经营环境和资源,制定正确的物流发展战略。应以产品制造和销售为主线,利用相关物流信息流协调供应商和客户之间的关系,对物流系统的运输、仓储、装卸、包装、流通加工等各个要素进行科学分析和权衡。在管理体系上应设计合理的组织结构,逐步分离物流职能,建立代理商或零售商的物流配送部门,集中力量完成需求预测、产品配送控制、客户服务调查与监督等职能,实现物流一体化管理。

7.2 实践训练

	实训任务	对物流出现的问题单进行处理
	实训准备	实训计算机、网络、打印机、打印纸等

项目七 基于电商模式的汽车商品供应与物流管理

	训练目标	1. 通过实训能够掌握物流问题单处理方法 2. 通过集体协作增强团队意识，经过工作汇报能够提升学生的思维能力、语言组织能力、表述能力
	训练时间	45 分钟
	注意事项	每一位同学都应当积极发言，能够在讲台上清晰地表述出老师提出的问题

任务：对物流出现的问题单进行处理

 任务说明

在电子商务中经常会出现问题单，请分析问题单出现的原因，并制定处理问题的方案与工作流程。

实训组织与安排

教师活动	指导学生罗列物流中常见问题，并将学生分组，每一组根据不同问题制定解决方案
学生活动	按照任务中的要求填写出需要完成的内容

参考：电子商务网站处理客户退货流程如图 7-12 所示。

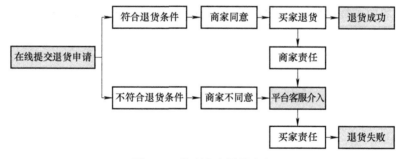

图 7-12 处理客户退货流程

 任务操作

（1）客户的货物在配送过程中丢失，请写下您的处理措施。

（2）客户的信息虚假，请写下您的处理措施。

（3）客户签收了货物后，立即申请退款，不退货，请写下您的处理措施。

（4）客户签收了货物后要求退货，发回来的货发现被掉包了，请写下您的处理措施。

（5）配送的货物在中转过程中，被物流人员恶意摔坏，请写下您的处理措施。

(6) 配送的货物是 A 购买，B 冒名签收，A 再投诉货物没有收到，请写下您的处理措施。

7.3 探讨验证

教师活动	组织学生将鉴定结果进行点评，让学生在讲台上对小组成果进行展示；引导学生进行问题探讨
学生活动	将小组完成的鉴定报告对大家进行讲解，并完成老师提出的问题探讨

问题单处理的流程：

流　　程	请写下每一个流程的操作
1	
2	
3	
4	
5	
6	
7	
8	

实训参考：天猫商城售后服务流程如图 7-13 所示。

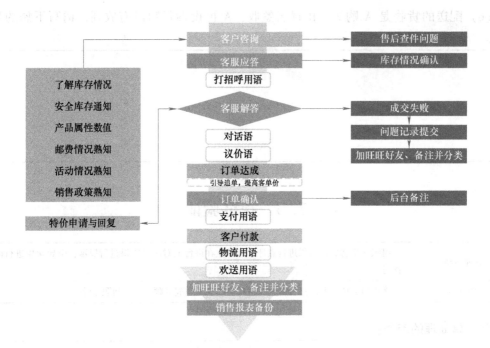

图 7-13 天猫商城售后服务流程

 问题探讨

1. 如何查询与即时跟踪物流单号？
2. 请搜索网络资源，总结货物配送物流中常见的骗局有哪些，并一起探讨应对的方法与措施。

对于异常订单的处理（参考天猫商城实例）

在网上电子商务中常见异常订单	规避风险一般措施
1. 异常拍下。短时间内被一个或者多个账户大量拍下商品不付款，导致商品库存被占用，无法销售给正常消费者，产生资损。 2. 异常退款。在退款售后中，被同个账户异常频繁的申请"仅退款"，或是消费者的退货单号虚假，或收到异常的空包、调包或是少件退货包裹。 3. 异常赔付。订单的收货地址或者收货人信息无效或者不准确，导致无法按规发货产生赔付，或是买家下单之后立即申请"缺货"退款未及时响应导致赔付。 4. 异常评价。评价中出现污言秽语、广告信息、无实际意义信息等评价内容，导致转化率降低。 5. 异常投诉。出现行为瑕疵时，被买家以发起投诉举报、给予差评等手段胁迫要求给予利益。	1. 异常买家通常会用规则处罚来威胁商家，此时请第一时间联系天猫热线，确认规则真伪，切忌一急之下就给钱，助长不良风气。 2. 可疑的订单的账户，及时云标签打标，帮助平台识别异常买家，同时为自己消除影响。 3. 每日主动查看并响应预警的异常订单以及 DSR，降低因此产生的资损等影响。 4. 主动排查店铺商品的广告评价，及时提交以减少广告评价带来的不利影响。 5. 主动学习各类硬知识，如广告法、食品安全法、价格法以及各类平台规则，提前将各类风险降至最低。

7.4 项目小结

本课题的学习目标你已经达成了吗？请通过思考以下问题的答案进行结果检验。

序　号	问　　题	自检结果
1	什么是供应链？	
2	供应链渠道协调的作用是什么？	
3	物流系统作用是什么？	
4	供应链管理有哪几种方式？	
5	什么是销售渠道？什么是分销？	
6	汽车产品销售渠道的功能和作用有哪些？	
7	什么是物流？什么是电子商务物流？主要功能有哪些？	
8	什么是商流？什么是信息流？什么是物流？什么是资金流？	
9	物流种类有哪些？请分别说明？	
10	物流系统管理的对象主要有哪些？	

项 目 练 习

单项选择题：

问题1		车辆生产管理与零件的采购是实体工厂生产的（　　），是降低汽车生产成本的捷径。	
	A	前工程	
	B	中工程	
	C	后工程	
	D	以上都不对	

问题2		汽车市场营销网络一般都是由（　　）组成。	
	A	二级营销网点和三级营销网点	
	B	一级营销网点和二级营销网点	
	C	一级营销网点和特许网点	
	D	以上都对	

问题3		供应链一般包括（　　）。	
	A	物流、商流、信息流	
	B	物流、信息流、资金流	
	C	物流、商流、信息流、资金流	
	D	以上都对	

问题4		物流业主要由（　　）构成。
	A	交通运输业、储运业、通运业、配送业
	B	交通业、海运业、通运业、配送业
	C	空运业、储运业、通运业、配送业
	D	以上都对
问题5		物流管理的本质要求是（　　），以最少的消耗，实现最优的服务。
	A	求实效
	B	求质量
	C	求速度
	D	以上都对

问答题：

什么是上流供应链？什么是下流供应链？

思考与讨论：

1. 在供应链管理中应如何做好绩效评价？

2. 如何控制物流的成本？

项目八 汽车电商业务跨界营销

学习目标

- 能够知道汽车电商跨界营销的作用与要求。
- 能够知道跨界合作的类型。
- 能够掌握跨界合作运营方法。

8.1 基础知识学习

本课题介绍的内容是跨界营销。跨界营销的本质是实现从不同角度找到多个品牌共性的地方，通过相互渗透融合、相互映衬和相互诠释，形成立体品牌形象，并使得各自品牌在目标消费群体得到一致的认可，以实现共赢。

学 生 准 备	学生在正式上课之前，应当做好如下准备：
	• 在课前预习老师安排的教学内容，完成老师推送的学习准备。
	• 准备好本次学习范围内需要向老师提出的问题。

8.1.1 汽车电商跨界营销的作用与要求

什么是跨界营销？跨界营销有什么特点？
为了解答此问题，让我们一起来学习以下内容。

汽车作为一种大宗消费品，具有消费频率低、消费群体分散、消费需求激发度低等明显特点。对于汽车电子商务来说，如何通过营销找到目标客户、唤醒消费者的需求是最大的挑战。目前，汽车电子商务营销一般采用传统的流量+曝光营销方式，通过广告传达到客户。这仅仅是品牌或产品在客户中被认知的第一层，远远达不到营销的目标，汽车电子商务营销应向全渠道、全场景营销方向发展，如跨界营销。

跨界营销是指将两种或两种以上不同的文化背景和产品类别进行整合，将企业之间的文化、产品或商业进行整合，促进营销合作。它利用自身品牌的特点和优势，寻找共同的品牌诉求，并共同针对自己的客户群体进行具体的营销活动，为客户提供新型的品牌体验，实现双赢和多赢的目标。跨界营销模式主要有产品跨界、技术跨界、渠道跨界、沟通跨界、文化跨界、概念跨界、战术跨界和跨行业合作等。跨界营销打破了传统的营销思维模式，发挥了不同品牌的协同效应。

例如汽车品牌与体育跨界营销，汽车电商通过体育营销重新整合企业资源，共同为体育中心的宣传和体验创造条件，实现体育文化、品牌文化和企业文化的融合。做好宣传需要"造势"，双方可以充分利用网络传播的优势，加大活动宣传力度。因特网的特点是通信速度快，与传统营销方式相比，电子商务在体育营销中具有绝对优势，观众区不受限制。在体育领域投资营销，不仅可以实现精准营销，而且回报快、见效快，可以提升年轻人群的品牌认知度，进一步实现口碑营销。借助体育营销，电子商务产品更容易被消费者接受，不仅可以让客户容易接受广告，而且可以使客户根据自己的需要，主动寻找自己需要的产品或服务，培养自己的潜在客户。

跨界营销最大的好处就是可以让原本毫不相干的品牌、产品、文化元素相互渗透、融合，形成整体的品牌印象，塑造品牌的立体感和深度。

跨界营销有以下原则：

1) 资源匹配原则。两个合作品牌在能力上具有共同性和互惠性。
2) 消费群体一致性原则。无论是公司还是品牌都必须有一致或重复的消费群体。
3) 品牌非竞争性原则。旨在实现双赢，而不是一方与另一方之间的竞争关系。
4) 非产品功能互补原则。二者在产品属性上必须相对独立。
5) 客户体验原则。围绕目标消费群体的感知、行为和情感，给以客户体验。
6) 1+1>2 的原则。通过 1+1 的合作，能够形成整体品牌印象，产生更强大的品牌联想。

寻找跨界营销的产品和品牌必须具有客户体验的互补性，将以产品为中心的目标转变为以客户为中心，增强客户的关注度和体验感。在实施过程中，大多数企业简单地把跨界营销理解为联合促销，忽视了对双方的品牌、产品、客户群、资源的深入探讨，事后发现没有达到预期的效果。要真正做好跨界营销，实现双赢，就必须做到资源匹配、互补性强、客户群一致、品牌非竞争力强、品牌理念一致、以客户为中心等，最终需要共担风险、共享财富，才能实现最大的效果转化。跨界营销的要求如图8-1所示。

图 8-1　跨界营销的要求

优秀的品牌能够准确地反映目标客户的某些特征，但由于其单一的特征，往往会受到外部因素的影响。尤其是在同类竞争品牌出现时，这种外部因素的干扰更为明显。跨行业已经成为一种趋势，随着市场竞争的日益激烈，各行业之间的界限逐渐被打破，相互渗透越来越深，已经很难清楚地定义一个品牌的"属性"。跨界营销通过创新解决了在新的营销环境下存在的问题，实现了合作双方的双赢，在现实生活中有许多成功案例。

案例：东风雪铁龙 C2 与时尚运动品牌 Kappa 的合作。他们都面临着一个相似的客户群，致力于推广运动、酷时尚和出色的客户体验。由于其目标客户群的一致性，双方合作品牌效应的叠加使品牌更加立体化，真正实现了跨界营销的双赢局面。

跨界营销通过品牌与品牌的相互反思和诠释，实现品牌从平面到立体、从表面到深度、从被动接受到主动识别、从视觉和听觉实践体验到联想的转变，使企业的整体品牌形象和品牌联想具有张力，这对合作双方都有利。这可以使各自品牌得到目标客户群的认可，从而改变传统的营销模式，品牌容易受到外部竞争品牌的影响而弱化品牌的劣势渗透力和影响力。跨界营销可以使双方的品牌在营销竞争环境中站稳脚跟。

跨行业合作，只要找到一个互补的品牌，通过对目标群体特点的多重解读，就可以形成整体的品牌印象，产生更强大的品牌联想。品牌联想更容易发生在互补品牌之间。由于这种共同关系，企业需要考虑如何通过战略修正获得资源利用的协同效应。当品牌成为目标客户个性的一部分时，需要与目标客户的其他特征相协调，避免品牌元素与客户其他特征发生冲突，造成品牌形象的混乱。跨界营销能否打动消费者，客户对跨界营销的态度，在于好的创意和策划，必须能够关注消费者和客户的利益，而这取决于两个品牌能否以临界点策划和创作内容引起消费者的注意。如果两个品牌仅仅僵化地嫁接，就不会引起消费者的兴趣。

跨界营销要想成功，需要解决以下几个问题：

1) 给客户一些好处。在消费过程中，要注意个人的得失和利益，很多跨界营销活动并不能给客户带来实际的利益。

2) 迎合客户的利益。跨界营销必须积极考虑如何迎合消费者的口味和娱乐口味。对于商家和企业来说，如何设计主题性、娱乐性的活动主题和内容，已经成为跨界营销成功的关键，例如，活动是否有趣，是否能推动消费者的参与和互动，能否引发人们对这一话题的热烈讨论等。

案例：奥迪首款插电式混合动力 A3 Sportback e-tron 在上市前就推出了 H5 互动游戏。新车上市后，引入了这种关注趋势的线下 O2O 体验活动，通过整合多个互联网+新玩法，游戏中各种乐器的配合就像汽油机和电动机的完美配合。炫目的电子音乐激发了人们的创作欲望，在社交媒体上掀起了电子音乐专家分享的热潮。为了让更多的人了解 A3 Sportback e-tron，配合 H5 互动游戏，在上市前，官方还推出了个性化的"磁力电音"天猫抓拍活动。A3 Sportback e-tron 磁力电音通过独特的电声学、冷光贴纸和迎宾灯等功能，展现出了独特的个性基因。除了热烈的线上互动，奥迪还推出了 O2O 线下体验活动，迅速将线上人气引入线下。该活动紧跟移动互联网时代的生活方式，从网上购物、商务旅行、出租车等消费途径切入，整合了航空旅行、携程、滴滴等主要服务平台，为客户提供全新的旅行服务和产品体验。

关于跨界思维应用的说明如下：

1) 人口覆盖面要广。如果想达成合作，双方必须有一定数量的客户。

2) 客户重叠不是很大。双方的合作是建立在客户群一定存在差异的基础上的。如果有更多的重叠，合作的意义就会消失。

3) 为了实现双赢，合作的初衷是双方都能实现自己的目标，获得一定的利益。只有这样合作才能够顺利进行，并不是一方受益，而另一方看不到好处。

4) 双方客户要有一些共同点，以达到更好的宣传效果。

5) 双方的合作最好是基于双方客户、产品、资源等的交流，如在自己的平台上宣传对方的活动、赠送代金券等，引导客户，而不涉及成本。

跨界营销是企业间看似无关的产品，可以通过跨界营销实现双赢，增加品牌协同效应。但是，如果跨界营销活动的激活效果不好或者没有创新的创意，效果就会很差，甚至可能会造成品牌负面效应。当互补品牌联合起来诠释或表达一种新的伙伴关系或消费体验时，不仅元素的增加不会降低其中一个的表现力，它们还会更容易在彼此之间产生品牌联想，放大所有品牌的表现力，更容易形成整体品牌印象。

跨界营销涉及面广，如图 8-2 所示。无论是久负盛名的品牌，还是成立初期的小品牌，企业都是在整合原有资源的基础上进行合作，不增加成本，是一种成本相对较低、效果较好的品牌推广营销模式。

图 8-2 跨界领域

跨界营销有很多种方式：产品跨界、渠道跨界、文化跨界、营销跨界、技术跨界、沟通跨界、概念跨界、战术跨界等。跨行业合作空间大，影响大。在文化层面，跨界是非常有效的选择，主要是通过文化嫁接来激活产品，提升产品的品牌价值。在互联网的背景下，社交软件层出不穷，单个客户被包括在整个社交网络中，品牌所面对的每一个客户都至少有数百个隐形客户，充分运用社会营销理念，可以吸引社会关注。在网购市场成熟的基础上，一个巨大的生态链正在逐步形成，随着物联网技术的应用，车联网和区块链技术的应用热潮正在逐渐到来，车内网络营销和车内移动商店将成为汽车电商未来跨界营销的真正主战场。

8.1.2 跨界合作的类型

 跨界合作有哪些类型？
为了解答此问题，让我们一起来学习以下内容。

跨界营销的营销模式包括水平跨界营销和交叉跨界营销。水平跨界营销是通过合作实现优势互补，双方共同投资市场，共同建设渠道，共同服务客户，实现利益共享。交叉跨界营销是形成跨界企业、合作单位、客户三位一体的联动关系，合作伙伴和客户共享他们需要的价值和好处。在实际应用中，跨界营销主要有三种类型：品牌跨界、促销跨界和渠道跨界。

（1）品牌跨界

跨界营销的最终结果是两个品牌在营销上的双赢局面，所以往往是两个在不同领域具有同等知名度的品牌共同进行品牌推广。加强品牌忠诚度和品牌的相互吸引和利用，是增强各集团客户忠诚度的重要途径。典型的跨界产品，如宾利双陆棋、法拉利麻将、阿斯顿马丁手表柜、F1 模拟器、iXoost 音响系统（法拉利、布加迪、玛莎拉蒂）、华为保时捷版手机、保时捷手表、宾利香水、奔驰男女香水、V12 意式咖啡机、芝华士 18. Pininfarina 限量版等。两个截然不同的行业合作，实际上在一定程度上丰富了消费者的购物体验。跨界重新定义了新兴消费群体，这种看似复杂的消费行为，表面上虽无组织，却有其独特的表现形式，一旦掌握了他们的生活方式，就有机会发现新的商机，增强企业的竞争力。

跨界营销的本质在于借用彼此积累的品牌资产，为自己的品牌带来新的元素。因此，跨界营销往往是品牌复兴的有效手段。如果品牌老化了，想赢得年轻人欢迎，可以找年轻人喜欢的品牌进行跨界合作。如果品牌想更具技术性，可以找到科技品牌来合作。跨界营销可以给老品牌带来新的元素，在营销上找到新的突破，带来新的活力和新的增长。

案例：一汽丰田与平安保险签约推出 AAA 品牌保险，使汽车行业逐步进入品牌保险时代。与普通车险产品相比，品牌保险可以迅速解决手续复杂、理赔难等一系列问题。"AAA 品牌保险"拥有独家销售渠道，通过其他渠道销售的车险产品不能享受相同的服务内容。发生事故后，AAA 保险客户将全部返回一汽丰田经销商处进行维修，从更换配件到维修车辆，以确保售后服务质量。

由于渠道不同，每个品牌可以覆盖不同的群体，使双方的品牌营销资源能够更有效地到达目标群体。虽然是同一个目标群体，但另一个品牌的渠道可能会到达你的渠道盲点。跨界营销更多的是一种事件营销操作，具有很强的闪现性，这也意味着两个品牌都会在短时间内集中资源引爆市场，吸引客户眼球。而跨界营销更注重新颖有趣的内容和品牌之间的互补性。随着新消费群体的兴起，单一的原创产品已经不能满足消费者多样化的需求。任何品牌的需求也从基本功能延伸到价值趣味，再到多元化结构，并逐渐从广告的功能卖点向情感需求转变，使品牌跨界成为突破。跨界品牌可以用小的成本获得更好的推广效果，也可以满足部分铁杆粉丝的需求，增加产品的多样性，满足消费者多样化的需求，打破消费者原有的认知。将一个熟悉的品牌扩展到不同的领域，或者与不同类型的产品相结合，也可以增加新颖性，激发消费者的意识。

（2）促销跨界

促销跨界是指双方达成促销合作计划，其中一家企业的产品成为另一家企业的促销品或促销工具，或双方将对方的产品视为自己产品的促销品。捆绑销售是两个或两个以上的公司组成一个完整的集团，将他们的产品销售给客户，从而降低整体价格提高销售数量。但是，网络销售只能是一种辅助形式，不能成为主流模式，不能取代传统销售。毕竟汽车是一种大件商品，不同于手机，不同的车型有不同的配置。此外，不同的行业没有直接的竞争，并且具有同边效应。比如，在汽车经销商与苏宁的跨界关系中，购车者可能想买电器，而购电器者可能想买车。一般情况下，去电器商场的人只能看电器，汽车店只能看汽车。如果把这两种产品放在一起，就会有另一个亮点和吸引力。这种促销方式在跨界应用中被广泛使用。它经常出现在食品饮料、家用电器、汽车等产品的销售中，形式是一种产品使用另一种或多种产品作为促销品，在企业之间达成促销品的供应或合作协议。品牌推广不仅包括线上和线下两个层面，还包括其他更紧密的战略合作，例如汽车和手机品牌、汽车和移动以及电信的跨界推广、跨界促销等。

（3）渠道跨界

渠道跨界广泛应用于以渠道和终端为核心的行业，不仅包括上下游产业链的整合，还包括互联网技术、电子商务、金融的融合。只有通过整合，才能提高渠道的竞争力，真正发挥流通对生产和消费的引导作用。随着信息化深入社会生活的方方面面，汽车是适合线下体验和网上销售的标准化产品，汽车电子商务未来将有广阔的发展前景，全渠道销售将是大势所趋。随着互联网技术和电子商务逐渐渗透到汽车领域，网上购车逐渐成为一种新的消费模式,越来越多的厂商开始实施线上线下体验式营销模式或寻求更有效的营销模式。目前,汽车消费对象和消费模式正在发生变化,但汽车领域的销售渠道改革稍显滞后,汽车电子商务的发展仍然困难重重,但是未来的销售模式将逐渐改变。

例如,很多汽车厂商希望通过品牌渠道下的跨界咖啡馆增加品牌接触点,从而增加销量。汽车经销商希望通过跨界咖啡馆的服务来增加客户黏性,汽车后市场希望通过咖啡馆和汽车售后市场的交叉,将汽车服务和咖啡服务有机地联系起来。在汽车行业积极探索跨界咖啡馆的同时,业外资本也在努力将餐饮业、酒店业向汽车业靠拢,汽车主题餐厅和汽车主题酒店也相继出现。

其他例子还有4S店的汽车租赁服务和汽车SPA中心的跨界。4S店在汽车租赁领域有着独特的优势,强大的服务网络和服务能力,拥有丰富的网络、客户、信息和营销资源,拥有原厂服务体系,可提供原厂专业保证的车型,并以技术保证质量,使每辆车在等待行驶时状态更佳,让客户租车更放心。消费者在租车时不仅可以享受到低廉的租车价格,还可以在租车期间享受到维修、保养和24小时紧急救援服务。此外,4S店具有完善的管理和服务理念,在资本运营方面具有优势。

8.1.3 跨界合作运营方法

跨界合作如何运营?方法有哪些?
为了解答此问题,让我们一起来学习以下内容。

跨界营销是当前企业营销的一种创新方法,它可以改变实际营销环境中的障碍,通过跨界合作避免误解,颠覆传统思维,实施"无界"经营,大胆借鉴和嫁接其他产品。其他行业的思想、模式、资源和方法都为我所用,超越了过去,实现突破,实现业务互补和互利共赢。

"凡事预则立,不预则废",为了保证汽车电子商务跨界营销活动的顺利进行,需要从以下几个方面保证网站的正常稳定运行和跨界营销活动的顺利开展:

1) 汽车后市场是一个特殊的行业,在跨界营销前应做好市场分析、竞争分析、受众分析、品牌与产品分析、独特的销售主张提炼、创意策略制定、整体运营步骤规划、投资与预期设定。

2) 优化网站结构、视觉风格、网站栏目、页面布局、网站功能、关键词规划、网站搜索引擎、网站设计与开发。

3) 做好品牌形象文案策划、产品销售理念策划、产品销售文案策划、招商文案策划、产品口碑策划、新闻内容策划、各类广告文案策划。

4) 采用SEO排名优化、博客营销、微博营销、论坛营销、知识营销、口碑营销、新闻软文营销、视频营销、事件营销、公关活动等传播方式。

5) 做好网站排名监测、传播数据分析、网站访问量统计分析、访问量分析、咨询统计分析、网页浏览深度统计分析、热门关键词访问量统计分析。

跨界营销的优势在于打破传统的营销思维模式,寻求非行业合作伙伴,实现客户资源、渠道资源、传播资源、销售平台、品牌号召力等资源的共享。在跨界营销的具体实践中,企业在实施中所采取的策略主要是从以下五个方面来实施:

1）产品方面。主要包括基于品牌层次的跨界营销，如东风雪铁龙 C2 与意大利知名时尚运动品牌 Kappa 的合作。他们在产品设计或营销上有很多共同点：在产品设计上追求美，充满活力，追求极致；面对着相似的客户群体，可宣传运动、酷时尚、出色的客户体验等相关内容。这种跨界是企业比较流行的做法。

2）渠道。两个合作品牌的渠道合作，如汽车经销商与房地产商的合作，可以扩大影响力，利用对方资源以达到共赢。例如，在销售中心与汽车建立裙带关系，开展买房送车活动；或以行为为主题的现场推广展示活动；在三四线市场营销渠道创新，渠道试分享，大型综合加盟店展示销售；双方还可以共同在这些城市开展团购活动。

3）营销传播。通过对产品的客户群进行重新定义和分类，产品可以在另一种行业和市场中有所突破。例如，统一润滑油是借助电视台的广告，通过大众消费媒体的崛起而崛起的；壳牌润滑油市场的突围也是如此。

4）产品开发。主要是指在产品开发过程中，借用同一行业或另一行业形成的概念和功能，实现产品开发或功能跨界。

5）文化和地域方面。主要是通过文化借用或地缘优势嫁接来激活产品，比如秦始皇兵马俑和保时捷的品牌推广。

在进行跨界营销时，不同品牌的两家公司在品牌、实力、营销理念和能力、企业战略、客户群、市场定位等方面应具有相似性和互补性。平等的跨界营销可以发挥协同效应，实现优势与劣势互补，将其已有的市场知名度和品牌内涵转移到对方品牌或积累其传播效果，从而丰富品牌内涵，提升品牌整体影响力。只有两者相辅相成，才能相得益彰，发挥各自的作用；相反则不会产生这样的效果，反而是浪费各自的价值。

每个品牌都有一定的客户群，但是品牌不应该是竞争性的，才有合作的可能。在产品属性上，两者必须相对独立，每一个品牌都需要建立在产品本身之外的互补性基础上，比如渠道、品牌内涵、产品知名度或客户群。

跨界营销的本质在于创新。企业要敢于创新，迅速把握企业竞争和市场的本质，迅速响应客户需求，在内部建立灵活高效的业务运营模式，在保证公司持续盈利的同时，快速满足新时代客户的需求；对外，以技术创新满足客户多样化需求，整合渠道，抓住新的市场机遇，通过创新解决新的营销环境下存在的问题，实现双方双赢。在实际应用过程中，要把握好原则，避免误解，颠覆传统思维，实施无限经营，大胆借鉴和嫁接其他产品、行业理念、模式、资源和方法，超越过去，实现多赢。在同质化的产品竞争中，应该认真研究不同客户之间的客户需求特点，细分市场，开拓新的市场。跨界营销的品牌契合点越大，共同目标越接近，跨界营销的效果越显著。应根据公司的业务特点或服务特点，嫁接不同的产品、服务或商业模式，找出契合点，并明确同一目标。

8.2 实践训练

	实训任务	跨界营销方案策划

	实训准备	实训计算机、网络、打印机、打印纸等
	训练目标	1. 通过实训能够掌握跨界营销方案策划方法 2. 通过集体协作增强团队意识，经过工作汇报能够提升学生的思维能力、语言组织能力、表述能力
	训练时间	45 分钟
	注意事项	每一位同学都应当积极发言，能够在讲台上清晰地表述出老师提出的问题

任务：跨界营销方案策划

 任务说明

请选择一种非同类产品品牌（品牌由各个小组自由拟定，房地产除外）与汽车品牌（品牌由各个小组自由拟定），模拟策划跨界营销活动过程，制定实施方案。

实训组织与安排

教师活动	指导学生选择跨界营销的品牌，组织学生分组完成活动的策划
学生活动	按照任务中的要求填写出需要完成的内容

 任务操作

团队组建	
品牌选择	
广告宣传	
公关活动	

170

销售支持	
视觉传达	
活动支持	

参考：跨界合作的流程如图8-3所示。

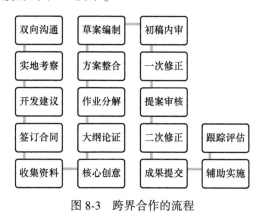

图 8-3 跨界合作的流程

8.3 探讨验证

教师活动	组织学生将鉴定结果进行点评，让学生在讲台上对小组成果进行展示；引导学生进行问题探讨
学生活动	将小组完成的鉴定报告对大家进行讲解，并完成老师提出的问题探讨

 问题探讨

1. 请选择一家房地产公司品牌，试分析汽车品牌与房地产品牌的契合度，考虑应如何进行操作。

2. 思考如何保障合作品牌公司的双赢，以及怎么分配双方的利益。在产品、渠道、营销传播、产品研发、文化地域五个方面有没有更好的创新思路？

8.4 项目小结

本课题的学习目标你已经达成了吗？请通过思考以下问题的答案进行结果检验。

序 号	问 题	自检结果
1	什么是跨界营销？	
2	跨界营销有哪几种方式？	
3	跨界营销的原则有哪些？	
4	跨界营销对品牌选择需要注意哪些问题？	
5	跨界合作的要点是什么？	
6	跨界营销的营销模式有哪些？	
7	什么是品牌跨界？	
8	什么是促销跨界？	
9	什么是渠道跨界？	
10	跨界营销策略主要有哪些？	

项目练习

单项选择题：

		跨界合作打破传统营销思维模式，发挥了（　　）的协同效应。
问题1	A	同品牌
	B	不同类别品牌
	C	不同类别企业
	D	以上都对

		跨界营销注重客户体验，形成（　　），产生更具强力的品牌联想。
问题2	A	整体的品牌印象
	B	整体的品牌印象
	C	整体的品牌印象
	D	以上都对

		跨界营销可以（　　），形成整体的品牌印象，塑造了品牌立体感和纵深感。
问题3	A	使企业旗下同类的品牌、产品、文化元素相互渗透融合
	B	使毫不相干的品牌、产品、文化元素相互筛选
	C	使毫不相干的品牌、产品、文化元素相互渗透融合
	D	以上都对

		在实际应用中，跨界营销主要有（　　）三种类型。
问题4	A	品牌跨界、文化跨界、渠道跨界
	B	品牌跨界、促销跨界、思想跨界
	C	品牌跨界、促销跨界、渠道跨界
	D	以上都对

问题5		跨界营销本质核心在于（　　）。
	A	创新
	B	保持
	C	巩固
	D	以上都对

问答题：
在跨界营销的准备期应如何选择合作伙伴？

思考与讨论：
1. 跨界营销成功的因素有哪些？

2. 为保障跨界营销活动能够顺利进行，前期应做好哪些工作？

项目九 汽车行业跨境电子商务

学习目标

- 能够知道跨境电子商务的经营模式与业务特征。
- 能够知道跨境电子商务常见经营风险。

9.1 基础知识学习

跨境电子商务改变了外贸行业的传统经营方式,也影响和改变了我国外贸产业链的布局。近年来,物联网、移动技术、大数据、云计算等先进技术的快速发展和广泛应用,使跨境物流、信息流、资金流更加便捷高效。跨境电子商务已经成为我国外贸领域的增长点。

学生准备	学生在正式上课之前,应当做好如下准备: • 在课前预习老师安排的教学内容,完成老师推送的学习准备。 • 准备好本次学习范围内需要向老师提出的问题。

9.1.1 汽车行业跨境电子商务

什么是跨境电子商务?
为了解答此问题,让我们一起来学习以下内容。

跨境电子商务是指属于不同国家的交易主体,通过电子商务手段对传统进出口贸易中的交易环节进行电子化展示、议付和交易,并通过跨境物流和异地仓储进行货物交付和完成交易。这种国际商务活动实质上是一种新型的电子化、网络化的国际贸易。

随着网络技术环境的改善,汽车跨境电子商务可以降低进出口成本,降低外贸行业门槛,鼓励中小企业积极参与国际市场竞争,开拓国际营销渠道,推动企业打造自主品牌,提高产品附加值。与传统的国际贸易形式相比,汽车跨境电子商务的外贸链条更加扁平,减少了部分流通环节,降低了交易成本,也降低了外贸门槛。产品和采购渠道比较成熟的外贸公司可以在第三方或自营的电子商务服务平台上进行外贸,使用第三方支付平台进行支付,物流也可以交给专业的第三方物流公司。

汽车跨境外贸电子商务与传统外贸方式相比,一方面信息处理更加精细高效,沟通更加及时充分,借助跨境电商平台,可以有效整合企业内外部资源,有效降低企业运营成本;另一方面,跨境电子商务避免了传统进出口业务流程中一些复杂的环节和成本。根据参与跨境电子商务交易的不同主体进行分类是目前最为普遍接受的电子商务模式分类方法，可将其分为以下三种类型：

1) B2B。这是跨境电子商务最早尝试的模式，目前跨境电商交易量85%以上来自B2B跨境电商。B2B模式由于其低信息成本和供应链与价值链的整合，可以给交易双方带来丰厚的利润回报。

2) B2C。一般有平台操作和自营两种方式。前者是通过平台引入海外的商家，大多进行品牌直销；后者是直接采购进口商品并通过互联网销售。这种交易方式为交易双方节省了时间，省去了报关、关税缴纳等环节。与传统的小额国际贸易相比，跨境电子商务具有网络化、电子化的特点。与传统出口模式最大的不同是，独立的B2C模式使得中国工厂可以直接销售给外国消费者。在B2C的平台上，有70%的产品直接来自制造厂，产品定价较低，定制产品较多。

3) C2C。在C2C平台上，交易的参与者可以出售或购买对方的商品。这种交易模式虽然方便灵活，可以满足个人客户对进口商品的需求，但也面临信用缺失、灰色通关等风险。

这三种跨境电子商务模式还可进一步分为传统跨境大宗交易平台模式、综合门户跨境小额批发零售平台模式、垂直跨境小额批发零售平台模式、专业第三方服务模式四种不同类型的平台模式。跨境电子商务又可分为进口电子商务和出口电子商务，其中进口电子商务大多采用B2C和C2C模式，出口电子商务主要采用B2B、B2C和C2C模式。与B2C电子商务模式相比，B2B进口跨境电子商务具有不同的关税、物流和商业形式。

在关税方面，在B2B跨境电子商务进口货物的海关监管中，按照传统外贸交易意义上的"货物"进行监管。进口货物需要清关，必须申请商检、动植物检疫、卫生检疫（"一关三检"）的有关证明。"一关三检"准备就绪后，海关部门将收集进口货物种类的相关信息、相应的关税、增值税以及消费税。对于海关认定为"货物"的进口货物，对货物的数量和属性没有进一步规定。只要国家政策允许货物进口，即使是小批量的货物，也能很快办理通关手续。

物流是跨境电子商务过程中的重要组成部分，特别是对于跨境贸易而言，物流的及时性会直接影响效率。跨境电子商务的物流环节如图9-1所示，一个完整的物流供应链需要有效地整合订单信息、商家和消费者。与传统的交易方式相比，跨境电子商务中的物流信息是在网络上传输的，而线下部分会受到地域和边界的影响。物流业的发展和完善可以保证跨境电子商务成本的降低和交易效率的提高。

跨境电子商务的物流方式主要有直邮和保税两种。直邮方式的物流流程是：买家在终端填写订单并付款后，商家安排物流发货，它可以被称为"先订货，后物流"的程序。这种方法更常用于金额小、批量小、送货地址分散的订单。其物流安排相对分散，成本相对较高，也相对耗时。保税仓库的物流模式是供应商可以利用跨境电商平台提供的大数据分析，结合自身经验，提前进口相应的货物，存放在国内保税仓库。买家可能有相应的需求，在平台上提交订单后，供应商可以通过物流交付货物。这种方法可以概括为"先物流，后订货"。该方法的主要优点是时效性强，但对供应商的信息质量和分析判断能力有较高的要求。

在商业形式方面，B2B跨境电子商务直接连接供需双方，能够最大限度地展示双方的信息，准确表达双方的需求，有利于信任和销售合同的形成和维护。这种形式的优点是避免了以后重复交易时双方对交易渠道的依赖。

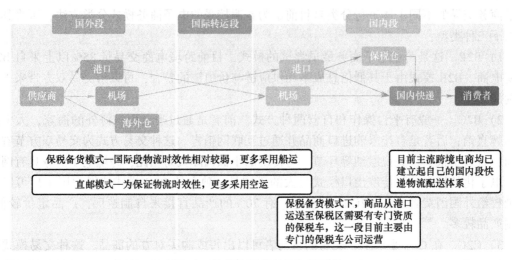

图 9-1 跨境电子商务的物流环节

目前，很多跨境电子商务都在使用 B2B2C 模式，或者说"B2B+O2O"模式，这些都是可行的路径。B2B 模式主要用于大宗商品交易，订单量和交易量都比较大。从规避风险、保证产品质量的角度出发，很多买家在完成交易订单后转向实体传统银行，由货运代理完成交易、结账、物流等。B2C 模式可以在平台上完成信息、金融、物流等环节，到达消费者手中。一方面，B2B 模式可以利用 B2C 模式拓展供应链，形成"封闭"的线上运营流程，B2B 的优势也可以解决 B2C 模式目前无法解决的痛点。

跨境电子商务的业务流程包括通关、物流、外汇等环节，涉及资金、信息、物流以及相关的中介和服务。跨境电子商务网上购销，但仍需经过传统的线下交易流程，完成谈判、采购、合同签订、产品配送、结算、售后服务等环节。

从进出口的角度看，跨境电子商务可以分为进口和出口。跨境电商进口主要有三种方式：直邮、保税线邮和完税直销。直邮模式可以概括为"国外+跨境平台+海关+消费者"。保税邮件和完税直销可分别概括为"国外+保税仓库+跨境平台+海关+消费者"和"货物+跨境平台+消费者"。最早的国外产品电子购物模式是代购和海淘。代购是指外国买家购买商品并将其送回中国，买家赚取差价，但商品质量和售后服务无法保证。海淘是指国内消费者自行浏览国外电子商务网站，下单购买商品。如果网站不支持国际送货，他们需要先找到一家货运公司，寄给货运公司，然后由货运公司寄往国内，因此，运费昂贵，需要很长时间。

出口跨境电子商务的主要模式可分为 B2B 模式和 B2C 模式，这两者的区别在于外国买家的身份，B2B 模式的购买者是外国批发商或零售商，而 B2C 模式的购买者直接是外国消费者。

跨境电子商务的整个业务流程与在中国进行交易的电子商务差别不大。汽车产品贸易是大宗产品的交易，对于跨境电子商务来说，国际进出口贸易涉及国际支付结算、进出口清关、国际运输、保险等复杂手续，需要控制相应的风险。因此，汽车外贸电子商务主要用于信息交流、客户沟通、营销策划和产品推广，汽车进出口手续则需要线下办理。

跨境电子商务的主要特点如下：
1) 无纸化。跨境电子商务交易的主体都是通过网上平台完成的，在整个过程中，发票、合同、销售凭证、订单支付等都以电子形式存储,没有任何纸质单据。跨境电子商务无纸化、一体化的特点为交易双方提供了便利。

2) 虚拟化。由于跨境电子商务不再局限于某个固定的时间和区域,在交易过程中没有确定的交易场所或组织,从合同谈判到合同签订、付款阶段都是通过网络平台直接完成的。此外,在交易过程中,除了消费者最终获得有形商品外,没有对整个过程的实物把握。在整个跨境经营过程中,经营场所、交易主体和货物都是以虚拟的形式存在的。

3) 全球化。互联网是开放的,跨境电子商务依托互联网平台进行交易,具有全球化的特点。它使一个国家的产品不再局限于本国,国与国之间的地理界限变得模糊。通过互联网技术,买卖双方可以实现产品的互操作,无需跨越国界。全球化可以使资源的共同使用具有最大的权威性,使市场的利用最大化;但另一方面,由于文化、政治和法律差异,客户可能面临风险。

4) 匿名。跨境电子商务是通过互联网平台完成交易的电子商务活动,经营场所和商品是虚拟的,交易双方都是匿名的。匿名的特点使税务机关难以开展工作,税务机关无法查清纳税人所在地,也无法了解纳税人的交易情况和纳税情况。

跨境电子商务存在以下问题:

1) 侵权和销售假冒问题。在跨境电子商务中,知识产权的实现大多是以文本、图像、声音、程序等数字形式,无需跨境物流即可实现跨境交易,极易复制和传播。仿冒品不仅存在于国内购物网站,也会出现在跨境电商平台上。在跨境电子商务中很容易出现知识产权纠纷,并且平台交易具有一定的隐蔽性,不易监管。而发达国家的知识产权保护制度非常严格,对假冒品牌商品的处罚也非常严厉,稍不留神可能会因侵权遭受严重损失。

2) 缺乏纠纷解决机制。跨境电子商务与国内电子商务一样,消费者与卖家之间也存在纠纷,如产品质量问题、产品信息虚假、卖家不发货、买家不收货等。由于电子商务的跨国性和网络的虚拟性,使得解决这些问题具有以下困难和复杂性:

① 物流证据难以获取。跨境物流包括两个环节,国内环节和海外环节。跨境双方存在语言差异,双方物流信息化水平不同,信息无法互通,导致国际物流无法全程跟踪。想实现包裹物流信息的实时跟踪是不可能的,因此,卖方不能检查买方是否已收到货物,买方也不能检查卖方是否已交货。此外,国际物流往往要经过4次或4次以上的转运,这更容易造成丢包现象,这类问题同样出现在汽车这样的大宗物件上。

② 退货成本太高。跨境贸易产品的利润大多数利润较低,商家往往可以从物流服务商那里得到一定的折扣,因为送货量大,或者大包裹陈列后再拆分成小包裹,物流成本相对较低。但是如果退货,单个项目的物流成本将非常高。此外,退回的货物将再次接受海关检查并缴纳关税,物流时间也很长。目前对退货缺乏相关规定,退货率过高或恶意退货行为都会极大地影响公司的收入。另外,一些企业利用跨境电子商务的新特点骗取退税,给国家税收造成巨大损失。

③ 纠纷发生后的诉讼难度较大。跨境电子交易往往涉及多国因素,例如,买方和卖方的位置以及 web 服务器的位置都位于不同的国家,很难确定管辖权,消费者不能投诉。还有就是跨国诉讼的成本很高,跨境诉讼维权所花费的律师费和司法程序费可能会大大超过了交易本身的金额,得不偿失。

3) 缺乏公信力。跨境电子商务已进入快速发展期,如果符合条件,就可以成为跨境电子商务从业人员,进入壁垒低,行业规范不完善。除了少数信誉度高的大型跨境电商公司外,很多公司都从事跨境电商。电子商务中小企业或个人仍然存在诚信缺失的问题,表现为产品质量差、产品标识不清等,很容易引起消费者的误解。

4)跨境电商平台监管难。跨境电子商务架构如图9-2所示,涉及多个方面,需要完善检验检疫、税务、海关等多个环节,以及需要各国法律制度的对接。对于跨境电子商务的监管,我国先后出台了《电子签名法》等相关法律法规来规范电子商务行为。但总体而言,目前的制度制定仍缺乏预见性和前瞻性,并不能很好地制约跨境电子商务违法行为的发生。此外,对跨境电子商务的监管也缺乏效率。政府对跨境电子商务的监管还缺乏相应的管理经验和专业知识,导致管理效率低下,监管难度加大。

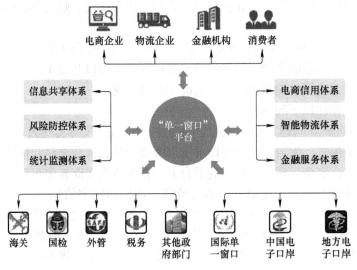

图9-2 跨境电子商务架构

5)跨境电子商务跨地区发展不平衡。在我国,跨境电子商务总体发展处于不平衡发展状态。广州、上海、杭州等试点城市发展居全国前列,基础设施、物流、仓储等建设较为完善;东西部地区的跨境电子商务正处于探索阶段。基础设施不完善,商业模式和盈利模式尚不明确。此外,跨境电子商务发展不平衡还表现在试点城市的交易量占比较大。其中,东部沿海城市跨境电子商务交易量占比高达70%以上,跨境电子商务的利益很难传导到内地。

6)清关和关税问题。很多进口跨境电商公司都采取了保税模式,即库存先发往保税区,再从保税区发货。对于进口跨境电子商务,当包裹进入海关时,海关必须依法征税。个人物品邮寄进境,即行李、邮件进口税,征收邮政税。具体做法是先核实邮件中物品的完税价格,再按该物品相应的税率征税;应税金额低于起征点的,不征税。如果邮件中的物品超出个人用途、合理数量或限制(单一和不可分割的物品除外),则需要办理报关手续;税收包括关税和增值税。然而,海关不可能100%开箱验货,这就出现了偷税漏税的问题。对于出口跨境电子商务,目的地国海关也将扣留货物进行查验。货值低或者未取得相关产品认证的,海关可以直接没收、退货或者要求补充单证、资料后放行。在一些实行贸易保护政策的国家,海关几乎检查每一个包裹,还需要商业发票、收款人税号和货物价值申报单。有时,即使提供了所有信息,也可能被视为欺诈,这也增加了出口跨境电子商务的运营成本。

在电子商务的活动中，跨境电子商务平台的品牌化可以让潜在客户在短时间内识别并进行进一步交易。跨境贸易企业如果建立起良好的企业品牌形象，明确市场定位、细分市场、选择市场，实施差异化战略，将有助于消费者形成产品偏好，提高消费者忠诚度。

跨境电商平台要实现可持续发展，还需要注重服务质量，提供优质服务，以获得客户和市场的好评和关注。一方面，企业必须关注客户的需求，可以利用大数据分析和预测客户的需求和偏好，为客户提供精细化服务；另一方面，要提升产业链，进一步加强与国内外相关专业机构的交流合作，提高平台提供的服务水平。

9.1.2 跨境电子商务风险识别

跨境电子商务活动中主要存在哪些风险？
为了解答此问题，让我们一起来学习以下内容。

为了保证汽车跨境电子商务的持续快速发展，关注跨境电子商务的风险因素具有重要的现实意义。风险识别是一个动态的、不断调整的过程。跨境电子商务产业链与风险分析如图 9-3 所示，要识别企业风险因素，就必须从风险产生的根本原因入手，识别企业面临的风险因素。企业管理者在确定风险因素后，可以根据企业的经营活动判断风险的重要性，有针对性地对关键风险进行管理。

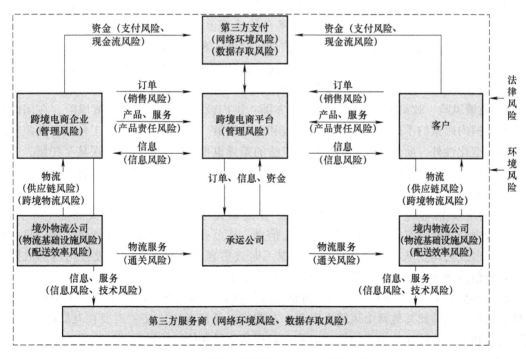

图 9-3　跨境电子商务产业链与风险分析

目前，汽车跨境电子商务主要存在以下风险：

1) 渠道风险。无论汽车跨境电商采用何种交易方式，与内贸电商渠道都有很大区别。跨境电子商务交易的渠道风险主要包括产品标准差异风险、物流风险、账户管理风险和信息风险，具体如下：

① 产品标准差异风险。产品标准差异风险是指由于原产国与客户所在国之间无法统一产品标准或产品质量控制方法而引发跨境电子商务纠纷的风险，这种风险很容易造成退货和换货等损失。

② 物流风险。跨境电子商务除了解决国际快递问题外，还必须合理处理海关、商检、保险、税务等问题。在小型跨境电子商务行业中，一个重要的成员是第三方物流承包商，它可以代理商品从商家到客户的全过程。但在这个过程中有很多风险，其中，货物安全和海关检查是最重要的风险，货物运输安全是商家最为关注的问题。我国物流产业链比较长，流程复杂导致物流成本高，产品价格加上相应费用，整体价格上涨；国际运输、海外建仓等因素也导致供应链整体风险增加。同时，国内外海关等环节的监管风险也相应增加，海关查验周期长、物流配送周期长、国际运输时间长导致客户满意度下降和客户体验差异也成为制约跨境电子商务物流发展的关键点。跨境电子商务物流还将涉及政治、经济、自然环境的变化，这也将增加跨境电子商务物流的风险。最后，跨境电子商务物流逆向物流的建设相对落后。由于货物质量或丢失、海关检查、配送环节出错等问题，退货率仍然比较高。

③ 账户管理风险。账户管理风险主要是由于目前跨境电子商务的第三方支付平台还不成熟，主要有两个方面：一是支付平台选择较少，二是未取得国家支付许可。

④ 信息风险。参与电子商务的企业往往从自身利益出发，隐藏相关交易信息，使税务机关无法对交易进行跟踪，税务机关很难掌握纳税人的身份或交易信息。跨境电商企业通过跨境电商平台发布产品和服务信息，通过平台接受订单，同时实现信息共享。在这个过程中，可能涉及营销风险、产品责任风险、信息风险等；客户使用跨境电商平台下订单、购买商品、上传个人信息，可能涉及产品责任风险和信息风险；下单后，货物进入国际物流配送流程并通过跨境海关监管，可能涉及跨境物流风险、通关风险等。

2）政策风险。政策风险主要来自两个方面：国内政策风险和对外政策风险。在国内政策方面，国内政策的不确定性主要来自税收和海关政策。外交政策风险除了外国海关政策的复杂性和变化性外，质量检查和国内外版权法的差异也很容易造成货物延误甚至扣留，一些国家的信息封锁使电子商务各方难以获得全面的信息。其次，也容易出现信息被窃取和滥用的安全问题。

3）网络攻击风险。从买家的角度来看，在商业交易过程中，买家需要登记个人信息，但公司或中介平台没有责任保护买家的私人信息，甚至有组织恶意包装和销售客户信息。跨境电商平台或公司在从事跨境电商时，数据不时被黑客窃取或攻击，造成公司内部数据丢失、客户信息泄露，以及其他对企业有重大影响的事件。

4）产品风险。产品质量、类型和价格风险统称为产品风险。产品质量和类型是中等重要性，而价格风险比其他两个风险更重要。在跨境电子商务中，交易需要在互联网上完成，其次是货物的实物转让。由于信息不对称，对产品质量和价格的错误判断可能给买卖双方带来风险。

5）现金流风险。结汇不及时可能导致企业现金流不畅。由于跨境电子商务结算具有跨境的特殊性，我国对个人结汇有相关的限制，采用第三方支付可能出现现金流风险，造成资金沉淀风险。目前，很多跨境电子商务结算都是通过第三方支付结算，接收方收到货物并确认后，第三方支付将资金转入收款人的账户，这一期间的资金都集中在第三方支付公司的账户上，这就给收款人带来了资金流动的风险。如果第三方支付公司将资金用于自身资金流获利，可能进一步加大企业资金流风险。

6）欺诈风险。欺诈风险一直是对外贸易中的重要风险因素，跨境电子商务企业在经营过程中对于可能遭遇的欺诈风险给予中度的重视程度，表示欺诈风险虽然不是常见风险，却在很大程度上影响企业快速发展的步伐。由于不同国家具有不同的文化和经济环境，跨境交易信息不对称的情况更为严重。买家很难对卖家的产品质量和售后服务做出准确的判断，同时卖家也很难评估买家的信用状况。

7）法律风险。法律风险涉及政策和法律的完整性，企业必须应对国际市场的诉讼风险，特别是涉及国际交易的诉讼风险。我国跨境电子商务企业在应对国际诉讼风险时，将耗费巨大的经济成本和时间成本，对企业发展具有明显的抑制作用，并将明显影响企业发展的速度和公司在国际市场上的企业形象。

8）国家政策风险。为了保护本国企业的利益，各国需要制定一系列的保护政策。

9）文化风险。文化风险是指由于文化差异和消费者偏好，不同国家或经济区域的销售额、盈利能力和市场份额的变化。文化因素对跨境电子商务的影响总是存在的，同时也是非常重要的，在一定程度上影响了跨境企业产品类型、价格、销售策略等管理环节。

针对以上问题，国家正逐步出台具体有效的政策法规，来保护国内跨境电子商务企业安全。同时，要加强国际交流与合作，共同探讨跨境电子商务的监管对策，建立国家间互通性，协商制定跨境电子商务关税、汇率等方面的法规和联合管理机制。为防范信息存储、信息流动等因素带来的信息风险，在跨境电子商务发展中，有必要为企业、政府、海关、物流公司、海关、供应商、运输企业等建立全系统的信息共享平台。

为规范电子商务的活动行为，应加强跨境电子商务立法。由于跨境电子商务的新特点，跨境支付、跨境物流、跨境知识产权保护、跨境售后服务等环节出现了新的特点，使得立法环境复杂，涉及利益多元化。准确定位法律的导向作用，特别是对于国际诉讼、知识产权保护、网络欺诈以及对外交易过程中容易发生的虚假交易。应从立法上加大对违法行为的处罚力度，加强对知识产权的保护，对侵权行为采取更加严厉的措施。要在整个行业树立良好的风尚，维护市场的公平和秩序，离不开政府监管和法律规则的建立。

为强化海关的贸易管理，在海关建立大数据分析，做好数据录入和整理工作，通过大数据分析邮件往来数量和频率，对高频邮件进行重点检查。海关还应与个人征信系统对接，接受方必须提供身份证明，防止违法行为的发生。

9.2　项目小结

本课题的学习目标你已经达成了吗？请通过思考以下问题的答案进行结果检验。

序　号	问　　　题	自检结果
1	跨境电子商务的定义是什么？	
2	跨境电子商务可分为哪些类型？	
3	B2B跨境电子商务的物流方式有哪些？	

序号	问题	自检结果
4	跨境电子商务的业务流程有哪些？	
5	跨境电子商务进口主要有那几种方式？	
6	出口跨境电子商务的主要模式有哪些？	
7	跨境电子商务存在的问题有哪些？	
8	跨境电子商务存在哪些经营风险？	
9	跨境电子商务主要风险的应对措施有哪些？	

项目十 汽车行业大数据与区块链应用

学习目标

- 能够知道大数据在汽车行业领域的作用与应用。
- 能够了解数字化转型与数字化重塑的作用与操作方法。
- 能够掌握区块链的基本概念与使用的方法。

10.1 基础知识学习

随着电子商务技术与信息技术的逐渐成熟，大数据对电子商务的发展起到了关键作用。在电子商务活动中，平台会记录下客户的行为数据以及购买信息，这有助于企业利用数据分析客户偏好，挖掘数据中的价值与客户潜在信息，发现并满足客户需求，进行精准推荐，提高运营效率。另外，在现代电子商务技术中，互联网和大数据采集是区块链应用的基础，数据分析是实现数据价值的核心，区块链是颠覆性互联网的核心基础技术，可以提升电子商务的可靠性、安全性和不可篡改性，并能释放更多的数据。本课题将重点介绍大数据与区块链等新技术的应用。

学 生 准 备	学生在正式上课之前，应当做好如下准备：
	• 在课前预习老师安排的教学内容，完成老师推送的学习准备。 • 准备好本次学习范围内需要向老师提出的问题。

10.1.1 汽车行业大数据应用

什么是大数据？
为了解答此问题，让我们一起来学习以下内容。

1. 大数据概述

数据是信息时代的能源，从研发、制造、营销到后期服务，整个汽车产业链正逐步走向数字化、智能化、个性化。大数据是指超过传统数据库系统处理能力的数据，是海量的、非常复杂的信息资产。汽车企业的数据非常复杂，包括研发设计数据、MES 系统数据、ERP 数据、CRM 数据、营销及售后服务数据，不仅涉及车辆本身的数据，还包括外部和互联网第三方数据等。大数据技术的意义不是掌握海量的数据信息，而是对这些有意义的数据进行专业化处理，以提炼出有价值的信息。

大数据的主要特征如下：

1) 拥有巨大的数据量。大数据在采集、存储、计算的过程中涉及的数据量都非常大。

2) 具有多样化的类型。与传统的数据类型相比，大数据的类型更多变，具体表现为网络日志、音频、视频、图片及地理位置信息等。

3) 具有较低的价值密度。大数据多为半结构化和非结构化数据，并未经程式化的处理，其中存在大量无用的信息，价值提取难度高，价值密度相对较低。

4) 具有快速的处理能力。因为大数据数量大、类型多、增长速度快、价值密度低，所以大数据应该被快速而高效地处理。

大数据在电子商务中的主要作用如下：

1) 保险公司应用大数据，除了可以提供快速定位跟踪、轨迹回放、寻车、碰撞报警等应急救援服务外，还可以推送维修提醒，精确地分析驾驶习惯，协助判断事故责任，增加客户黏性，实施新险种定制的差异化服务，改变理赔模式，提供增值服务等。

2) 通过大数据的应用，汽车经销商可以为车辆与客户提供里程维护提醒、远程故障诊断、碰撞报警、快速救援等服务，为客户定制差异化服务，提供自助维修模式，变被动为主动，增加客户黏性。

3) 应用大数据，租赁公司可以提供定位、轨迹回放、应急救援、寻车、维修提醒、安全驾驶报警、油耗经济性分析、定制化差异化服务等服务，以提升品牌服务。

4) 应用大数据的企业可以为客户提供驾驶数据分析、远程诊断、油耗和故障率分析、驾驶员管理评估、车辆定位和轨迹回放等服务，以提高车辆调度效率。

5) 汽车制造企业可以通过大数据的应用，为客户提供远程诊断、驾驶数据分析、区域油耗和故障率分析等服务，推出差异化产品，以提高整车质量和美誉度。

适用于大数据的技术主要包括大规模并行处理（MPP）数据库、数据挖掘网格、分布式文件系统、分布式数据库、云计算平台、互联网和可扩展存储系统。大数据的价值体现在两个方面：分析利用和二次开发。为了获取大数据的价值，对大数据进行分析可以揭示隐藏的信息。例如，销售分析、客户统计和动态信息可以提高对客户需求的了解。在过去，提取这些信息需要相当长的时间和成本，在现代，各种资源处理技术使大数据处理更加方便、廉价，可以结合大量客户信息，定制高度个性化的客户体验，打造全新的广告模式。

数据类型的多样性还允许将数据分为结构化数据和非结构化数据，与过去易于存储的基于文本的结构化数据相比，非结构化数据在不断增加，所占用的文件容量也在不断增加，这些多种数据类型对数据处理能力提出了更高的要求。

大数据可以分为大数据技术、大数据工程、大数据科学、大数据应用等领域。目前使用最多的是大数据技术和大数据应用。移动互联网的快速发展导致数据量激增，形成大数据现象。这些大数据不仅是海量的，而且主要是非结构化的。从不同渠道获得的数据可以是各种形式的，如音频、图像和视频。在大数据时代，我们必须学会用数据说话，通过大规模的数据挖掘，可以深入了解客户需求和市场结构，做出正确的决策和选择，进一步确定差异化转型的方向。

对于汽车制造企业和经销商来说，大数据的价值将更多体现在网络营销层面。随着购车者越来越倾向于通过互联网获取汽车信息，各种汽车媒体已经成为消费者购车前最重要的信息来源。有数据显示，目前主流汽车媒体日均访问量已超过百万。海量访问带来的客户属性、行为偏好、购买意向、购买价格等数据，无疑成为企业最有价值的信息资产。如果这些汽车客户行为大数据能够得到有效整合和分析，就可以为汽车品牌制造商和经销商提供准确有效的营销方向和新产品开发定位，包括市场策略的规划和确定，其商业应用价值不可估量。数据收集和分析能力的强弱，决定着企业的核心竞争力，当每个人都成为大数据结构的一员时，他会把自己作为一个客户样本，对自己的需求和行为有真实的洞察，也会根据行为习惯推断出价值信息。

汽车企业在运营过程中产生的数据主要来自内部业务平台数据、客户数据和管理平台数据，数据分析可以从宏观数据和微观数据两方面分析问题，为决策提供有利的依据。宏观数据是对总体趋势和对异常数据敏感性的预测，一方面，微观数据分析的源头是宏观数据变化引起的需求，二者之间是相互依存的关系；另一方面，传统的数据分析除了从宏观层面把握数据趋势和变化外，还必须在微观层面对变化的数据指标进行细分，从微观层面寻找问题的根源，解决问题。专题数据分析就是主动提出一些问题，然后寻找数据进行研究。通过对这些数据的解读，可以掌握客户购买产品的实际需求及其在购买过程中的行为。

根据大数据平台建设模式的不同，可以分为自建大数据平台模式和公共云服务模式。自建大数据平台是指购买大数据相关技术产品或解决方案，在本地搭建大数据相关基础设施、存储计算平台、分析工具、应用展示等。购买公共云服务是指购买某个大数据云服务提供商提供的线上大数据服务。

在大数据的开发和应用中，大数据的处理就是通过数据与统计分析看问题的本质，数据分析可以帮助我们从数据中找到有用的信息，找到有建设性的结论，并根据分析结论辅助决策。汽车数据库营销是通过建立、管理、分析、挖掘客户信息数据库，对客户进行细分，帮助企业选择高质量的目标客户群，使营销活动更加直接、准确。数据分析过程如图10-1所示。

图10-1　数据分析流程

数据分析是以目标为导向，通过目标选择数据分析的方法。常用的分析方法是统计分析，统计所有相关的大数据，然后收集所有相同类型的大数据，使用仿真工具将它们导入到一起。统计是指使用单个数字或一小部分数字集合来捕获大值集的特征，少量的值用于理解大量数据中的主要信息。常用统计指标包括：

1) 分布测量：概率分布表、频率表、直方图。
2) 频率测量：模式。
3) 位置测量：平均值，中位数。
4) 散度测量：范围、方差、标准差。
5) 多重比较：相关系数。

6）模型评价：准确率和召回率。

大数据分析方法包括可视化分析、数据挖掘算法、预测分析、语义引擎、数据质量和数据管理。数据分析的步骤如下：

1）数据收集。收集到的大数据必须是有价值的，大数据的价值可以通过收集过程得到充分体现。

2）大数据分类。大数据需要明确分类，只有明确区分，才能保证后期的正常使用和价值创造。

3）查找数据规则。只有对小批量数据进行汇总，找出大数据的内在规律，才能准确预测数据结果。

4）建立数据模型。在提取了所有的大数据之后，必须建立一个数据模型，并通过这个数据模型来测量结果。

5）进行数据预测。有了有效的数据模型和客观的数据规律，就可以进行数据预测，预测的结果可以帮助企业做出商业判断或商业决策。

2. 大数据在汽车行业的应用

大数据改变了汽车行业，重新定义了制造、市场定位、销售和车辆维护业务。以下将详细介绍大数据在汽车行业的应用方向。

（1）行车记录仪大数据在运输领域的应用

使用行车记录仪可以对驾驶员的行为进行管理和监督，防止驾驶超速等不良行为的发生，减少交通事故的发生，也可以降低车辆的运营成本和维修成本。在大数据的应用中，所有路况信息的大数据被其他车主用于汽车驾驶的智能化，为安全交通提供了最基本的大数据来源。智能驾驶记录仪可以记录驾驶行为、车辆轨迹和交通状况。如果行车记录仪连接到云终端，它可以记录交通冲突发生前后的速度、时间，以及车辆状态和驾驶员行为信息，如加速度、制动操作、转向指示灯操作和车辆外围图像。信息将自动存储在数据存储卡中，并可将信息导入计算机，分析冲突原因。行车记录仪大数据在交通领域的应用见表10-1。

表10-1 行车记录仪大数据在交通领域的应用

分 类		描 述
驾驶员	感知	信号灯、障碍物、车辆、行人和自行车等
	判断	反应时间、停车视距等
	操作	事前操作、误操作、制动不足、制动过度、无操作等
车辆道路与环境		车速、车距、加速度、制动信号、转向指示灯信号、车头时间、冲突对象的相对位置、冲突对象的运动方向、碰撞冲突地点、路面条件、交通流密度、交通控制方式、道路类型、道路线形、车道数、冲突发生在第几条车道等
冲突原因	车辆	超速行驶、逆向行驶、违法超车、违法转向、违法倒车、违法掉头、违法变更车道、不按规定让行、违法占道行驶、未保持安全距离、制动不当、转向不当、违反交通信号、违反交通标志标线等
	行人和自行车	突然猛拐、未保持安全距离、逆向行驶、抢道行驶、违法转弯、违法穿行机动车道、违反交通信号、违反标志标线等

(2) 智能导航大数据在交通智能领域的应用

智能交通系统主要以移动通信、宽带网络、RFID、智能传感器、云计算等新一代信息技术为支撑，通过先进的信息技术、通信技术、控制技术、传感器技术、计算机技术和系统集成技术的有效集成和应用，以全新的方式呈现人、车、路之间的交互，实现实时、准确、高效、安全和节能目标。在交通智能技术的应用中，交通信息采集方法分为人工采集方法和自动采集方法。其中，自动采集方法包括磁性探测器、光学探测器、微波探测器、路况和称重传感器等。

随着智能交通的逐步建立，大数据的功能和信息获取渠道也更加广泛，如公交刷卡数据挖掘、出租车运行轨迹数据挖掘、手机网络数据挖掘等。通过大数据的采集和分析，可实现的功能包括公交智能调度、协助制定交通规划决策、评价驾驶行为、预测群体行为等。

(3) 大数据在汽车衍生品及周边消费行为领域的应用

高速公路拥堵与交通趋势系统集成了货运监管数据、城市浮动车数据、客户 APP 位置信息等数据，通过大数据分析和挖掘，预测路网交通的整体趋势。准确的预测可以使公路部门有针对性、提前部署，大大提高了工作的针对性和有效性。

例如，我国国家公路出行信息服务系统的 GIS-T 地图功能，集成了手机信号数据、社会导航地图、公路行业地图、道路基础设施属性数据、路网实时运行状态、公路交通阻塞信息等，公路路况和技术状况检测、里程、气象预警、遥感影像等动静态数据覆盖了国道、国省普通干线和部分县乡公路。通过大数据平台不仅可以实时监控路网运行情况，还可以为突发事件发生后制定绕行方案等工作实时提供桥梁荷载等各种基础数据，有效提高了应急能力。

通过车内的智能设备和无线网络链接，驾驶员可以获得实时路况信息，并在发生可能影响出行计划的未知风险时，乘客可以及时获得替代路线或车辆。将这些实时信息传输到移动设备可以减少时间损失，并防止意外情况干扰出行计划。汽车大数据不仅可以满足客户出行、路况预测、客户与客户之间的交通信息，还可以为政府和社会提供海量的处理数据。通过数据分析和应用，公共部门可以进行交通大数据决策分析，分析全市交通拥堵的原因，对异常道路进行数据挖掘，进而改变交通状况；此外，通过汽车大数据，它还可以衍生到汽车周边的消费领域进行应用。

未来的智能交通网络将更加智能化，一旦堵车，就可以帮助乘客改变出行计划，实现商务会议的自动改签或改期。这一综合智能交通系统可以收集道路、航运、铁路和航空等交通信息，并更好地利用不同类型的交通系统，以减少拥堵和二氧化碳排放。

(4) 利用大数据分析客户消费行为，了解客户需求

过去，市场营销主要是通过品牌传播和群体分析。在汽车大数据时代，营销变得更加精准和有效，甚至成交也直接成为事实，并可以形成闭环，这大大提高了营销的有效性。同时，汽车大数据实现了线上线下渠道的紧密融合，让传统营销方式直接进入多屏智慧营销期。互联网与汽车技术的融合，可以充分释放更多的客户需求，如安全出行、愉悦驾驶、便捷服务、移动办公、娱乐、购物等，并通过客户体验数据准确分析潜在需求和市场状况，进而达到不断提高客户满意度、抓住市场机遇的根本目标。

汽车大数据通过客户画像分析、市场形势分析、场景分析、营销产品内容分析，洞察客户需求，应用个性化推荐技术，实现真正意义上的个性化精准营销和智慧营销。汽车企业利用大数据分析客户的消费行为、兴趣偏好、客户分布、发展趋势、消费能力、消费特点以及

产品的市场口碑现状，然后制定有针对性的营销计划和营销策略，可以实现精准的信息传递，更好地服务客户，培养忠诚客户。

在汽车营销层面，尤其是车主行为的数字化统计分析是汽车企业最看重的，其他包括所有的驾驶操作和日常行为习惯，甚至座椅使用习惯也会形成相应的数据。以汽车为中心的数据、配件、车况、保养、交通、地理位置等，这些信息会形成大量的数据，需要挖掘和应用来产生价值。另外是汽车数据的资本化，大数据可以创造巨大的价值，大数据将成为汽车企业和汽车经销商的有效资产，因此这些数据将像其他资产一样为汽车企业经销商带来利益，并成为汽车企业和汽车经销商的资产，创造更多价值。

（5）车辆使用数据对车险业务的帮助

车载诊断系统能实时自动采集车辆自检和运行数据，保险公司可以通过车载诊断系统或其他智能设备终端来收集车主的驾驶行为数据。如果车主从未违反规定，第二年保险折扣会很低。如果车主经常违反规定，保险公司可以拒绝投保。安装在车上的设备会返回里程、速度、加速度、位置等信息，帮助监控和改善驾驶员的驾驶习惯，从而有效保障车辆安全管理，有效控制风险是保费决策的依据，可以提高公司效率。对于车辆租赁，可以增加车辆的使用时间，减少闲置时间，为分时租赁提供数据。当终端设备或黑盒子检测到车辆撞击或发生事故时，会在紧急情况下呼叫应急救援部门参与救援，黑盒子里的数据还可以帮助客户分析车辆损失和保险费的精算状况。车辆被盗时，利用 GPS 技术对被盗车辆进行跟踪定位，协助客户找回被盗车辆。大数据的使用不仅增加了保险投保量，而且提高了保险质量。

（6）智能车联网车载远程诊断在场景电子商务中的应用

随着汽车电子控制的日益普及，汽车的信息化程度将不断提高。国际上大多数汽车制造企业都采用了车载总线与通信技术协议作为传输标准，OBD 所获得的数据也越来越丰富。因此，许多企业有可能围绕汽车提供更多的增值服务和应用。

互联网技术的发展衍生了远程电子故障诊断系统，电子故障诊断系统能将车辆维修的相关数据和车辆的一些重要信息进行整理存档和记录，维修人员通过线上远程检测就可以诊断汽车故障。同时，维修企业还可以对维修的信息进行整合，实现资源共享，极大地简化了传统维修流程，避免了很多维修问题。

另外，通过云推送可以及时解决客户的急迫性，实现网络电子商务。通过诊断云数据检索，可以检索到汽车传感器收集的数据源。如果将此数据源发送到云端，则可以检索到车辆是否存在爆胎或自燃危险。此时，云数据平台可以将解决方案推送到客户的车辆或客户的手机上，以及时避免可能发生的风险。

（7）维修大数据在二手车评估中的应用

新车销售后，该品牌 4S 店内所有的保养维修记录都统一到保养大数据平台中，传统汽车维修店的保养数据在后期会增加。只要汽车进行了售后维修服务，无论是日常保养还是事故维修，都要逐一记录执行的项目和更换的配件。之后在汽车再次销售时，就可以检查汽车是否发生过重大事故、主要部件是否发生过变化，汽车的价值就可以依据记录的数据来确定。

二手车交易中最敏感的就是对车价的评估。建立各车型二手车交易大数据，通过对这些数据的深入分析，可以将其进行分级。在买卖二手车车型时，可以快速查询到这款车型是哪年生产的、是国产的还是进口的、排量有多大、什么配置、价格如何等信息，为价值评估提供参考。二手车和新车不同，每一辆二手车价值都不一样，综合比较两组保养数据和市场上相关车型的二手车交易大数据，就可以得到这款车的真实价值。

（8）大数据在汽车共享新商业模式中的应用

数据是在双向对流、采集适配、校正采集、精确适配等环节进行的，互联网时代，我们身边的一切似乎都是共享的。现在人人都看到了与汽车行业相关的线上空间共享、资源共享、资本共享，甚至还有食物共享和旅行共享等。如果共享一辆车，可能会降低多个人的购买意愿。汽车共享服务的本质是帮助人们更快地从 A 点到达 B 点，完成人们的出行旅程。共享经济模式需要底层大数据作为支撑。例如，分时租赁模式必须使汽车本身智能化，通过手机 APP 可以完成寻车、开门、开车、买车、还车等一系列交易动作，让客户接受并获得最佳体验。共享商业模式可用于消费和非消费部门的共享，如汽车售后市场、汽车制造技术等的共享，促进在技术应用上发挥更大的商业经济价值。

未来汽车的发展有四个方向：智能化、网联化、电动化、共享化。共享本身就是一种发展趋势，这不是对汽车制造企业的挑战，而是新机遇。通过经济型汽车的共享，分时租赁的发展改变了人们的汽车生活和人们的出行习惯，不仅为客户提供产品，而且提供愉快的服务。因此，共享经济或汽车共享实际上给汽车公司带来了新的、更广阔的空间前景。汽车公司产业链将会得到进一步完善，所提供的产品服务也会更准确地满足各类客户的需求，供应链的运营也更高效。

（9）汽车维修大数据在汽车制造业中的应用

从各种类型的数据中，快速获取有价值信息的能力是大数据技术的优势。互联网技术环境下的汽车维修数据与维修细节不仅能快速传递，最重要的是通过数据采集、数据分析、数据监控、数据应用，实现与传统 4S 店和汽修店更直观、更具潜力的挖掘大数据操作。汽车的各种传感器提供了巨大的数据源，包括车辆生命周期信息、车型特征信息、车主行为信息等，甚至座椅使用习惯，它是以汽车为中心的数据，与配件、车况、保养、交通、地理位置和其他信息形成巨大的数据库。这些数据可以被挖掘并应用于创造价值，并被用于优化汽车新产品的功能与使用价值。

对于经销商而言，该数据库对配件生产企业、配件经销商、配件连锁经销商、汽车维修商、配件电商平台、服务平台等有清晰的记录，并可进行逆向查询，使配件和服务出现问题后，逆向查询交易来源。它解决了汽车售后服务的透明度和公平性问题，不需要第三方监管。汽车售后服务的竞争不在于维修人员的数量，更需要的是原厂配件、品牌配件、工时、维修信息等数据的匹配。谁拥有的数据最多、最完整、最详细，谁就是最具竞争力的，这意味着能够匹配所有品牌和车型的服务数据。

汽车大数据可以创造巨大的价值，并将成为汽车企业和汽车经销商的有效资产。围绕这一数据，将围绕汽车构建一个生态网络，包括各种汽车保险、汽车销售、汽车美容、洗车服务、汽车检测、汽车改装等各个方面。这将是一个基于汽车物联网的巨大、多层次的汽车大数据生态业务。通过电子商务平台，企业可以提供线上预约服务、汽车配件改装、工时成本结算、线上保险等线上运营，可以通过线上线下服务相结合的方式提供车辆事故损失评估、保养维护、维修、更换、美容、洗车等服务。

10.1.2 汽车行业数字化转型与数字化重塑

 什么是数字化转型？什么是数字化重塑？
为了解答此问题，让我们一起来学习以下内容。

1. 汽车行业的数字化转型

数字化转型是利用新一代信息技术，构建数据采集、传输、存储、处理、反馈的闭环系统，突破不同层次、不同行业之间的数据壁垒，提高行业整体运行效率，构建新的数字经济体系。

汽车企业整个生命周期的维度分为四个阶段：初创期、成长期、成熟期和衰退期。从汽车产业转型、技术发展的角度看，数字化转型带来的新技术包括人工智能、大数据、物联网、智能交通、AR/VR、区块链等。未来，电气化、智能化、互联互通、共享是汽车技术和商业模式演进的新方向。"工业4.0"数字工厂的特点是强调无流水线的模块化生产，大规模采用人工智能、工业大数据、物联网等多种新技术，不仅对产品本身的形态和定制产生了根本性的影响，也大大提高了生产效率。

在传统企业向互联网转型过程中，大多以汽车销售为主，但运用互联网思维来操作，重点在于如何激活网络流量。流量池不仅可以带动营销，还能产生需求，构建生态链，甚至可以整合资源，使自己成为一个服务平台。在网络流量被激活后，如何产生更多的感知和推广效果，是数字化改造工作的范畴。数字化转型的全过程包括咨询、规划、建设、迁移、运营和优化等阶段。对于数字化转型，企业首先需要转型的是转变思维。首先必须积累流量，只有有了流量，它才能开始有营销。传统企业需要借助互联网打通行业的各个环节，让经销商、客户、企业建立一个低成本、高效率的生态闭环。

在数字营销过程中，研发中心与制造企业需要尊重客户，与客户互动，并能及时发现客户的需求，以减少后来产品开发的试错成本。对于汽车产品来说，除了性能的提升，研发更重要的是迎合客户需求。流量池可以控制客户的需求，最大限度地节省成本。同时，流量池还为制造企业提供客户，使制造企业有机会直接向客户交付产品。

数字化转型由四大业务生态系统支撑：客户解决方案系统、运营系统、技术系统和人才系统。四个商业生态系统是数字价值链改进的基础。每个生态系统涵盖了企业的一系列内部和外部活动，并通过数字连接和实践将这些活动联系在一起。

（1）客户解决方案系统

它也被称为商业模式和客户价值水平，是指企业为客户提供的产品和服务的个性化、定制化、功能增强、物流优化、收益模式创新、设计和应用创新。在这个生态系统中，以企业为核心构建了一个客户解决方案的生态系统，并将外部公司整合到解决方案中可创造附加值。在传统供应链的末端，通过构建解决方案生态系统，可以形成上下游多层次的合作结构。

（2）运营系统

它也被称为解决方案支持和价值链效率水平，是指通过产品开发、计划、采购、生产、仓储、物流和服务等活动和过程，为客户的解决方案体系提供支持。这需要以客户需求为导向，有机地发展与供应商的合作关系，不断深化和协作，满足价值链解决方案的需求。在产品开发、生产和分销渠道等供应链环节的运作中，研发、供应链和服务过程中的不同职能和合作伙伴可以相互衔接，实时进行数据共享，所有价值链成员同时查看信息。制造企业的操作系统可以垂直连接工厂，实现工厂自动化，直接将车间与供应链和客户需求联系起来。并通过内部和外部产品生命周期管理、供应链管理、客户信息的无缝集成，实现从产品创新到以客户为导向的整个价值链的良好衔接。在新的操作系统下，产品价值链信息的实时交换可以为快速评估提供依据，消除生产和物流带来的影响和问题。

（3）技术系统

它利用互联网和大数据构建生态系统，生态系统包括IT架构、IT接口和数字技术，并促进或支持其他三个生态系统的改进和突破。它涉及人工智能、3D打印、工业物联网、传感器、增强和虚拟现实、机器人等工业4.0关键技术，利用计算机模拟生成三维图像或完整图像，以及使用增强现实和虚拟现实为观众提供模拟的交互体验。机器智能可以处理大量的结构化和非结构化数据，并对其进行管理和修改，生成分析、评估和应用程序。这些输出可以为车辆开发、车辆技术诊断和支持、新功能和配置定制、零售和制造企业配送供应商的供应链优化和根据客户需求定制生产提供有针对性的指导和决策。

（4）人才系统

人才系统包括促进数字化转型的因素，如企业能力和技能、技能来源、企业文化、行为模式、思维模式、人际关系和职业发展。数据是连接企业及其数字化转型的"新动力"。大数据技术和大数据应用打通了从研发到生产、销售到流通的信息壁垒，促进了企业从以产品为中心向以客户为中心的转变。过去，汽车公司的研发、制造、销售、分销、售后等环节相互独立运作。数据孤岛和信息壁垒限制了汽车公司对市场和消费者需求的变化做出准确和及时的反应。

实现供应链的可视化、透明化生产，整合销售、计划、生产、采购、物流、售后等子系统，利用订单贯穿"客户—经销商—销售公司—汽车供应商"的整个供应链和精益灵活的实施流程，可以缩短每个环节的时间，降低成本，满足客户多样化的需求。

从汽车行业本身来看，产品本身也在发生变化，传统汽车企业有数千家经销商。过去主要是为了吸引4S店，现在他们更关注B2C，更关注的不仅仅是分流到4S店，还包括客户是否去其他实体店。

汽车工业的变化主要包括物理和虚拟两个层面的变化。物理层面的变化包括电气化、平台化、高端化、服务化和经济化，虚拟层面包括网络化，包括辅助驾驶、自主驾驶、人工智能等汽车行业的变革。这两个层面与虚拟层面的深度融合，重塑了汽车产业的发展。

数字技术和互联网对汽车产业的渗透和应用，带来了一系列颠覆性创新，包括消费方式、法律法规及政策、社会治理等。新的创新模式也对传统的经营模式产生了一定的冲击和影响，例如，网上约车或共享汽车。

数字化转型渗透到汽车制造企业设计、物流、制造、管理、加工、装配等供应环节，并渗透到汽车售后市场的产品营销、维修保养、设施服务、运营保险、人车等各个环节，满足个性化出行需求，满足交通安全管理和商业模式管理等领域。未来由数字技术驱动的制造业将从以产品为中心转变为以服务为中心。在新的数字世界中，汽车制造企业可以有一个独特的机会来理解和满足客户的期望。过去，销售往往是产品的终点，未来的销售将是以服务为起点。数字化转型的应用，提高了员工的技能和创造力，提高了企业的管理水平，促进了管理模式和组织模式的创新,促进了产业组织层面的结构变革。

新的营销模式正在向移动和数字化转型,营销定位已经转向网站营销、搜索引擎营销、移动设备营销等。基于互联网的营销模式,借助大数据专业知识,可以挖掘出每个人的特殊需求。客户在购车时,希望在不同的购买流程和产品生命周期的各个阶段,与汽车制造企业和经销商保持更多的互动关系。随着线上渠道和线上方式的发展,与客户的沟通越来越多。使用各种移动频道创造各种移动体验。客户体验不断提高,客户获取信息的渠道越来越便捷。客户行为、偏好和需求越来越多地显示在社交网络上。互联网公司和汽车公司应该更好地利用这些信息来捕捉客户的需求,制造企业可以通过互联网公司分析数据了解到更多客户的行为,并可以根据客户需求调整生产方法来设计、生产和销售汽车。

经销商的数字化转型主要体现在从粗放经营向精细化管理转变,从新车销售向全生命周期服务转变,从厂家终端定位到自主品牌建设,最终实现经销商共享出行、移动出行的产品交付服务全面实现提供程序的转换。在4S店,消费者很难获得全面客观的有用信息,在体验效果和产品认知度方面也有不满意的地方,所以,需要让消费者真正了解到隐藏在汽车背后的技术含量,可以打造一套增强现实体验系统,不仅能以虚拟图像交互的形式向消费者展示汽车的每一个部位和高科技配置,还可以让客户通过体验感受新技术的魅力。

数字化供应链带来的优势见表10-2。为了真正地做到以客户为中心,汽车制造企业需要重新思考其产品开发、设计、制造、销售和所有其他相关业务的整体模式。经销商基于云平台的经销商管理和客户服务系统,通过灵活高效的数据交换和及时的沟通协调,实现整车制造企业、配件供应商、经销商、车主的双赢合作。通过CRM客户管理系统持续双向互动,可以提升客户品牌忠诚度。

表10-2 数字化供应链带来的优势

序号	特点	说明
1	了解需求	将每辆汽车与汽车产业价值链中各个层次的经销商、汽车制造企业、配件供应商和物流供应商联系起来,更好地将个人消费者和车辆识别号联系起来,了解客户当前的维修需求和历史记录
2	预测变化	能够预测各级供应商网络的物料和产能需求,并确定是否只有最小的供应商就能满足要求
3	多方协同	各方可以交换必要的数据和信息,以完成端到端的工作流,包括从订单到付款或从采购到付款,每一个环节都能根据工作优先级做出相应的正确决策
4	弹性网络	主动预测或检测需求和供应中断,并自动在两个方向上重新平衡计划,以协调执行并保持业务连续性
5	IoT数据	可以实时获取物联网数据,以保持对车辆性能的监控。可以自动计划和安排预期的维护,并提前预订要更换的部件
6	流程支持	网络的所有成员都可以获得由消费者驱动的计划和事务,参与和协调所有合作伙伴的过程,各相关成员实时共享,形成高效的沟通协作机制
7	可视物流	企业不再需要通过邮件、电话等方式与物流服务商手工跟踪送货情况,网络整合了全球采购、物资管理和物流,包括进出境、跨国和国内物流

(续)

序号	特点	说明
8	快速响应	在新产品发布和其他产品转型过程中，可以监控各方车辆库存是否健康。可自动进入/退出优先分配模式，根据供需情况增减产量平衡整个网络
9	信息跟踪	所有关键配件都有完整的序列号进行跟踪，以便对配件的整个产品生命周期进行监控，包括因问题召回车辆等信息的处理和管理
10	功能扩展	根据未来的发展，可以通过一个具有敏捷开发工具的可伸缩云平台来实现持续改进，提供更多优质的扩展

数字化转型的关键是规划一个有序的过程来实现和集成所需的许多技术和功能，可以采取以下五个主要步骤：

1）检查成熟度模型不同阶段的当前成熟度，并确定需要改进的地方。
2）确定公司数字化转型的目标成熟度水平和最适合公司经营战略的供应链愿景。
3）制定必要的实施步骤，并使之成为详细的路线图。
4）组成数字供应链的众多应用，开展小型试点项目，展示优势，帮助开发正确的功能。
5）试点成功后，首先要从预期效益最高的供应链环节、重点区域或其他供应链细分标准入手。

2. 汽车行业的数字化重塑

数字化重塑是指企业在经历了数字化和数字化转型阶段后所达到的新阶段。在数字化阶段，公司以数字方式自动化单个功能或特定流程，来提高效率。数字化重塑是云计算、人工智能、认知、移动、物联网等多种数字技术的结果，需要形成新的战略重点，培养新的专业技能，建立新的工作方式，促使公司重新审视他们与消费者和合作伙伴的互动模式和关系，为客户建立互动平台，充当支持者、协调人和合作伙伴，尤其是在汽车行业。

互联网技术的广泛应用可以提供基础设施，支持跨越不同国家和大洲的日益扩大和高度一体化的汽车供应链。今天的市场已经从一个以企业为中心的状态发展到一个以体验为中心的全新形式。随着新技术的出现，消费者、客户和同行逐渐成为积极的参与者。3D打印、物联网（IoT）、自适应机器人技术和认知自动化等数字技术使现实世界和数字世界之间的界限越来越模糊，在自动化过程内外增加了越来越多类似人类的能力。

汽车企业的新技术不仅用于创新生产，还将创造客户体验，满足新兴移动客户的需求和期望。消费者将越来越积极地参与到有自己特色的体验中，可能还会围绕特定品牌，而不是实际购车。例如，他们可能会选择不同品牌汽车的特色体验，这种体验不仅限于汽车本身，还将延伸到客户生活的其他方面，包括住宅、个人活动或假日。因为规划一个深入和全面的客户体验与制造和分销车辆非常不同，所以需要完全不同的能力。汽车企业需要重新思考自己的战略、组织和上市方式。为此，他们需要形成新的战略重点，发展新的专业技能，并建立新的工作方式。为迎接未来，汽车企业需要实现数字化重塑。

图10-2显示了数字化改造后的生态系统的数量，特征重塑在数字化或数字化转型的基础上重新定义了企业的商业模式，包括企业的经营活动，通过数字化应用和技术支持，与完全整合的生态系统建立深度合作关系。为了成功实现数字化重塑，需要重新定位公司的经营

战略，重组公司内部经营管理，更新或提升员工的技术水平，将云计算、认知计算、移动和物联网等数字技术应用于公司的各个方面，以培养新一代客户服务能力和新技能，建立新的工作方法，掌握快速发展的技术，为客户创造更加主动的体验。

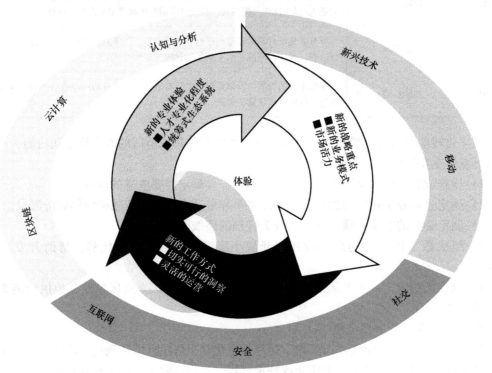

图 10-2　数字化重塑生态系统

企业不仅要提供产品或服务，还必须与不同业态的厂商合作，创造一个相互关联的生态系统，预测和分析客户需求，在营销和销售中为客户创造最佳的个性化体验，从而发现问题，提高运营效率，控制成本。在实施和运营过程中，要不断思考和更新技术、产品、服务和流程的优化和改进，为客户带来更好的体验。要不断完善人才体系建设，发现、培养和留住数字人才，培育文化创新基因，降低成本，提高效率。通过市场调查或消费者满意度调查等多种方法，可以监控产品是否满足消费者的需求和期望，更好地与竞争对手区分开来，从外部真实性、相关性、差异性和一致性来判断现有产品的吸引力是否匹配消费者的期望和需求。同时，企业的内部反应也至关重要，无论是在收到外部反馈的不匹配信息后做出调整，还是领导者首先洞察并正确预测未来需求，积极创造机会应对趋势，使品牌可以引导和创造需求。

在后数字化时代，消费者忠诚度更加复杂多变，及时的产品响应显得尤为重要。数字化是激活企业活力的重要工具，汽车企业的数字化重塑应该从企业自身的实际出发，勇于挑战自我，不断寻找新的价值创造途径。要深入员工基层，多做客户调研，多倾听内外部声音，制定符合未来需求的战略和执行计划，创造更具吸引力和个性化的满足客户需求的体验。对于客户流量，需要四个步骤来寻找数字化改造的新盈利模式：

1）展望未来。根据客户的实际需求确定计划，只有在确定客户需求后，才能确定市场定位。可以邀请客户参与客户需求调研活动，通过深入的对话和营销分析，更好地了解客户的需求、愿望和期望，鼓励各种非常规的想法，最后总结确定方案。

2）建立试点。根据客户需求开发客户和市场所需的产品，邀请客户参与产品开发和生产过程的质量检验。产品成功后，要迅速投放市场，让客户在更快的时间内购买到车辆，对车辆的使用经验做出反馈，以使企业不断改进产品设计、研发和生产质量和工艺。

3）深化能力。以数字化重塑运营模式和生态系统战略为目标，通过战略计划扩展能力，并继续构建和部署必要的应用程序。在新产品的试制过程中，在工艺实施过程中必然会遇到许多工作障碍和不足。它可以不断改进工作方法和优化生产工艺来解决这些问题，提高新的技术能力和生产推广能力。

4）协调生态系统。总结客户需求研究、开发和试制、生产等过程中的成功经验，进行整体归纳总结，明确消费者、合作伙伴和服务提供者等的深层次需求、愿望或期望。确定一个完整的企业重塑体系，制定最终解决方案，扩展和整合更广泛的能力，帮助建立和履行客户承诺，以实现最初确定的商业愿景。

企业运营的数字化重塑离不开大数据的采集、分析和利用。然而，无论是汽车企业的产品还是售后市场的运营，数据都非常庞大和复杂，其中包括研发设计、MES 系统、ERP、CRM 等相关系统的各种数据，营销和售后服务数据，以及来自车辆本身的数据，甚至还有外部、互联网第三方的数据。

随着互联网和电子商务技术的成熟应用，消费者的购买决策过程和商品购买习惯发生了质的变化，可以在家里或路上通过互联网完成交易。由于每个客户的购买目的和需求点不同，客户对产品的购买过程体验和使用后有不同的看法。因此，在客户购买决策的各个阶段，网页上的各种评论、意见和经验反馈都会影响其他客户的消费决策。在购买或使用产品后，能够在网上购物平台上与消费者进行对话，对于公司和产品的长远发展至关重要。维持客户价值不再局限于刺激购买或提供售后服务，还包括持续维护客户的积极意见和体验。

10.1.3 区块链技术在汽车行业的应用

 什么是区块链？区块链技术与汽车有什么关联性？
为了解答此问题，让我们一起来学习以下内容。

区块链在汽车行业有着广泛的应用，除了无人驾驶外，还可以在新能源汽车、共享汽车、网上汽车、汽车金融、汽车保险、二手车等多个领域进行探索和实践。比如，美国通用汽车通过创建区块链平台，将与自主车辆相关的所有事件作为区块记录，实现了无缝信息共享，所有参与方都可以合法接收自主车辆信息。区块链智能合约允许利益相关者执行透明和防篡改的信息共享协议，智能合同可以自动执行。另一个例子是共享汽车产业的快速发展。但是，现有共享汽车存在停车费问题、车辆配置问题、人员成本问题、车辆维修问题等安全问题。区块链技术+大数据的联合应用，可以很好地解决这些问题。在汽车行业，运用区块链技术可以实现以下功能：

1）记录车辆所有权。区块链可确保互联安全，区块链技术的加密算法可以保证正确的访问控制、身份管理和数据完整性，确保车辆、软件供应商等之间数据的安全交换，确保车主的隐私和安全，有效保护服务器的信息安全。

2）记录车辆使用情况。使用区块链技术可以建立互信机制，"智能合同"充分设置了交易各方的参数和条件。对于共享汽车，在使用该车时不需要担保人，每个交易都可以在分配的分类账中进行跟踪。例如，客户可以跟踪车辆的使用情况，包括里程、真实磨损信息、保养时间和条件等。

3）保险费用分担。区块链系统不能被篡改，透明度高。客户在使用时可以看到公司为车辆投保的保险种类和金额，并能清楚地了解事故发生时需要分担的事故费用。因此，对于双方在区块链基础上分担汽车服务等责任分配不均的问题，双方都不需要赔偿。

4）虚拟货币支付。虚拟货币基于区块链技术，使用虚拟货币可以节省时间、精力并提高安全性，适合目前快节奏的生活，而且其安全性是第三方支付平台无法比拟的，因此，有理由相信虚拟货币未来有流通的可能性。

5）可靠安全。每辆车的区块链单元记录车辆的使用状态，在达到客户满意之前，可任意选择车辆的安全机制，故意被他人伤害的可能性很小。

1. 什么是区块链技术？

基于区块链技术的比特币诞生于2009年。在以物联网为基础的汽车业务经营中，人工智能是以大数据为基础的，获取大数据会涉及太多隐私，甚至是重要数据。在我国当前经济新常态下，探索央行发行数字货币具有积极的现实意义和深远的历史意义。数字货币可以降低传统纸币发行和流通的高成本，提高经济交易活动的便利性和透明度，减少洗钱、逃税等违法犯罪，提高中央银行对货币供应和货币流通的控制能力，更好地支持经济社会发展。

近年来，汽车电子商务发展迅速，但由于信息不对称，产生了一些制约社会经济增长、违背伦理道德的负面因素，威胁着现有的信用机制和安全体系。借助区块链去中心化、信息不被篡改等优势，以及共识机制、智能合约、非对称加密等保障措施，可以从根本上提高汽车电子商务系统的安全性。

区块链是一种由多方共同维护的计费技术，利用密码技术保证传输和访问安全，能够实现数据存储的一致性，不易被篡改，防止拒绝。它也被称为分布式账本技术，以区块链结构存储数据。简单地说，区块链技术是一种人人参与记录和存储信息的技术。区块链是一种价值传递协议，由"区块"+"链"组成，块链是由虚拟分类组成的不可变块，每个块包含有关事务的信息。区块链数据结构使用分布式节点共识算法生成和更新数据，并使用加密技术确保数据传输和访问安全。

在传统电子商务中，由于缺乏必要的信用限制和对相关实体的限制，假冒伪劣商品、刷单、退换货、隐私保护等问题一直存在。借助区块链和区块链的去中心化，将交易信息和信用信息完全记录在区块链中，使区块链成为一台建立信任的机器，可以有效地解决这一问题。针对假货问题，汽车电子商务供应链各个环节的产品信息，如照片、视频、地理位置、时间等，都可以上传到区块链上，让商家不能造假和修改，客户不需要怀疑和质疑。在交易过程中，如果客户的浏览、购买、评估等行为也上传到区块链上，则可以控制刷单行为。针对退换货问题给物流带来的压力，可以将物流和库存数据上传到区块链上，供商家和物流公司随时查询、跟踪和调度，从而减轻物流压力，提高工作效率，降低运营成本。对于隐私保护问题，可以利用区块链的匿名性，将不需要发布的客户信息匿名化，这也可以改善客户体验，减少垃圾广告和入侵的威胁。

区块链创新了数据库结构，将数据分成不同的区块，每个区块通过特定的信息链接到前一区块的后面，以提供一套完整的数据。区块是区块链的核心单元，区块链由相互连接的区块组成。块由两部分组成：块头和块体。密钥通常包括两部分：私钥和公钥。私钥用于生成签名，公钥用于生成地址。

记录在每个区块上的交易都是在上一个区块形成之后和该区块创建之前发生的所有价值交换活动，此功能可确保数据库的完整性，一旦一个新的区块完成并添加到区块链的末端，该区块的数据记录就不能再被更改或删除，也不能被篡改。

电子商务过程涉及商家、客户、物流、第三方支付等相关角色。因此，区块链+电子商务系统的基本功能应该包括注册服务、授权管理、商品管理、订单管理、支付管理、物流管理和信任管理等内容。在这些功能中，嵌入区块链功能，利用区块链及时记录交易信息和信用信息，不仅可以提高系统的安全性和可信性，还可以达到隐私保护和产品信息可追溯的目的。例如，可以使用区块链技术提高汽车跨境电子商务贸易安全与诚信力。

过去，人们把数据记录和存储的工作交给一个集中的组织，区块链技术允许系统中的每个人都参与数据的记录和存储。区块链技术是在没有中央控制点的分布式对等网络下，采用分布式的集体操作方式来构建P2P自组织网络。通过复杂的验证机制，区块链数据库可以保持完整性、连续性和一致性。即使有参与者作弊，区块链的完整性也无法改变，区块链中的数据也不能被篡改。区块链与互联网TCP/IP协议更为相似，只是TCP/IP协议是为信息互联网而设计的，区块链为价值互联网提供了理论基础。

（1）区块链分类

现有的区块链可以分为公共链、联盟链和私有链以及许可链几种。

1) 公共链是指一个区块链，世界上任何人都可以随时进入系统读取数据、发送可确认的交易并竞争记账。公共链通常被认为是完全去中心化的，因为没有人或组织能够控制或篡改数据的读写。公共链通常鼓励参与者通过令牌机制竞争记账，以确保数据安全。

2) 联盟链是现阶段区块链的重要实现方式，但联盟链不具备公共链的可伸缩性、匿名性和社区激励性。联盟链是面向上层企业的混合架构模式，与钱包、交易所等入口结合，形成新的技术生态。

3) 私有链是指写权限受组织机构控制的区块链，参与节点的资格将受到严格限制。由于参与节点是有限的和可控的，私有链通常可以具有极快的交易速度、更好的隐私保护、更低的交易成本，并且不容易受到恶意攻击，并能满足金融行业身份认证等必要的要求。与集中式数据库相比，私有链可以防止组织中的单个节点故意隐藏或篡改数据，即使发生错误，也可以快速找到源。因此，许多大型金融公司更倾向于使用私有链技术。

4) 许可链意味着参与区块链系统的每个节点都需要获得许可或授权，未授权的节点无法连接到系统。因此，私有链和联盟链都属于权限链。一些权限链没有令牌机制，因为它们不需要令牌来鼓励节点竞争记账。

区块链基础架构与应用程序如图10-3所示。区块链基础设施由六层组成：数据层、网络层、共识层、激励层、合约层和应用层。集中式协议具有分布式、非中介、不可信、不可篡改、可编程等特点。

（2）区块链架构

在《中国区块链白皮书》中，关于区块链技术架构的指导性建议如下：区块链可分为基础设施与基础组件、账本、共识、智能合约、系统管理、节点管理、接口、应用、运行维护共九部分架构。

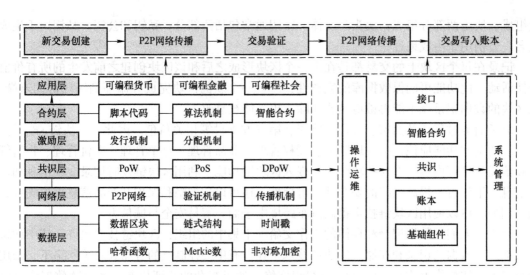

图 10-3 区块链基础架构与应用程序

1) 基础设施与基础组件。基础设施层提供区块链系统正常运行所需的运行环境和硬件设施（物理机、云等），包括网络资源（网卡、交换机、路由器等）、存储资源（硬盘、云硬盘等）、计算资源（CPU、GPU、ASIC 等芯片）。基础设施层为上层提供物理资源和驱动力，是区块链系统的基本支撑，可以实现区块链系统网络中信息的记录、验证和传播。在基础组件中，区块链是一个基于传播机制、验证机制和存储机制的分布式系统。整个网络没有集中的硬件和管理机构，任何节点都有机会参与记录和验证，将计算结果广播给其他节点，任何节点的损坏或退出都不会影响整个系统的运行。具体来说，它主要包括五类模块：网络发现、数据发送和接收、密码库、数据存储和消息通知。

2) 账本。账本层负责区块链系统的信息存储，包括收集交易数据、生成数据块、验证本地数据的合法性、将验证通过的区块添加到链中。账本层将上一块的签名嵌入下一块，形成区块链数据结构，保证数据的完整性和真实性。这就是区块链系统的防篡改和可追溯性特征的来源，用于时间序列存储的块链数据结构。区块链是一种"从信任开始并扩展信任"的工具，使用分布式记账。

分布式记账结构基于共识机制，支付行为要求每个节点使用权限查看和获取交易进度，共同完成支付，并使用智能合约将完成的支付信息存储在数据库中。如果商家在两个账户之间反复转账，交易金额高，成本几乎为零，那么交易平台就不能依靠流量来赚取收入。利用区块链技术将预先编码好的智能合约放在每个中转地点，货物到达时会触发，每个节点会自动完成配送。

分布账本层有两种数据记录方式，即基于资产和基于账户。在基于资产的模型中，资产是建模的核心，然后记录资产的所有权，即所有权是资产的一个字段。在基于账户的模型中，将账户作为资产和交易的对象，资产是账户下的一个字段。相比之下，基于账户的数据模型可以更方便地记录和查询账户相关信息，而基于资产的数据模型能够更好地适应并发环境。为了获取账户状态信息，多个区块链平台正朝着两个数据模型的混合模型发展。

3) 共识。共识层负责协调和保证整个网络中所有节点的数据记录的一致性。区块链系统中的数据由所有节点独立存储。两种共识机制见表 10-3。在共识机制的协调下，共识层对每个节点的账本进行同步,实现节点选择、数据一致性校验和数据同步控制等功能。数据同步和一致性协调使得区块链系统具有信息透明和数据共享的特点。

表 10-3 两类共识机制对比

节点特征	第一类共识机制	第二类共识机制
写入顺序	先写入后共识	先共识后写入
算法代表	PoW、PoS、DPoS	PBFT 及 BFT 变种
共识过程	大概率一致就共识工程学最后确认	确认一致后再共识即确认
复杂性	计算复杂度高	网络复杂度高
仲裁机制	如果一次共识同时出现多个记账节点,就产生分叉,最终以最长链为准	法定人数投票,各节点间 P2P 广播沟通达成一致
是否分叉	有分叉	无分叉
安全边界	恶意节点权益之和不超过 1/2	恶意节点数不超过 1/3 总节点数
节点数量	节点数量可以随意改变,节点数越多、系统越稳定	随着节点数增加,性能下降,节点数量不能随意改变
应用场景	多用于非许可链	用于许可链

区块链目前有两种共识机制,根据数据写入顺序确定(表 10-3)。从业务应用需求的角度来看,共识算法的实现应综合考虑应用环境、性能等诸多要求。一般来说,许可链采用节点投票的协商一致机制,以降低安全性为代价来提高系统性能。非许可链采用基于工作量和权利证明的共识机制,主要强调系统安全,但性能较差。为了鼓励所有节点共同参与,维护区块链系统的安全运行,非许可链采用代币发行作为对参与者的奖励和激励机制,即通过经济平衡的手段防止篡改总账内容。因此,根据运营环境和信任分类,选择合适的共识机制是区块链应用实施中需要考虑的重要因素之一。

为了防止一致性信息被篡改,系统以块为单位存储数据。这些块按时间顺序与加密算法组合(表 10-4),形成一个链式数据结构,如图 10-4 所示。共识机制选择记录节点,节点确定最新块的数据。其他节点共同参与最新块数据的验证、存储和维护。一旦数据被确认,删除和更改就很困难,只能执行授权的查询操作。

表 10-4 共识算法对比

特性	PoW	PoS	DPoS	PBFT	VRF
节点管理	无许可	无许可	无许可	需许可	需许可
交易延时	高(分钟级)	低(秒级)	低(秒级)	低(毫秒级)	低(毫秒级)
吞吐量	低	高	高	高	高
节能	否	是	是	是	是
安全边界	恶意算力不超过 1/2	恶意权益不超过 1/2	恶意权益不超过 1/2	恶意节点不超过 1/3	恶意节点不超过 1/3
代表应用	Bitcoin、Ethereum	Peercoin	Bitshare	Fabirc (Rev 0.6)	Algorand
扩展性	好	好	好	差	差

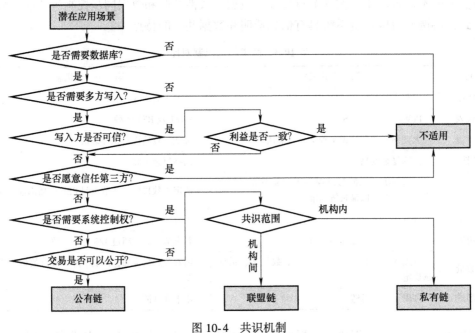

图 10-4 共识机制

4）智能合约。智能合约层负责以代码的形式实现、编译和部署区块链系统的业务逻辑，完成既定规则的有条件触发和自动执行，最大限度地减少人工干预。智能合约的操作对象大多是数字资产，所以，智能合约的高风险性和高风险性是决定其价值的重要因素，如何规避风险、发挥价值是智能合约大规模应用的难点。

通过调用多个不同的合同服务，结合非对称加密/解密和信息摘要技术，每个合同流程可以实现一个分散的、可信的分布式账本功能，具体包括三个部分：

① 核算功能。即相关交易信息，如产品信息、订单信息、支付信息、物流信息、评估信息等，以"一项一码"或"一批一码"的形式打包，并打包成交易合同，以明文或密文广播到区块链系统，写入区块链，固化在区块链账本中。这样，就可以建立一个分散的、防篡改的、可追踪的大数据存储系统。

② 对账功能。主要包括交易主体身份查询、产品追溯和交易状态跟踪、评估信息查询。

③ 规则管理。又称策略管理，即根据现行法律、行政法规，制定并发布客户管理、业务品种、链上资产管理、智能合约、账本记录、架构管理、开发管理、运营管理、信息安全、风险管理、执业资格及其他相关规章制度，以监督区块链平台及其活动。

根据智能合约是否图灵完备，智能合约可以分为图灵完备和非图灵完备两大类。影响图灵完备性实现的常见原因包括：有限的循环或递归、无法实现数组或更复杂的数据结构等。图灵的完全智能契约具有很强的适应性，可以编程逻辑上更复杂的业务操作，但它可能陷入无限循环。相比之下，虽然图灵的不完全智能契约不能执行复杂的逻辑操作，但它更简单、更高效、更安全。一些区块链系统的智能合约特征见表10-5。

目前，智能合约的应用还处于比较早期的阶段，智能合约已经成为区块链安全的"重灾区"。从以往智能合约漏洞引发的安全事件来看，合同书写中存在诸多安全漏洞，对其安全性提出了巨大挑战。

表 10-5 部分区块链系统的智能合约特征

区块链平台	图灵是否完备	开发语言
比特币	不完备	Bitcoin Script
以太坊	完备	Solidity
EOS	完备	C++
Hyperledger Fabric	完备	Go
Hyperledger Sawtooth	完备	Python
R3 Corda	完备	Kotlin/Java

提高智能合约的安全性一般有几种思路：

① 形式验证。通过严格的数学证明，确保合同代码所表达的逻辑符合意图。这种方法逻辑严密，但难度较大，一般需要第三方专业机构进行审核。

② 智能合约加密。智能合约不能由第三方以明文形式读取，从而减少了智能合约因逻辑安全漏洞而受到攻击的可能性。这种方法的成本很低，但不能用于开源应用程序。

③ 严格规范合同语言的语法格式。总结智能合约的优秀模式，开发标准的智能合约模板，用一定的标准规范智能合约撰写，可以提高智能合约的质量和安全性。

5）系统管理。系统管理层负责区块链架构其他部分的管理，主要包括权限管理和节点管理两类功能。权限管理是区块链技术的关键部分，尤其是对数据访问要求更高的许可链。权限管理可以通过以下方式实现：

① 向账本层提交权限列表，实现权限分散控制。

② 使用访问控制列表实现访问控制。

③ 使用权限控制，如评分/子区域。通过权限管理，可以保证数据和函数调用只能由相应的操作员操作。

6）节点管理。节点管理的核心是节点标识的识别，通常采用以下技术实现：

① CA7 认证：将 CA 证书集中颁发给系统中的各种应用，并通过这些证书对身份和权限管理进行认证和确认。

② PKI8 身份验证：身份由基于 PKI 的地址进行确认。

③ 第三方身份验证：通过第三方提供的认证信息确认身份。由于不同的区块链有不同的应用场景，节点管理也有更多的差异，现有的业务扩展可以与现有的身份验证和权限管理交互。

7）接口。接口层主要完成功能模块的封装，为应用层提供简洁的调用方法。应用层通过调用 RPC 接口与其他节点通信，通过调用 SDK 工具包访问和写入本地账本数据。同时，RPC 和 SDK 应遵循以下规则：一是功能齐全，能够完成交易和维护分布式账本，并具有完整的干预策略和权限管理机制；二是它具有良好的可移植性，可以在各种环境下的各种应用中使用，而不局限于一些绝对的软件或硬件平台；三是可扩展性和兼容性尽量做到前后兼容，设计中应考虑可扩展性；四是使用方便，应该使用结构化设计和良好的命名方法来方便开发人员的使用。常用的实现技术包括调用控制和序列化对象等。

8）应用。作为最终呈现给客户的部分，应用层的主要功能是调用智能合约层的接口，适应区块链的各种应用场景，为客户提供各种服务和应用。由于区块链具有数据确认属性和价值网络特性，目前产品应用中的很多工作都可以由底层区块链平台来处理。在开发区块链应用的过程中，前期工作必须非常仔细。应选择分散的公共链、有效的联盟链或安全的私有链作为底层架构，以确保核心算法在设计阶段不会出现致命错误。因此，合理包装底层区块链技术，提供一站式区块链开发平台将是应用层发展的必然趋势。同时，跨链技术的成熟使得应用层可以选择具有一定灵活性的系统架构。

9）运行维护。运行维护层负责区块链系统的日常运维，包括日志库、监控库、管理库、扩展库。在统一的架构下，主流平台根据自身的需求和定位不同，其区块链系统中的存储模块、数据模型、数据结构、编辑语言、沙盒环境的选择也不同，使得运行维护带来了更大的挑战。

区块链可以应用于各种场景，任何人都可以创建自己的区块链系统。区块链是一种去中心化的、高度机密的技术，不需要人工控制，链上的数据不能随意更改或伪造，可以理解为账本。客户无需通过中介就可以添加一个开放透明的数据库，通过点对点的记账、数据传输、认证或智能合约达成信用共识，这个开放透明的数据库包含了所有过去的交易记录、历史数据等相关信息。

尤其是在汽车电子商务的交易过程中，利用区块链技术可以避免传统金融交易的缺陷，提高效率，降低运营成本，有效防止信息篡改和伪造，降低交易风险。区块链的可追溯性使得数据在数据采集、交易、流通、计算分析的每一个环节都能存储在区块链上，数据的质量得到前所未有的强烈信任，数据分析的结果、数据挖掘的正确性和效果也得到了保证。

就图像而言，区块链就像一本加密的书，是隐私和安全的庇护所。在供应商—制造企业—经销商—消费者的完整汽车生态链中，区块链的加入带来了新的生产关系。不可篡改的完整历史块数据收集包含每个事务的整个历史记录。在汽车行业，存在质量参差不齐、信息不全、卖家信用可疑、车险服务复杂等问题，大大降低了消费者的消费体验。因为区块链完全加密，所以访问是安全有效的，这样可以增强客户的信任。例如，在车险业务中，可以利用区块链技术直接查询和跟踪车辆维修历史，驾驶员对车辆的使用习惯、驾驶行为（如超速、闯红灯）等相关数据。这些信息被安全地、分布式地存储在由密码定律自动生成的一系列数据块中，形成一个块。

区块链节点间的组播通信消耗了大量的网络资源。作为下一代移动通信网络，5G网络理论传输速度比4G网络快几百倍。对于区块链来说，区块链数据可以实现极快的同步，从而减少不一致数据的产生，提高共识算法的效率。下一代通信网络的发展将大大提高区块链的性能，扩大区块链的应用范围。区块链技术在推动密码系统创新的同时，也给现代密码学带来了新的发展机遇。

2. 区块链技术在汽车中的应用

我们正迎来一个万物互联、价值互操作的时代。区块链在物联网中的应用，可以解决物联网的安全问题。通过严格的有效性检查、身份认证、数据验证以及所有数据和所有级别的加密，可以构建一个坚实的物联网底层架构。在物联网领域，交易的主体是各种智能设备，而不是人。设备信任网络的建立和支付必须有一个新的基础设施，不能依赖于传统的自然人身份认证系统和人际交易支付系统。例如，自动驾驶车辆可以成为一辆独立运营的出租车，向乘客收取数字货币，在充电桩处使用数字货币购买充电服务，并将留存利润用于汽车维修部门更换老化部件。

物联网的概念出现于 1999 年，指通过射频识别（RFID）、红外传感器、全球定位系统、激光扫描仪等信息传感设备，按照约定的信息交换和通信协议，将任何物品连接到互联网上形成巨大网络，实现智能识别、定位、跟踪、监控和管理。其目的是实现物与物、物与人、万物与网络的联系，便于识别、管理和控制。物联网将实现世界数字化，有着广泛的应用。

物联网是互联网的延伸，通过智能感知、识别技术、智能计算等计算机技术的应用，可以实现信息的交换和通信，也可以满足区块链系统的部署和运行要求。如图 10-5 所示，区块链系统网络是一个典型的 P2P 网络，具有分布和异构的特点，而物联网自然具有分布式的特点，它在区块链中有着重要的作用，它可以在系统中建立起一个重要的行为和支持机制。

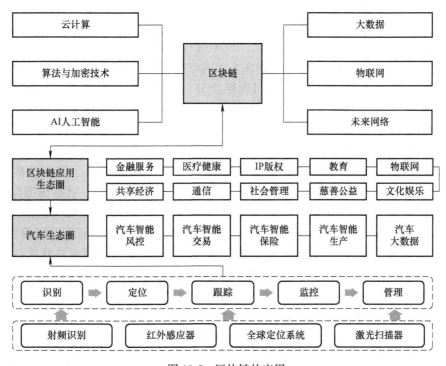

图 10-5　区块链的应用

如果各种 AI 智能设备通过区块链实现互联互通，就有可能产生一种新的经济模式，即人类与 AI 智能、AI 智能与 AI 智能、交换业务与区块链之间的信息交互，基于统一的基本协议，可以使不同的 AI 智能设备在交互过程中不断积累学习经验，实现 AI 智能的改进。

区块链技术在汽车智能风险控制、汽车智能交易、汽车智能保险、汽车智能生产、汽车大数据等领域有着广泛的应用。例如，汽车的 VIN 代码是唯一的，包括制造商、生产日期、型号、车身类型和代码、发动机代码和装配位置等信息。车辆识别码（VIN）是汽车制造商唯一能生产的标识，它可以确认汽车的所有权，对汽车使用数据进行加密，然后通过智能合约自动解锁和充电，安全且可追溯。

当 4S 店或汽车经销商从厂家购车时，会在区块链的交易记录中增加一条交易记录，所有权归 4S 店或汽车经销商所有。消费者从 4S 店购车，在交易记录上又增加了一项。如果车上装有与这种数字货币相连的数字芯片，只有车主才能通过钥匙锁码使用汽车。通过区块链，可以轻松查看每辆车的保养和维修记录，查看可以使用哪些配件，并记录自己在同一辆车上的维修操作。此记录可减少汽车制造或维修过程中的假冒伪劣配件。如果能实时记录每次维修后的里程和更换的重要配件，二手车交易中的欺诈行为就可以彻底杜绝。

嵌入式车联网+车内区块链系统可以跟踪汽车配件的性能、从制造商到客户的供应链过程和效率。如果接入物联网和自主驾驶技术，这些车辆将自行充电、停放甚至修理，车主只需通过智能合约自动完成。

在汽车保险理赔业务中，防范各种风险是保险公司非常重要的工作。区块链技术的运用可以更好地优化车险理赔流程，增加承保和理赔流程的透明度和便利性。例如，如果 OBD 行车记录仪与交易记录相连，保险公司可以通过实时上传车辆行驶数据，了解车主的驾驶习惯，进而综合考虑车辆使用者的驾驶时间、地点、驾驶风格等指标，计算出汽车的保险费。如果交通事故造成损失，保险公司可以根据驾驶员的实际行为进行保险理赔。购买保险、出险、理赔流程等信息将记录在信息平台上，整个过程避免了保险欺诈风险，降低了业务成本。区块链可以为客户定制智能合约，投保人无需申请理赔，保险公司无需批准理赔，只要触发理赔条件，保单就会自动理赔并支付理赔金额。智能合约可以指定车主维修车辆的地点，避免被保险人选择昂贵的维修店，并控制索赔费用。

另外，通过区块链技术可以连接全球汽车销售和服务市场，可以建立一个可靠、开放、共享、联合、协作的多层次数字资产生态系统，提高汽车与乘客之间的透明度和信任度。帮助客户解决数字资产管理和数字资产流动中的问题，搭建稳定、可靠、安全的数据管理平台，促进实体经济良性循环，实现数据标准化、数据质量、数据安全、数据虚拟化。

在大数据时代，汽车数据安全和车主隐私问题越来越多，如自驾车传感器运行数据、传感器数据、组合定位数据、实时车速、车主隐私数据等。区块链技术可以覆盖智能车辆、4S 店、车辆装配线、云存储、最终客户设备以及整个网络中单个或所有公共区块链交易中的多重签名，以确保车主的访问控制、身份管理和数据系统的完整性和隐私性。

在现代社会，跨境电子商务以其独特的优势成为人们生活中最有力的助手。与传统外贸模式相比，跨境电子商务成功地解决了传统外贸模式存在的交易担保麻烦、平台费用高、支付渠道不方便、跨境汇率变动、物流系统不方便等诸多弊端和问题。

在传统的跨境电子商务中，跨境支付一直是一个难以突破的难题。跨境支付存在两大问题：一是跨境转移成本高，二是转移周期长。在跨境电子商务中，支付方式的创新和突破是整个供应链体系的重要引擎。区块链支付的出现，成功地为跨境电子商务提供了完美的解决方案。区块链技术采用点对点的支付方式，直接消除了与第三方金融机构的许多中间环节。这种支付方式不仅可以实现全天候支付、即时支付、易于实施、无隐性成本，而且有助于降低跨境电子商务资金风险，满足跨境电子商务对支付清算服务的便利性要求。

区块链支付在功能上与谷歌钱包、支付宝钱包类似，但由于其基于分散的 P2P 信贷，因此它超越了国家和地区的限制，可以在全球互联网市场上扮演传统金融机构的角色。然而，区块链技术也面临着许多困难和挑战，在跨境电子商务的应用中，区块链技术需要面对道德和法律风险。在跨境电子商务支付结算中，可能会要求交易各方核实自己的真实姓名，以确保客户的货币被盗后能够受到法律保护。

虽然分块链技术的分散化可以有效地降低信息泄露的概率，但该技术的基础是信息数据。在信息技术飞速发展的背景下，跨境电子商务信息的透明度越高，加密数据的解密速度就越快。在应用区块链技术的过程中，各种数据的存储主要依靠数据节点。参与数据存储的节点也将相互备份，即使其中一个节点出现问题或崩溃，所有数据仍然可以保持不变。

10.1.4 基于车联网场景下的移动电子商务与服务

 什么是车联网？车联网技术如何应用于汽车电子商务？
为了解答此问题，让我们一起来学习以下内容。

1. 车联网移动电子商务系统技术基础

车联网是物联网在智能交通领域的应用，它是一个巨大的自由交互网络。其信息由车辆路线、位置和速度组成。为了在车联网中采集车辆的环境、状态等信息，需要对相关设备进行记录和处理，如 GPS、传感器、RFID、摄像头等。例如，为了传递和处理汇聚到中央处理器的车联网的各种复杂信息，需要通过移动通信与互联网技术进行连接和通信。为了对车联网中的所有车辆数据信息进行分析处理，需要通过计算机技术进行计算，从而获得车联网中不同车辆的最佳行驶路线，并报告遇到的不同路况。

车联网的核心技术包括异构无线网络的集成、综合感知、智能信息处理以及与汽车的集成。其中的关键技术包括传感器技术和传感器信息集成，以及智能车辆智能终端系统平台和服务的开发，包括终端计算与业务集成技术、语音识别技术、通信及其应用技术、互联网技术、车载网络系统等技术。

车联网商业模式的核心是产业联盟，即以产业链为基础，形成产业联盟，发展合作共赢。车联网产业链包括车联网设备制造商、车联网网络运营商、车联网中的车联网制造商、车联网内容及服务提供商、车联网信息服务提供商等车联网参与者。我国目前的车联网商业模式以汽车厂商为主，电信运营商积极参与，其他第三方企业提供服务支持。

汽车互联网也被称为车轮互联网，或数字汽车互联网，是基于"端、管、云"的车联网核心架构，跨越了云计算、物联网、移动互联网和汽车电子四大产业。核心技术包括云平台、车载终端、App 应用和 PC 应用，是一个完整的汽车行业车联网解决方案。它必须首先使所有车辆都能访问互联网，并进一步使这些线上信息能够与人、其他车辆、社会以及整个汽车产业链进行交互和共享。因此，它必须具备以下三个必要条件：

1）汽车智能感知终端。汽车上网所必需的网络通信终端具有 OBD 接口、智能传感器、通信数据分析等，负责采集和获取车辆的动态信息，感知驾驶状态和环境；该设备还负责车–人交互、车–车交互、车–路交互、网络标签、网络普及等，否则无法实现车联网的应用。

2）汽车大数据业务的云平台。据计算，每辆车每年产生约 1GB 的数据，100 万辆车则产生 1PB 的数据；这些数据必须能够被实时检索、搜索、挖掘和处理，这是一个典型的"大数据"平台。

3）应用程序。任何应用程序都必须通过智能手机或 PC 显示，这是人与车、人与云、人与人之间的交互模式。通过手机和应用程序展示和体验车联网功能，是客户的一切应用价值的外在表现形式，没有移动互联网应用，就没有车联网的使用价值。

基于车联网的车载服务系统包括传感器技术、无线网络通信技术、汽车电子技术、音视频技术、云计算等关键技术；基本功能模块包括媒体播放模块、语音广播模块、网络服务模块、电话服务模块、导航模块等。我国车载服务系统的核心内容是实现导航、安全、动态交通，通过努力打造智能交通安全城市，同时力求为客户提供更安全、更方便、更愉悦的驾驶体验。主流增值业务主要包括网络语音导航、防盗提醒、娱乐影视、实时路况、搜索、短信生成、防火墙等功能。

国外典型的车载服务系统主要有 OnStar、G-Book、iDrive、COMAND、MMI 等。以 OnStar 为例，其具有六大功能：免提电话、SOS、安全系统、自动碰撞辅助、导航系统、车况检测系统。一旦发生严重车祸，无论安全气囊是否打开，OnStar 都会向客户中心发送求救信号，客户中心会将信息转发给救援机构，提供救援服务。

国内典型的车载服务系统主要包括上汽 inkaNet、长安 in Call、比亚迪 i 系统等。以 inkaNet 为例，该系统的功能包括车载试听、智能通信、位置服务、车机策略、应用拓展等。inkaNet 最大化了主界面的显示内容，除了多媒体、天气、电话等功能外，主界面上还设计了导航信息和路况信息等功能，因此无需搜索复杂的菜单选项。为了安全起见，inkaNet 的所有操作都可以通过方向盘和语音来完成，避免了离开方向盘观察屏幕带来的安全隐患。其中，随着 iVoka 系统的改进，基本功能可以通过语音来实现；iRoad 函数可以在几分钟内获得实时路况，并可以重新计算最优路径以避免交通堵塞。

车载服务系统利用车载设备中的各种传感器采集相应的数据，然后利用无线通信技术将传感器采集到的数据传输到平台服务器上，再根据平台数据库的数据结构进行数据存储，最后，根据不同的需求调用数据库中的相关数据进行数据分析。车载服务系统除上述三个子系统外，还包括与企业合作开发的数据分析平台。数据分析平台不仅可以用来验证传感器采集数据的真实性，还可以对采集到的数据进行数据挖掘和知识发现。

车联网管理系统为多领域的客户提供了科学、智能的管理方法，也为交通管理部门提供了有效的管理依据。系统涵盖车辆运行和安全管理所需的功能：车辆信息发布、安全录像、智能车辆调度、车辆维修信息、智能网络节点、CAN 信息汇总、车辆信息交互查询、视频智能分析、车辆安全管理，并预留了硬件智能接口，方便系统功能的扩展，形成了三维动态交互管理系统。

2. 车联网移动电子商务平台

对于汽车行业的发展来说，采用电子商务营销模式可以说是信息网络时代的必然发展趋势。所谓汽车电子商务营销，是利用互联网技术和计算机设备，将汽车产品流通所涉及的原材料和生产过程进行整合，将制造企业、经销商、采购客户等相关实体互联互通，实现企业资金、物流、信息的同步、实时控制，优化中间流通环节，确保整个汽车流通的增值。同时，它可以给企业带来更多的便利，创造更高的效益。此外，汽车电子商务营销的实现还可以缩短企业与客户之间的距离，更容易获得客户的好评，从而拓宽企业的客户群。

在电子商务中，一个商业模式可以服务于多个客户群，但是一个企业需要选择服务于哪个客户群。客户群可分为：大众市场、小众市场、求同存异的客户群、多元化的客户群和多边市场。在大众市场中，客户的价值主张、分销渠道和客户关系集中于一大批具有广泛相似需求和问题的客户；小众市场是指一个特定的和专门的客户群体；求同存异是指需求和问题略有不同的多个细分市场；多元化的客户群意味着公司服务于两个需求和问题截然不同的客户群；多边市场是指两个或两个以上独立客户群体的服务。

对于企业营销体系来说，市场细分有多种条件，车联网市场也可以根据不同的细分条件划分为若干不同的细分市场。

根据车联网服务客户的不同，可分为家用车市场、工程车市场、物流车市场、出租车市场等。作为一个被服务的客户，每辆车的服务要求是不同的，因此车联网产品在各个细分市场的盈利模式也是不同的。例如，出租车客户更注重车辆和人员的安全，以及出租车的随叫随到功能，其主要盈利方式是运营公司收取广告费和推广费，而车联网产品基本上都是免费安装。再比如，家用车客户注重产品的娱乐功能、导航、安全性能，其主要盈利模式是车联网产品的销售、广告收入、平台服务费。物流车客户最看重的是安全，包括货物和车辆的安全，其次是节能、高效和环保，其盈利方式包括物流平台运营服务费和车联网产品销售。

根据车联网产品在汽车生产过程中的安装时间，可分为前装市场和后装市场。所谓前装市场，是指在车辆出厂前，生产厂家在车辆生产装配过程中预装的产品。而后装市场，是指车辆卖给客户后产品的安装。前装市场主要以汽车制造企业为主，如广汽、通用、丰田、现代、上汽等，除此之外，其他都是后装市场的产品。

车载移动电子商务平台根据面向平台的客户和平台功能，主要包括两个方面：客户的前端功能和后端管理功能。移动电子商务平台的前端是应用程序，前端的所有系统功能和数据存储都是直接放在系统的后端服务器上，前端功能主要用于显示客户访问请求的发送界面和结果接收界面，前端的主要客户是消费者。具体来说，平台前端需要提供首页、分类、发现、购物车和我的菜单界面，具体功能可以根据需要进行扩展。

车载移动电子商务平台的后端是为应用程序提供基础管理的后台操作平台，该平台可以通过B/S架构实现。有权限的管理员或客户可以通过平台完成各种管理操作，如移动应用管理、产品管理、促销管理、广告管理、文章管理、会员管理、邮件管理、短信管理、评论管理、留言反馈、推荐管理等功能。

在社会化的电子商务环境下，更强调通过客户之间的信息共享、内容生成等互动机制，促进购买行为的发生。影响客户使用社会化电子商务的主要因素是社会导向动机、享乐性和易用性、感知有用性、年龄和收入水平等。

电子商务是基于计算机网络和电子手段，在法定许可范围内进行商务活动的过程。对于车载移动电子商务来说，车内人员可以像使用自己的PC或智能手机一样使用车载计算机，并能根据汽车的特殊性，增加与汽车相关的功能。通过一体化设计，使之外形美观，内含人性化操作系统，并提供各种信息、娱乐和商务功能。

(1) 车载计算机的优势

基于以上的电子商务技术特征，车载计算机具有以下优势，可与当前电子商务快速结合，并融入移动电子商务平台：

1) 车载计算机有稳定的电源（汽车电池），可以随时为车载计算机提供稳定的电源。

2) 车载计算机具有很高的CPU速率，相当于一台小型计算机，满足电子商务的系统要求。

3) 车载计算机有一个显示模块，基本上是7英寸或8英寸屏幕，并具有触摸功能。

4) 车载计算机具有移动通信模块，可通过运营商随时随地接入互联网。

5) 车载计算机有计算机核心技术，植入的系统可以成为移动互联网终端。

6) 车载计算机具有定位功能，这是新一代电子商务的必要条件之一。

7) 目前，车载计算机客户属于中高端消费群体，熟悉电子商务的应用，能够快速参与车载移动电子商务的过程。

8) 车主是一个较大的消费群体，这符合电子商务客户的定位。

(2) 车载移动电子商务系统的技术特点

在车载移动电子商务系统上，移动终端应用可以通过智能手机向终端客户扩展和展示车联网的各种服务内容，可以提供全方位的线下和线上服务。它具有以下技术特点：

1) 远程故障检测和远程服务。传统上，客户需要到维修服务机构进行车辆检查。如何让客户主动发现车辆故障并及时通知第三方服务机构，将大大提高客户服务的价值。现在，通过远程故障检测和远程服务可以为客户提供有效及时的远程处理和服务，这需要靠汽车云系统来实现。

2) 保养提醒。传统的第三方服务机构会根据保养计划给客户打电话通知客户，按照正常规则进行保养。而通过智能车载终端就可以准确获取里程信息，当车辆接近保养里程时，会发出温馨提示，提醒客户进行保养。这可以在正确的时间为正确的客户提供准确的点对点服务，提高客户满意度。在车联网的模式下，它可以为客户提供很多实用的增值服务，例如短信提醒等。

3) 燃料消耗和成本统计。车主可以通过 App 查看车辆的油耗统计，了解车辆的平均油耗、同类车辆的平均油耗、官方油耗，以及当月的平均车速、累计里程、行驶时间、当月累计油耗等，让客户对驾驶状况有一个直观而全面的了解。

4) 实时车况视图。通过智能车载终端设备，可以对 CAN 接口中的数据流进行智能感知、分析和处理，提取车辆的各种状态和运行信息。客户可以通过移动客户端 App 直观地查看这些实时车况数据，了解车辆的使用状况，这些数据也是分析驾驶习惯的重要依据。

5) 行车记录仪。对于车辆过去行驶的轨迹和路线可以随时进行搜索和检索，它可以作为处理事故、违章等的有力证据，也可以作为家庭、政企、租赁、接待等用车管理的有效手段。

6) 事件咨询和发布。为出行者提供及时的交通信息，达到改进路径抉择、缩短行程时间、缓解交通拥挤的目的，实现车与人、车与车、车与网的互联互通。通过事件咨询和发布功能，还可以为客户提供线上业务咨询服务，例如线上保险、广告的推送等。

7) 车辆信息提醒。此功能可根据车辆要求提供点火、故障、维修、碰撞、牵引、低功率、设备断电、超速、保险、年审等提醒服务，极大方便了客户的用车要求。

8) 一键式救援。当客户需要救援时，可以通过一键式救援功能向与保险公司合作的第三方救援机构发送救援申请。触发救援后，系统会自动向平台发送推送消息，客户服务人员可以及时了解客户的需求、保险单号、以及事故发生时车辆的准确位置。这使得客户能够快速有效地获得救援支持，并支持客户在手机 App 上实时查看救援车辆的位置和预计到达时间，让客户感受到救援服务的质量，增加了便利性和安全性。

9) 汽车保险理赔。支持客户通过 App 直接报车险，将保单号、车辆位置、车辆照片直接上传到后台，通过数据对接实现保险处理线上预约请求，为客户派发调查车报险，及时处理保险申请。准确定位客户车辆的位置，达到快速有效处理保险报告的目的，同时也减少了客户的等待时间。

以上我们罗列了车载移动电子商务系统的 9 个技术优势与特征，其他的应用还有很多，这里不再一一赘述。在车载电子商务平台上，各种应用均基于运营商+个人网站主页，客户自定义功能可实现远程互通和控制，如远程改变导航路线、协同导航等。客户可以添加各种角色，如个人、媒体、软件应用程序、服务和娱乐；可动态更新好友的位置、好友发布的信息、新闻等。

车载电子商务平台包括线上和线下两部分。线上实现具体操作包括关注、设置、微博、协议、定义等；线下实现具体使用、发布、驾驶、消费、接受服务等。平台的功能是将线上不易实现的服务延伸到载体上，因为汽车可以移动，可以带人消费。相应的实时线上服务有很多，比如一键报警、一键进入售后服务站、一键导航、远程救援等，只要建立相应的电子商务平台，就很容易满足这样的需求。例如，驾驶员和车内乘客可以方便地实现行车方向、车上购物、微博、上网、GPS 导航、视频播放、数字移动电视接收、车况信息浏览、远程监控、后视、驾驶员状态监控等功能，以及驾驶环境监测等功能。

然而，在车联网技术的应用过程中，也给客户的个人信息隐私带来了新的安全问题。移动电子商务的快速发展离不开对消费者个人信息的掌握、分析和利用，在移动电子商务环境下，消费者隐私信息披露的形式不仅包括消费者在购物消费过程中主动向移动电子商务平台提供的个人信息，同时也是消费者对移动电子商务平台及相关服务的授权或许可。

消费者通过移动终端进行消费和购物已经成为一种普遍的行为，消费者的移动消费和购物习惯也随之养成。如何保证移动电子商务中消费者隐私信息安全与消费者信息利用的协调发展，是目前亟待解决的重要问题。制定移动电子商务消费者隐私信息保护利用管理策略和保障措施，从技术、立法、司法、行业自律、资金投入等方面完善消费者隐私信息安全保障措施，有利于监管机构对消费者隐私权的管理和保护。这对于我国移动电子商务产业的持续健康发展，提升我国移动电子商务产业的综合竞争力具有重要意义。

10.2 实践训练

	实训任务	汽车售后质量提升数字化转型实施流程设计
	实训准备	实训计算机、网络、打印机、打印纸等
	训练目标	1. 通过实训能够掌握数字化转型实施流程设计 2. 通过集体协作增强团队意识，经过工作汇报能够提升学生的思维能力、语言组织能力、表述能力
	训练时间	45 分钟
	注意事项	每一位同学都应当积极发言，能够在讲台上清晰地表述出老师提出的问题

任务：汽车售后质量提升数字化转型实施流程设计

任务说明

检查并收集 4S 店内销售的问题，争对车辆销售的问题，制定更优解决方案，设计出数字化转型实施流程。

实训组织与安排

教师活动	指导学生罗列销售中常见问题，并将学生分组，每一组根据不同的问题制定解决方案
学生活动	按照任务中的要求填写出需要完成的内容

流程参考如图 10-6 所示。

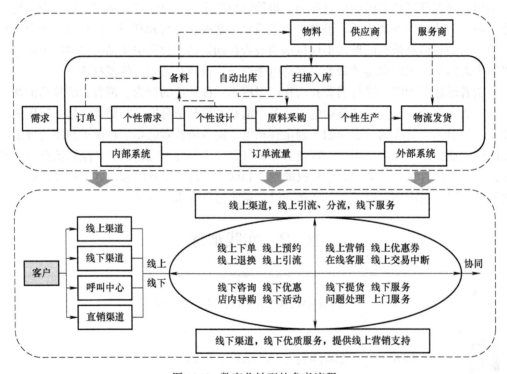

图 10-6 数字化转型的参考流程

任务操作

数字化转型操作参考	1）重新定义客户，分析客户的需求、消费决策、消费方式、客户体验要求等。 2）重新建立与客户的"连接"，比如微信、微博、App、电商等。 3）以需求为中心提供客户化、定制化的产品和服务。 4）建立订单为导向的流程体系，将供应、研发、生产、销售、售后整个价值环节都围绕客户展开，全程基于客户体验、全程客户可参与、多渠道深度整合、全流程贯通、线上线下协同、相互促进。

工作实施		操作说明
1	了解企业内部基本情况	
2	保持对新技术的敏感度	
3	设定更高的目标	
4	对当前状况进行改善	
5	找到问题所在	
6	了解可用技术	
7	计算成本和收益	
8	对转型的效果进行评估	

10.3 探讨验证

教师活动	组织学生将制定方案结果进行点评,让学生在讲台上对小组成果进行展示;引导学生进行问题探讨
学生活动	将小组完成的方案对大家进行讲解,并完成老师提出的问题探讨

数字化转型基本原则:

1)科学规划,系统布局。以推动高质量发展为着力点,强化标准体系顶层设计和系统架构。系统梳理数字化转型标准化建设的短板和需求,制定实施任务清单,构建完善标准体系,确保高标准推进数字化转型。

2)开放共享,协调发展。着力发挥标准化的互联互通作用,以标准化促进各个领域数字资源深度融合,助力打破信息孤岛。针对数字化转型多学科融合和涉及面广的特点,着力加强各领域标准化建设的统筹协调。

3)需求导向,重点突破。以企业数字化转型为主,围绕数据共享、流程再造、信用体系、服务协同等关键领域,优先制定数字化转型急需标准。

 问题探讨

1. 每个公司、流程或业务模式都需要数字化转型吗?请说说你的见解。
2. 数字化转型是否必须依赖高精尖技术来实现转型?请说说你的见解。

3. 在数字化转型的操作中，企业应如何建立起数据的开放、协同与共享机制？

10.4　项目小结

本课题的学习目标你已经达成了吗？请通过思考以下问题的答案进行结果检验。

序　号	问　　题	自检结果
1	什么是大数据？	
2	储存的数据容量如何度量？	
3	大数据可以为经销商带来哪些帮助？	
4	汽车行业大数据应用方向有哪些？	
5	什么是数字化转型？数字化转型的生态体系有哪些？	
6	汽车产业物理层变化有哪些？虚拟层变化有哪些？	
7	数字化转型的关键步骤有哪些？	
8	什么是数字化重塑？数字化重塑有哪四个步骤？	
9	什么是区块链？什么是物联网？二者之间有什么关系？	
10	区块链技术在汽车领域应用有哪些发展？	

项目练习

单项选择题：

		大数据技术的意义在于（　　）。
问题1	A	掌握庞大的数据信息
	B	对数据进行专业化处理
	C	储存庞大的数据信息
	D	以上都不对
		大数据包括（　　）等领域。
问题2	A	大数据工程、大数据科学和大数据应用
	B	大数据技术、大数据工程、大数据科学
	C	大数据技术、大数据工程、大数据应用
	D	以上都对
		利用互联网思维经营汽车，重点是（　　）。
问题3	A	如何激活网络流量
	B	创新思维
	C	迎合客户需求
	D	以上都不对

问题 4		数字化技术和互联网汽车产业的创新包括（　　）。
	A	消费方式、法律法规、包括政策
	B	法律法规、包括政策、社会治理
	C	消费方式、包括政策、社会治理
	D	以上都对
问题 5		（　　）是汽车厂家产品的唯一标识，可以对车辆归属进行确权、将汽车使用数据加密，而后通过智能合约自动为车辆开锁、收费，安全可追溯。
	A	VIN 码
	B	发动机号
	C	底盘号
	D	以上都不对

问答题：
大数据在交通管理中的应用可以解决哪些问题？

思考与讨论：
1. 企业为什么要进行数字化重塑？

2. 汽车保险业务中使用区块链技术后会引起哪些变革？